並列計算の
数理とアルゴリズム

フレデリック・マグレス
フランソワ=グザヴィエ・ルー
桑原拓也　著訳

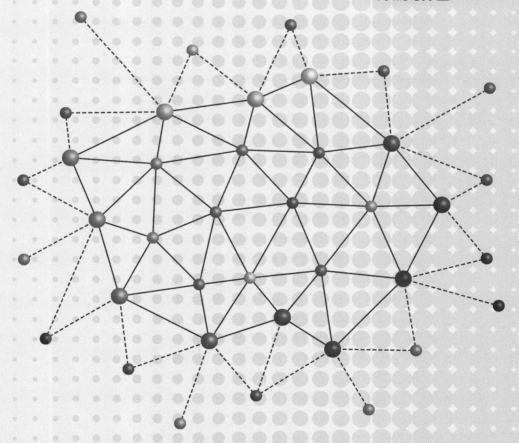

森北出版株式会社

Calcul scientifique parallèle
by Frédéric Magoulès and François-Xavier Roux

Copyright©2013 Frédéric Magoulès and François-Xavier Roux

Japanese translation rights arranged with Frédéric Magoulès
through Japan UNI Agency, Inc., Tokyo

●本書のサポート情報を当社 Web サイトに掲載する場合があります．
下記の URL にアクセスし，サポートの案内をご覧ください．

http://www.morikita.co.jp/support/

●本書の内容に関するご質問は，森北出版 出版部「(書名を明記)」係宛
に書面にて，もしくは下記の e-mail アドレスまでお願いします．なお，
電話でのご質問には応じかねますので，あらかじめご了承ください．

editor@morikita.co.jp

●本書により得られた情報の使用から生じるいかなる損害についても，
当社および本書の著者は責任を負わないものとします．

■本書に記載している製品名，商標および登録商標は，各権利者に帰属
します．

■本書を無断で複写複製（電子化を含む）することは，著作権法上での
例外を除き，禁じられています．複写される場合は，そのつど事前に
(社)出版者著作権管理機構（電話 03-3513-6969，FAX 03-3513-6979,
e-mail：info@jcopy.or.jp）の許諾を得てください．また本書を代行業者
等の第三者に依頼してスキャンやデジタル化することは，たとえ個人や
家庭内での利用であっても一切認められておりません．

はじめに

　科学技術計算は，物理や機械工学，生物学，金融工学，産業などの多くの分野で今日欠かすことのできない道具となっている．たとえば，高性能なアルゴリズムを現在のコンピュータに適用することにより，模型実験を行わなくても，梁のたわみ，劇場での音響，航空機の翼周りの流れを知ることができる．

　本書の目的は，具体的な例題を通して，偏微分方程式により記述されるシステムの大規模な問題を解くための数値シミュレーションに関する近年の科学技術計算手法を，わかりやすく説明することである．大規模な線型問題に関係するシステムの様々な組み立て方法や解法を紹介するとともに，近年のこれらの手法および関連するアルゴリズムについて詳しく取り上げ，説明している．また，直接法や反復法，領域分割法の活用やプログラミングのテクニックについて解説し，メッセージの相互交換のプログラミング手法やループ並列計算について，OpenMP や MPI を用いた例題によりわかりやすく説明している．

　本書の主たる目的は，非常に多くのプロセッサやメモリを搭載した計算機（コンピュータ）上で行う並列計算に，数値計算手法をどのように適用するかを詳しく解説することである．本書を適切に理解するためには，情報工学の基礎知識と数値解析の知識が必要となる．本書はベクトル計算や並列計算の役割や機能についての応用的な内容について触れられているものの，一方で効率的なプログラムを書くために役立つことを基本としている．したがって，ベクトル計算や並列計算への応用を強調しながらも，近年の数値計算方法を十分に説明することを原則としている．そのため，科学技術計算分野での，多かれ少なかれ古典的なベクトル計算および並列計算のアルゴリズムも，例題として述べられている．例題の大部分は，有限要素法に関係する問題として取り上げている．

　首尾一貫して，必要と感じれば数学ならびに情報工学の基礎知識を導入していくという教育的アプローチをとっている．とくに，計算機のアーキテクチャの新しい特性や本書で紹介されている応用例において，複雑さによって生じる並列計算の利用における問題を紹介する際に，このようなアプローチをとっている．したがって，本書の目的は情報工学の観点による並列計算についての参考図書ではなく，科学技術計算のユーザーのためのこれらの問題を扱った入門書である．

　本書は，おもに応用数学および数値計算に携わる機械工学を専攻する修士課程の学生，さらにハイパフォーマンス計算に興味を抱くすべての理工学分野の学生を対象としている．また，偏微分方程式により記述される大規模な問題を扱う数値シミュレー

ションに取り組んでいるすべての技術者も対象である．本書の各部に書かれた内容は，著者らにより次のグランゼコール（フランス独自の高等専門教育機関であり，少数精鋭の大学院大学校）ならびに大学で行われた行列・ベクトルおよび並列計算の授業の補助教材として数年間用いられた．なお，本書はフランスで用いられた補助教材をもとに書き下ろされたものであり，できる限りオリジナルを尊重している．そのため，フランス語の参考文献などもそのまま掲載している．数式の展開などと合わせて，フランスの雰囲気を味わいながら読んで頂ければ幸いである．

授業の補助教材として用いられた教育機関：

Ecole Normale Supérieure de Cachan（カシャン高等師範学校），Ecole Centrale Paris（エコール・サントラル・パリ），Institut des Sciences de l'Ingénieur de Toulon et du Var（トゥーロン・ヴァール理工科学校），Ecole Supérieure des Sciences et Technologies de l'Ingénieur de Nancy（ナンシー高等理工科学校），Conservatoire National des Arts et Métiers（フランス国立工芸院），Université Henri Poincaré（アンリ・ポアンカレ大学），Université Pierre & Marie Curie（ピエール＆マリー・キュリー大学）

目次

序文 ……………………………………………………………………… 1

第 I 部 並列計算機，プログラミング，アルゴリズム　3

第1章 計算機のアーキテクチャ …………………………………… 4
1.1 並列計算の種類　4
1.2 メモリのアーキテクチャ　9
1.3 ハイブリッドアーキテクチャ　15

第2章 並列化とプログラミングのモデル ………………………… 19
2.1 並列化　19
2.2 性能評価基準　21
2.3 データの並列化　24
2.4 特殊な例：ベクトル化　35
2.5 通信タスク　40
演習問題　45

第3章 並列アルゴリズムの基礎知識 ……………………………… 47
3.1 漸化式の並列アルゴリズム　47
3.2 局所化と分散：行列の積　51
演習問題　60

さらに理解するために ……………………………………………… 61

第 II 部 行列の数値解析に必要な基礎知識　65

第4章 行列の数値解析の総論 ……………………………………… 66
4.1 線型代数の基礎知識　66
4.2 行列の性質　72

第5章　疎行列　　81
5.1　疎行列の起源　　81
5.2　疎行列の並列構造化：共有メモリ　　85
5.3　疎行列のブロックによる並列構造化：分散メモリ　　86

第6章　線型システムの解法　　88
6.1　直接法　　88
6.2　反復法　　88

さらに理解するために　　91

第III部　直接法による解法　　93

第7章　LU分解による線型システムの解法　　94
7.1　LU分解の原理　　94
7.2　ガウス分解　　97
7.3　ガウス-ジョルダン分解　　99
7.4　対称行列のためのクラウト分解とコレスキー分解　　103

第8章　密行列のLU分解法の並列化　　106
8.1　ブロックによる分解　　106
8.2　メッセージ通信によるプログラミング環境でのブロック分解の実装　　110
8.3　前進・後退代入による並列化　　114
演習問題　　116

第9章　疎行列のLU分解法　　119
9.1　分解処理された行列の構造　　119
9.2　シンボリック分解とリナンバリング　　122
9.3　消去木　　125
9.4　消去木と依存　　130
9.5　入れ子分割法（ND法）　　131
9.6　前進・後退代入法　　135
演習問題　　136

さらに理解するために　　142

第 IV 部　反復法による解法　　147

第 10 章　クリロフ空間の総論　　148
10.1 クリロフ空間　148
10.2 アーノルディ基底の構築　150

第 11 章　対称正値行列のための完全正規直交化法　　153
11.1 対称行列のためのランチョス基底の構築　153
11.2 ランチョス法　154
11.3 共役勾配法：CG 法　158
11.4 勾配法の比較　161
11.5 正値対称行列のための前処理法の原理　163
演習問題　165

第 12 章　任意行列のための完全直交化法　　167
12.1 一般化最小残差法：GMRES 法　167
12.2 対称行列の場合：MINRES 法　173
12.3 ORTHODIR 法　176
12.4 非対称行列のための前処理の原理　177
演習問題　178

第 13 章　非対称行列のための双直交化法　　180
13.1 非対称行列のためのランチョス双直交基底　180
13.2 非対称ランチョス法　184
13.3 双共役勾配法：BiCG 法　185
13.4 準最小残差法：QMR 法　188
13.5 安定化双共役勾配法：BiCGSTAB 法　192

第 14 章　クリロフ法の並列化　　198
14.1 密な行列 – ベクトル積の並列化　198
14.2 点集合による疎な行列 – ベクトル積の並列化　199
14.3 要素集合による疎な行列 – ベクトル積の並列化　201

第 15 章　並列前処理法　　207
15.1 不完全分解法　207
15.2 シュール補行列法　211
15.3 代数的マルチグリッド型の方法　216

15.4 加法シュワルツ法による前処理法　220
演習問題　224

さらに理解するために ……………………………………… 226

結　言 ……………………………………………………… 228
演習問題略解 ……………………………………………… 229
参考文献 …………………………………………………… 240
索　引 ……………………………………………………… 245

序　文

　近年のコンピュータのアーキテクチャの進展（クロック周波数，キャッシュメモリ，階層メモリ，マルチコアなど）により現在，200,000 以上のコアをもつ科学技術計算機が開発され，1 コアあたり 1 兆 flops 以上の計算性能を実現している．比較として，この科学技術計算機の性能は，1 人 1 秒あたり 1 flops として考えると，全世界の人口が 48 時間で行う能力以上である．しかし，科学技術計算において，高性能な科学計算機を用いることがすべてではなく，このような計算機を効果的に使うための適切なアルゴリズムを使用することも重要である．

　本書はハイパフォーマンス計算の入門書である．本書のねらいは，科学計算機で用いる各種の数値計算法を紹介し，解説することである．これらは，古典的なコンピュータでは扱えない理工学の問題を解くことができる．ハイパフォーマンス計算でよく問題となる事項について，順を追って取り扱っている．たとえば，データの並列化，ベクトル化，通信タスク，行列による並列化，行列の積の並列化，非線型大規模問題を解くための並列計算における直接法と反復法などである．これらの計算方法を紹介するにあたり，主要なコマンドを逐次紹介しながら MPI や OpenMP でのプログラミングを導入するという系統立てた方法により，臨場感たっぷりにプログラミングがわかるように解説している．本書で紹介するすべてのアルゴリズムは擬似コードで書かれている．このことにより，アルゴリズムの特徴，とくにオペレーションの脈絡やデータ依存性をすばやく理解できる．様々な問題の解法は，しばしば具体的な応用を例に挙げ，数多くの例題や演習により理解を深めるようにしてある．各部の終わりには，より発展的な内容を紹介するセクションと，紹介した知識をより深く理解するための参考文献を示している．

　このような目的から，本書は 4 部構成で書かれている．第 I 部では，第 1 章で計算機のアーキテクチャ，並列計算の種類，計算機のメモリのアーキテクチャについて触れている．第 2 章では，プログラミングのモデル，性能判定基準，データの並列化について解説している．第 3 章では，並列計算や時間的ならびに空間的局所化，配列を行うのに必要な具体的な行列積の例を詳しく解説している．第 II 部では，簡潔に行列の数値解析に必要な基礎知識を補足説明している．第 4 章では，まずはじめに線型代数の基礎知識，行列の特性，そして本書を読むのに必要な基礎知識について触れている．

第 5 章では，疎行列，とくに有限要素法における行列の並列化の初歩ならびに実行に注目し解説している．第 6 章では，線型システムの解法の原理について簡潔に紹介している．これらの並列計算方法の活用については，以降の部で取り上げている．第 III 部では，大規模な線型システムの解法について詳しく解説している．第 7 章では，直接法（LU 分解，コレスキー分解，ガウス - ジョルダン分解，クラウト分解）について触れ，続いて第 8 章で密行列の，第 9 章で疎行列の LU 分解による並列化に焦点を当て解説している．第 IV 部では，大規模な線型システムの解法として，クリロフ法による反復法を取り上げている．第 10 章でクリロフ空間について触れ，アーノルディ基底の構築について解説している．第 11 章では，対称正定値行列のための完全正規直交化による方法を取り上げている．第 12 章で，任意行列のための完全直交化による方法，第 13 章で，非対称行列のための双直交化による方法について紹介している．第 14 章で，クリロフ法による並列化手法について触れ，詳しく解説している．第 15 章で，前処理の手法や領域分割のハイブリッド方法について取り上げている．

　数値シミュレーションにおいて，並列計算機を効率よく用いるには，数学の解析学の知識が必要不可欠である．この点については，応用数学の分野で活発に研究されており，たとえば，本書の最後で扱っている領域分割法などが挙げられる．本書を読むことにより，なぜ並列処理は多岐に応用されているのかを理解することができる．それと同時に，並列化を行ううえでの数学的手法や数値的アルゴリズムも理解できるであろう．

第 I 部
並列計算機，プログラミング，アルゴリズム

第1章 計算機のアーキテクチャ

本章は，情報工学の講義でなされるような内容を解説するものではない．科学技術計算のコード（プログラム）は，計算機のもっている計算性能をできる限り引き出すように作成する．しかし，その際に考慮すべきアーキテクチャ[†1]の特徴は，並列計算のユーザーにとってわかりにくい．ここでは，そのようなアーキテクチャの特徴について説明する．したがって，情報システムに関するハードウェアやソフトウェアの技術の詳細を解説するのではなく，熟知すべき原理や概念について解説する．

1.1 並列計算の種類

1.1.1 オーバーラップ，並行性，並列性

数値計算の目的は，離散化モデルを用いて，できるだけ現実に則した物理現象を再現することである．そのためには，より豊富なモデル，より多くのパラメータ，より多くの計算量が必要となる．科学技術計算機の役割は，概念的に一つの過程で行えるシミュレーションツールとして短時間で計算を行うことである．

科学技術計算の性能は計算速度，すなわち1秒あたりの演算回数で評価される．この演算[†2]（加算，減算，乗算，除算の四則演算）は浮動小数点 (floating point) で表される実数型あるいは複素数型のデータで行われ，浮動小数点演算という．浮動小数点とは，実数を仮数と指数の二つで表現するものである．2進法のコンピュータでは，浮動小数点で表記されるある実数の値は，仮数部の値と2に指数部の値を乗じたものの積である．計算速度の単位はフロップス (flops, floating-point operations per second) である．実際のマイクロプロセッサでは，周波数として1秒あたり10億回の演算性能を意味する Gflops (Giga = 10^9) や1秒あたり1兆回の演算性能を意味する Tflops (Tera = 10^{12})，1秒あたり1千兆回の演算性能を意味する Pflops (Peta = 10^{15}) などがよく用いられる．このマイクロプロセッサの計算速度は構成要素（部品）の性能に依存し，構成要素そのものもマイクロプロセッサの周波数により評価される．2000年

[†1] 構造あるいは構造方式の意味で，基本設計概念である．
[†2] コンピュータプログラミングでは論理演算と区別して算術演算ともいう．

代初頭までは，半導体集積回路と記憶装置の精度の改良によりマイクロプロセッサの周波数性能が向上し，約18箇月ごとに2倍のペースで性能を向上していた．しかし，ここ何年か前からは，周波数は数GHzに留まっており，周波数の増加に伴い電力消費[†1]が過剰となって熱が発生し，その熱の問題に直面している．

1980年代初頭における最速の科学技術計算機のクロック周波数は100 MHz程度であり，計算速度は1秒あたり100万回の演算性能を意味する100 Mflops (Mega = 10^6) であった．その後20数年で周波数は数GHz，計算速度は数Pflops程度まで達した．簡単にいうと，電子部品の発達のみに起因するマイクロプロセッサの計算速度の向上率は数十程度（100 MHz → 数GHz）であるが，計算性能は数千倍（100 Mflops → 数Pflops）に向上した．なぜ，こうしたことが可能なのか？　その理由は計算のアーキテクチャの発達にある．より詳しくいえば，並列計算とよばれる計算方法のおかげである．周波数に起因する計算速度の限界を打破するもっとも自然な方法は，演算装置[†2]を複数用いることである．たとえば，もし同時に二つの加算器[†3]を用いれば，一つの場合に比べて2倍速く計算できる．半導体技術の恒常的な改良は周波数の大きな向上には繋がらないが，統合することにより同じ一つのチップ上で複数の演算装置を置くことが可能となり，プロセッサのコアを完全に複製することもできる．この原理をさらに発展させると，同一計算機でプロセッサを増加することも可能である．一つのアプリケーションの実行に対して同時に複数の演算装置あるいは複数のプロセッサを用いる計算機演算は，「並列」計算を可能にする．「並列計算機」という言葉は，一般的に，複数のプロセッサを備えた計算機のことを指す．本書では，このような並列計算について触れる．

しかし，並列演算について述べる前に，計算機のもっている能力を最大限に引き出して使用する，とくにできるだけ無駄な時間を回避するためには，構造について知る必要がある．逐次的にメモリやデータバス，演算装置などの個別の要素を使用し，あるまとまった演算をより速くするためには，複合命令を一つ前の命令の実行が完了する前に実行すればよい．すなわち，異なる命令の実行時間を重ねることにより短縮できる．これをオーバーラップという．

一般的にいえば，メインメモリあるいはサブメモリにアクセスし，他方でプロセッサで一連の演算を実行するというように個別の演算を同時に実行することは可能である．この場合，並行性が重要となる．この種の技術は，一度で複数のタスクを実行す

[†1] 消費電力はクロック周波数に比例する．
[†2] 演算器または算術論理装置（ALU: Arithmetic Logic Unit）ともいう．プロセッサ内にある演算（四則演算や論理演算）を行う装置．
[†3] 加算を行う演算装置．

るようなタイムシェアリング†1 するすべてのシステムにおいて長年利用されてきた．それぞれのタスクの本来の実行時間を短縮するのではなく，システムの全体の効率を最適にすることが重要となる．

プログラムの実行時間を効率よく短縮する際に様々な複雑な問題が発生し，これが本書が対象としている問題である．並行処理の利点を活用できる方法を示していく．これは，ハードウェアだけでなくソフトウェアに利用する際にも必要である．したがって，並列計算とは，一つのアプリケーションで複数の命令あるいは命令のグループを同時に実行できるように，プロセッサの一部あるいは計算機を複数用いる場合に並行活用する特別なモードである．

1.1.2 演算装置のための時間的および空間的並列性

前節で紹介した並列性は，しばしば空間的並列性とよばれる（図 1.1）．例として生産工程を考えた場合，生産性を向上させるためには作業場を複数用意すればよい．コンピュータを用いた計算では，三つの装置を用意すると処理性能は 3 倍になる．時間的並列性とよばれるものもあり，それは連続する同じような命令を同期し，オーバーラップさせて実行される（図 1.2）．モデルとしてアセンブリ†2 のユニットを考えよう．処理工程を一連の作業ごとに同じ作業時間で分割することにより，アセンブリのユニットができる．仮にそのアセンブリのユニットが 3 段階で構成されている場合，第 1 段階の作業が終わると第 2 段階の作業に進み，第 1 段階の作業がただちに第 2 段階の作業に反映されるというように逐次的に処理される．対象となる作業の全作業時間が 3 サイクルからなる場合，サイクルごとにアセンブリのユニットの仕事を完了することができ，三つの作業場があれば，各サイクルを一つの作業場に割り当てること

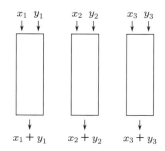

図 1.1 空間的並列処理：ユニットの複製

---

†1 CPU の処理時間を分割し共有すること．
†2 複数の部品が組み合わされた集合部品．

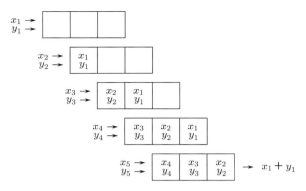

図 1.2　時間的並列処理：加算パイプライン

により，一度に処理できる．この方法はすべての作業に必要な道具（ツール）を複数用いる必要がない点と，生産や供給工程において一定の流れを確保できる点が利点として挙げられる．このように，一連の作業を同じような作業ユニットに分割し，並列的に処理することを，コンピューティングでは「パイプライン」方法とよぶ．このパイプラインという言葉は，トラックや鉄道，船舶などの交通システムになぞらえてよばれている．

パイプラインの役割について説明するために，例として浮動小数点数の加算を考える．演算は 3 ステップで行われる．第 1 ステップは指数部を比較し，仮数をそろえる．第 2 ステップは仮数の桁の移動あるいは消去を行い，その仮数を足し合わせ，第 3 ステップでは得られた仮数と指数を用いて正規化[†1] する．わかりやすいように 10 進法で例を挙げる．4 桁の仮数を考えよう．1234×10^{-4} と -6543×10^{-5} の加算を考える．このためには，まず $-4-(-5)=1$ の計算を行う．よって，後者の仮数を右に一つ移動する．これは手計算するときに二つの小数の演算数を，小数点の位置を合わせながら二つの演算数を上下に並べるのと同じである．続いて，$1234+(-0654)=0580$ の計算を行う．最後に指数を一つ下げて，仮数を左に移動して正規化する．つまり，5800×10^{-5} という結果になる．注意すべき点は，たとえ丸め誤差[†2] を小さくして精度を上げるために仮数を一時的に大きくとっても，場合によっては，計算過程において，実数の小数の表示精度が仮数のサイズによって制限されて，必ずしも精度が向上しないことである．実際，1234×10^1 という 5 桁の数の場合，12340，12345，12350 という表記のうち，どれがもっともよいかを決めることはできない．このことと同様

[†1] 仮数の最上位桁が 0 にならないように表現すること．正規化すると計算で発生する誤差を減らすことができる．

[†2] 切り捨てや切り上げ，四捨五入などの端数処理により生じる誤差．

に，演算でも計算過程で行う桁の移動や消去により，近似的に計算されてしまうことがある．

パイプライン演算によって計算性能がどれくらい改善できるかは，二つの整数の加算のような1周期のクロックで実行できる基本的な演算の大きさに左右される．しかし，このこと自体は飛躍的な計算速度の改善にはまったく役に立たない．そのため，パイプライン演算を用いた科学技術計算では，時間的ならびに空間的並列計算を同時に考えないといけない．すなわち，複数のパイプラインのユニットを考えなければならない．

1.1.3 並列計算とメモリ

単に演算の実行速度に基づいた計算性能について見ていくために，計算の本質的な材料であるデータについては話を脇に置いておく．

科学技術計算において，1次元あるいは2次元以上の配列を用いる代数演算を必要とする離散問題[†1]の分解能は，重要な要素である．この種の代表的な演算は，次のベクトルの線型結合（1次結合）である．

```
for i = 1 to n
    y(i) = y(i) + α ⋆ x(i)
end for
```

このループの反復ごとに，加算や乗法[†2]を行うために，メモリにあるデータ $x(i)$，次にデータ $y(i)$ を呼び出し，最後に新しい結果である $y(i)$ を入れなければならない．データ α は各反復において一定であり，ループ計算の際にプロセッサやレジスタ[†3]の内部メモリに保存される．結局，この演算では読み込みに1回，書き出しに1回の合計3回メモリにアクセスすることになる．この場合，メモリの転送速度を上げない限り，複数の演算装置やプロセッサを用いても計算性能の向上には役に立たない．しかし，計算の速度を上げる必要があるのは，多くのパラメータを用いたモデルを取り扱うときである．すべての演算装置を活用するためには，すべてのデータを記憶することができ，転送速度が速く，かつ容量の大きなメモリを用いることが望ましい．そのためには，メモリはプロセッサより転送速度が大幅に速いものでなければならないが，残念ながらそううまくはいかない．なぜなら，メモリはプロセッサと同じ半導体技術を用いているからである．

[†1] 数値計算を行うための方程式を離散化した問題．
[†2] 本書では積の記号として ⋆ を用いる．実際にプログラミングするときは ∗ となる．
[†3] プロセッサ内にある制御装置や演算装置や実行ユニットに直結した記憶素子．演算や実行状態の保持に用いる．動作は高速であるが記憶容量が小さい．

したがって，科学技術の高性能計算 (High-performance computing, HPC) において，メモリのアーキテクチャがもっとも重要なポイントとなる．

1.2 メモリのアーキテクチャ

これまで述べてきたように，計算性能を向上させるには複数の演算装置を用いることが鍵となる．なお，演算装置はメモリに保存されたデータを用いて機能する．そこで当然ながら，できるだけ高い性能を得るためには，どのようにして演算装置を活用すればよいのかという疑問が生じる．

1.2.1 マルチバンク・インタリーブドメモリ

メモリの容量と通信速度を上げるための解決策は，記憶装置を複数用いることである．しかし，メモリ容量を大きくすることには，つねにデータへのアクセス時間の問題が付きまとう．全体的に転送速度を上げるためには，一連の配列データにアクセスする場合に，異なった記憶装置を並列して同時に使う必要がある．おのおのの行列の要素はメモリのアドレスに順を追って次々に割り当てられるが，その配列の要素は異なる記憶装置に再び割り当てられ，「バンク」あるいは「メモリバンク」とよばれる．このような複数のメモリバンクにアクセスしてデータの高速な読み出しを行うメモリは，インターリーブしている[†1] 状態にあり，インタリーブドメモリ (interleaved memory) とよぶ．

図 1.3 に示すような 8 個のメモリバンクに配列 x が割り当てられていることを考える．一つのバンクへのアクセス時間が 8 クロックサイクル[†2] の時間であるとすると，初期化後，マルチバンク・インタリーブドメモリは，各メモリバンクが 8 サイクルご

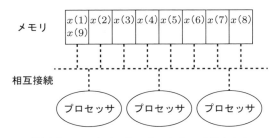

図 1.3　マルチバンク・インタリーブドメモリ

---

†1　交錯している，挟み込む，交互配置されているの意味．
†2　クロックサイクル ＝ 1/クロック周波数．

とにしかデータのやり取りができないので，(8個のメモリバンクに順次データを割り当てる場合は) 1サイクルごとに新たな $x(i)$ を返すことができる．

実際には，1メモリバンクへのアクセス時間は数十サイクル時間を要する．複数の演算装置を備えた数個あるいは数十個のプロセッサをフル活用するために，数100から数100万のメモリバンクは必要となる．メモリの制御や全メモリバンクと全プロセッサとの接続ネットワークの制御はとても複雑であり，実際に使用すると非常に高価になる．

この問題を解決するのは，科学技術計算における特別な計算機で，「ベクトル／並列」スーパーコンピュータとよばれる計算機である．このベクトルという言葉は，システム管理を容易にし，性能を向上させるために，単体のデータではなく配列の一連のまとまったデータ，つまり「ベクトル」に対して命令を与えて計算を行う計算機を指し示す．ベクトルを保存するために，一般にプロセッサはベクトルを一時的に保存することのできるベクトルレジスタという素子をもつ．

この解決策は，プロセッサの数に比例してシステム性能を向上させるという意味では発展性のあるものではない．実際，複数のプロセッサをうまく活用するためにはメモリの転送速度を上げる必要があり，これによりメモリバンク数も増やさないといけない．そうしなければ，プロセッサを有効に活用することができず，全体の計算速度をプロセッサの数に比例して向上させることができない．一方で，プロセッサ数とメモリバンク数が因子 p に乗じて増えた場合，メモリとプロセッサの接続ネットワークの複雑さは p^2 倍になる．よって，いまの技術では，実現可能な計算システムの大きさに限界がある．

1.2.2 階層メモリ

記憶装置のアクセス時間を短縮することは可能であるが，その場合，記憶装置の容量を削減しなければならない．とりわけ，回路の数や密度を増やすことで，プロセッサと同じチップ上でメモリを使用できる．このようなメモリでは，アクセス時間をプロセッサの1サイクルの時間とすることができるが，逆にメモリ容量は制限される．一方で，容量の大きいメモリのアクセス時間は，プロセッサへのデータの塊（ブロック）ごとにアクセスすることにより短縮できる．

大容量メモリとプロセッサの間ではキャッシュとよばれる高速メモリがあり，プロセッサで使用するデータを一時的に保存できる（図1.4）．メモリとキャッシュ間での通信速度を最適化するために，「ライン」とよばれる小さいサイズのデータブロックが用いられる．キャッシュにあるラインは，メモリのラインの単なる一時的なコピーである．システムは，キャッシュにあるラインのリストを利用する．プロセッサがデータを必要とする場合として，次の二つの場合が挙げられる．

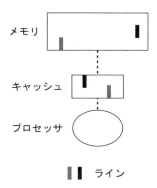

図 1.4 キャッシュメモリ

- データを保持しているラインがすでにキャッシュにある場合：この場合，好都合にもデータアクセス時間はキャッシュのアクセス時間に等しい．
- ラインがキャッシュにない場合：この場合は，メモリからコピーしなければならない．しかし，図 1.5 に示すように，キャッシュの空きを確保するためにキャッシュに既存のラインをメモリに転送する必要があり，むしろ作動していない時間が長くなり，有効的ではない．

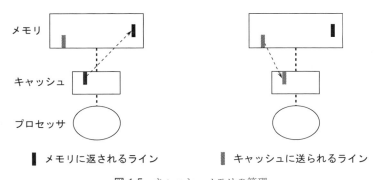

図 1.5 キャッシュメモリの管理

このようなプロセッサとメモリ間の機能には新しい概念が必要となる．メモリへのアクセス時間はつねに同じではない．計算性能を左右するメモリシステムの機能のよしあしは，計算コードやスキーム上のデータの構造による．

まずはじめに，メモリ上のデータブロック（あるいはライン）がキャッシュに転送されるシステムの転送速度を改善することを考える．メモリ上にあるデータへアクセスするために，データが最終的にプロセッサに転送される前に，すべてのラインはキャッシュにコピーされる．もし，このただ一つのデータのみが後に使用される場合，一度

キャッシュにラインをコピーしてアクセスする方法は，プロセッサが直接メモリへアクセスするよりも効率が悪くなる．しかし逆に，同じ命令あるいは時間的に連続する命令において，プロセッサがラインのほかの複数のデータを使用する場合，一度キャッシュにラインをコピーしてアクセスする方法は有効的に機能する．したがって，メモリ上の近傍のデータにアクセスしようとし，これはデータの「空間的局所性」とよばれる．

さらに，プロセッサが短時間で複数回連続して同じラインのデータを使うのならば，ラインをキャッシュに保存しておくとデータに連続してアクセスする時間を短縮できる．その場合，同じデータへ連続して再びアクセスしようとする．つまり，データの「時間的局所性」である．

実際には，キャッシュメモリとプロセッサは対である．そのため，複数のプロセッサを活用するためには，複数のキャッシュが必要となる．

図 1.6 に示すような主メモリを二つのキャッシュが共有する場合を考える．もし，この二つのキャッシュが同時に主メモリにアクセスする必要がある場合，アクセス時間は長くなる．実際，キャッシュにラインがあるとき，ラインを使用するプロセッサはそのデータの値を更新する．もし，ほかのプロセッサが同じラインにアクセスするときは，まずはじめに内容を主メモリにコピーし更新する．データ書き込み時は一つのラインに対し一つのプロセッサだけが使用できる．主メモリを含むこのシステムでは，使用中のプロセッサ以外のプロセッサから要求されたラインを再度読み出すために，毎回ラインのリストを異なるキャッシュ内に配置できる．

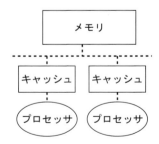

図 1.6 キャッシュメモリを用いた並列アーキテクチャ

プロセッサがデータを必要としている場合として，次の三つの場合が挙げられる．

- データを保持しているラインがすでに使用中のプロセッサのキャッシュメモリにある場合．
- ラインはキャッシュメモリにはないが，主メモリにある場合．

- ラインがほかのプロセッサのキャッシュメモリにある場合で，主メモリにはない場合．この場合，図 1.7 に示すように，まずラインを入手，すなわちデータを主メモリにコピーして，初期に保持されていたキャッシュメモリ上のラインのリストを消去しなければならない．次に，データを要求しているプロセッサのキャッシュメモリにデータをコピーして格納する．

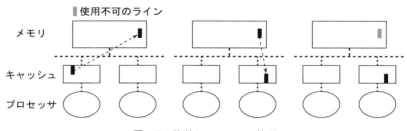

図 1.7 複数キャッシュの管理

最悪の状態は，複数のプロセッサが書き込み[†1] モードのときに同時に同じラインを使用しようとする状態で，絶え間なく異なるキャッシュメモリ間でラインが往き来する場合である．このようなシステムの効率を並行して上げるためには，プロセッサ数の増加による時間的ならびに空間的局所性を有効に利用するだけではなく，同時に別のデータブロックを処理している異なるプロセッサ間のアクセスの衝突を避けなければならない．もっとも望ましいことは，局所性がよく，計算機の性能がプロセッサ数に比例して向上することである．

このようなメモリのアーキテクチャは，実際には拡張性のあるものではない．一つの主メモリを共有できるプロセッサの数は無限大ではない．なぜなら，プロセッサならびにキャッシュメモリ間のデータのやりとりは互いに邪魔をするからである．プロセッサの数を増やすためには，主メモリに負担をかけないようにするための仲介となるキャッシュの階層を設けなければならない（図 1.8）．これにより，本当に使えるメモリ階層を得ることができる．このメモリ階層をもつアーキテクチャは，比較的性能の高い計算機において広く用いられており，「対称型マルチプロセッサ[†2] (SMP; Symmetric Multi-Processor)」計算機とよばれている．すべてのプロセッサが同じ役割[†3] を果たし（つまり，同じモードにあり），メモリを共有する．

[†1] ライティングともいう．
[†2] この方式のことを「対称型マルチプロセッシング」という．
[†3] 各プロセッサの役割が等価で互いのプロセッサを比較したときに対称であるので，対称型マルチプロセッサという．これに対し，プロセッサごとの用途があらかじめ決まっているものは，「非対称型マルチプロセッサ (ASMP; Asymmetric Multi-Processor)」という．

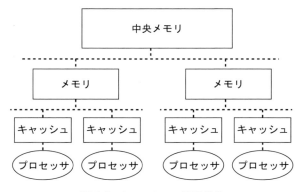

図 1.8 キャッシュの階層構造

　しかし，この場合，キャッシュの階層の数は必然的に多くなり，そのため通信速度は遅くなる．拡張性は完璧には程遠く，プロセッサ数を増やすためにはキャッシュの階層を増やさなければならず，したがってシステムがより複雑になる．実現するには技術的な限界がある．さらに，アクセスの衝突のリスクも増加し，プロセッサ数に比例した性能向上は実際には望めない．

1.2.3　分散メモリ

　すべてのプロセッサが主メモリを共有すると，それだけシステム上ではデータへアクセスするための出入口が狭くなり，アクセスしにくくなる．解決策としては，単層のマルチバンクメモリあるいは階層メモリが考えられるが，メモリシステムがプロセッサ，そしてキャッシュあるいはベクトルレジスタと統合してプロセッサの下にあるため，複雑で，実現するにはコストがかかる．

　この問題を解決するためには，共有メモリをなくせばよい．各プロセッサは自身の下にあるメモリを使用し，そのプロセッサのみがメモリにアクセスできるようにする．異なる計算ノード†はプロセッサとその下にあるメモリからなるが，互いに通信することができ，必要ならばメモリを通り越してデータをほかの計算ノードへ送ることができる．つまり，ノードは通信ネットワークに結ばれている．このようなアーキテクチャは，並列計算機では「分散メモリ」とよばれる．

　この種のアーキテクチャはもちろん拡張性があるものである．さらに，特別な技術を必要とせず，計算ノードはシンプルなプロセッサあるいはしばしば標準的なマルチ

---

† ノードとは，直訳すると「結び目」を意味し，計算機では一つの役割をもったグループを意味する．ノードとノードは互いにネットワークで結ばれている．計算ノードとは，計算の役割をもったグループで，計算に必要なプロセッサやメモリをもったグループを意味する．

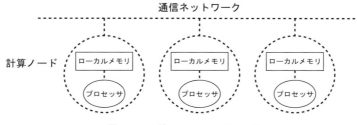

図 1.9 分散メモリでの並列計算

プロセッサを用いる．通信ネットワークも同様に特別な技術ではなく，古典的な技術を用いる．

　このアーキテクチャの概念は，標準的なネットワークで結ばれたワークステーションで構築されたサーバで見ることができる．広く認められている技術を利用しているため，高いコストパフォーマンスを実現できる．この種のシステムを「クラスタ (cluster)」とよび，プロセッサがまるでブドウの房のように群がった一つのグループである．さらに，非常に多くのプロセッサを使用した，より性能の高いシステムもあり，「超並列計算 (massively parallel computing)」とよばれるが，これには通信ネットワークに性能の高い技術が用いられるため，コストはかかる．

　このシステムを使用するには，時間的局所性および空間的局所性が求められる．分散メモリの管理を行うのは計算コードである．基本ハードウェアおよびソフトウェアの複雑さの問題をなくすことで，計算コードの概念にある新たな制約が生まれる．これ以降，本書ではこの種の並列計算を効率的に実装するためのアルゴリズムについて解説していく．

1.3　ハイブリッドアーキテクチャ

1.3.1　グラフィックアクセラレータ

　一つのチップ上での集積トランジスタの数を増やすことですべてのプロセッサを構成することにより，「GPU (Graphic Processing Unit)」とよばれる，複数の演算装置を内蔵する，グラフィックプロセッサのような一定の処理に特化したプロセッサを作り出すことができる．各 GPU は複数の基本プロセッサからなり，そのプロセッサはよく似た演算装置をコントロールできる制御装置を利用できる（図 1.10）．つまり，各基本プロセッサは空間的並列性を示し，演算装置により異なる複数のデータに対して同じ命令で同時に処理できる．これは「SIMD (Single Instruction flow, Multiple Data flow)」とよばれる．

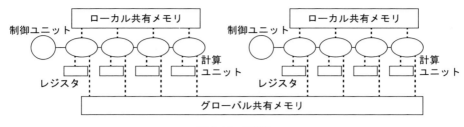

図 1.10　GPU

　SIMD は「MIMD (Multiple Instruction flow, Multiple Data flow)」と対極をなすものであり，MIMD はプロセッサとしてマルチプロセッサあるいはマルチコアプロセッサをもち，異なる命令で非同期の処理をする．

　この SIME，MIMD という単なる計算機の演算の古典的な分類だけでは，メモリ構造を知るという基本的な問題を考慮していない．

　GPU に関連して，すべての基本プロセッサを有効に活用するために，規則正しく並んで保存された複数のデータを同時に扱え，複数の基本プロセッサに属するローカルメモリやレジスタにもアクセスできるマルチバンク共有グローバルメモリというものがある．論理的には，この種の計算機は，ハードウェアのベクトル化が時間的ではなく空間的になされているという点を除いて，ベクトル計算機と非常に類似している．さらに，グローバルメモリの転送速度はベクトル計算のものとは比べものにならないほど遅く，データをグローバルメモリに同時に供給できるローカルメモリが必要となる．異なるメモリ階層を管理するのはプログラマであり，たとえば SMP 計算機を使うために生じるソフトウェアのコンセプトの複雑さや，データの時間的局所性や空間的局所性の問題に取り組む必要がある．GPU は，階層メモリにおいてベクトル型マルチプロセッサとして見ることができる．したがって，本書では GPU のプログラミングを独立しては取り上げない．GPU のプログラミングでは，基本プロセッサのグループにあるすべての演算装置を同時に動かす命令を書くために，特別なプログラミング言語が必要となる．

1.3.2　ハイブリッド計算機

　大規模な科学技術計算機には，これまで解説したアイデアをうまく活用したハイブリッドアーキテクチャというものがある（図 1.11）．レベルが上がるに従って，共有メモリをもつ計算機では計算ノードそれ自身が SMP 機となり，コア数だけ性能が上がる複数のマルチコアプロセッサを有効に活用する．純粋なベクトル–並列アーキテクチャはもはや存在しない．しかし，パイプラインユニットやマルチバンク・インタ

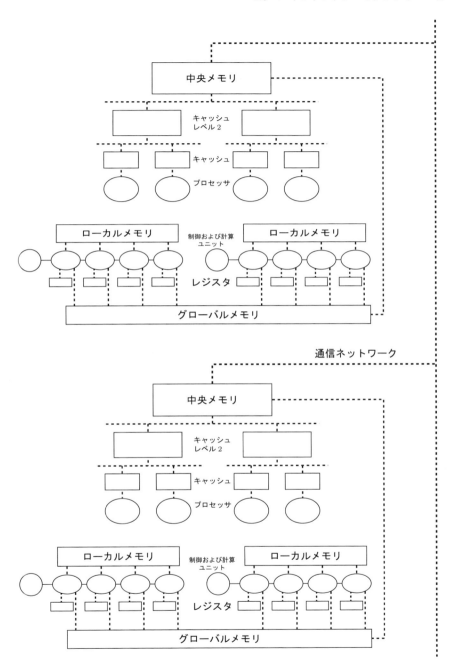

図 1.11　ハイブリッド計算機

リーブドメモリは，基本的につねにすべてのシステムで構成要素として用いられている．とくに，各ノードはGPU型のアクセラレータを使用できる．数万から数十万個のマルチプロセッサや基本プロセッサをもつ計算機を効率的に使用するには，各段階で複数の並列構造や，データの時間的および空間的局所性をうまく利用したコードが必要となる．

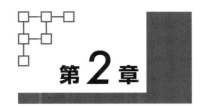

第2章　並列化とプログラミングのモデル

　本章では，並列度，効率，タスクのバランス拡張性のような，並列計算の分野で一般的に用いられる性能判定基準について述べる．変数における依存の概念というようなデータの並列化の概念について，例題を用いて紹介し解説していく．いくつかの例題は，OpenMP のプログラミングにより解説する．また，ベクトル演算についても解説する．さらに，通信タスクやメッセージ通信による並列計算といった概念も，MPI†のライブラリにより解説する．

2.1　並列化

　数値シミュレーションのコードに並列計算のアーキテクチャを適用することは，高性能計算を行ううえで必要不可欠なものである．科学技術計算コードにおいて，大規模な線型システムを解くにあたり，処理の実行時間は重要な要素である．多くのプロセッサが備わっている並列計算機で線型システムを解くための，効率的なアルゴリズムに焦点を置くことが科学技術計算の基本となる．

　共有メモリマシン（共有メモリ計算機）において，並列化はプログラムのループ内でのみ行えばよい．しかし，異なる階層のキャッシュがあることで，よりよい性能を得るのに適した時間的および空間的局所性が必要となる．つまり，異なる演算ブロックが異なるプロセッサで同時に実行が可能というだけでは不十分なのである．キャッシュメモリにあるデータの集合を対象として，おのおのの演算ブロックがそれらの処理をしなければならない．つまり，これは分散メモリの管理とよく似たものである．

　分散メモリのシステムにおいて，時間的および空間的局所性は単なる性能の証ではなく，異なる計算ノードを同時に利用するために必要不可欠な条件である．事実，おのおのの計算ノードは自身に対応するプロセッサを動かし，自身のローカルメモリにあるデータのみにアクセスする．並列的に実行するために，コードは独立したプロセスごとに切り分けられなければならない．異なるプロセッサが互いにデータ通信すると

---

†　メッセージパッシング・インターフェース (Message-Passing Interface) の略．並列プログラミングの規格で，並列計算をサポートする C または Fortran 77 の並列プログラミング用ライブラリである．

きは，ネットワークを介して行う．そのため，プログラミングのモデルはまったく異なり，もはや単なる単一のコードではなく，複数の並列で実行可能な計算領域をもつコードとなり，プロセスの数と同じだけのコードが必要となる．しかもそれらは，ほかのプロセッサとデータのやり取りを行うローカルな計算を管理するものである．これらのプロセスはメッセージ通信のライブラリを利用して行われる（図 2.1）．しかし，実際はこれらの異なるプロセスのソースコードは類似したものである．適切なデータに対してコードが同じでも，それぞれの手続きは各計算ノードで実行される．このプログラミング手法は「SPMD (Single Program, Multiple Data flow)」とよばれ，異なるプロセスを異なるコードで実行される MIMD 手法になぞらえている．

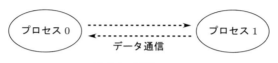

図 2.1 通信タスク

メッセージ通信によるプログラミング環境で書かれたプログラムは，マルチタスクを備えた基本システムにより共有メモリマシンでも実行できる．メッセージ通信は，データをメモリにコピーすることにより行われる．さらに，分散システムに適したコードはデータの時間的および空間的局所性を保証し，マルチ階層キャッシュを備えた階層メモリマシンでの性能も保証する．

大規模なシステムはハイブリッド型である．つまり，おのおのの計算ノードは共有メモリのマルチプロセッサであり，異なるノードは通信ネットワークにより結ばれている．メッセージ通信のプログラミングで許されていることは，ローカル計算を行うために複数のプロセッサを利用する計算ノードにより割り当てられたプロセスを用いること，あるいは物理プロセッサにより割り当てられたプロセスを用いることである．

したがって，焦点となるのは多数のプロセッサを備えた分散メモリ型の並列計算機で効率よく機能する計算方法の開発である．既存のコードにおいて，分散システムでの並列化とは，はじめに使用するデータの時間的・空間的局所性を得るための方法について検討することである．データの局所化や配置により，異なるデータブロックと連結した並列計算が可能となる．しかし，いつも同じ方法で実行可能とは限らない．コードのいくつかの部分のために，代替となる並列アルゴリズムも開発しなければならず，このことはとくに線型システムの解法では顕著である．

2.2 性能評価基準

2.2.1 並列度

性能を上げ，すべてのプロセッサを使用するためには，以下で定義される並列度を上げなければならない．

定義 2.1　プログラムの並列度とは，同時に処理できるタスクの数のことである．

科学技術計算コードの並列化の問題を考えるうえでの古典的な方法は，並列化可能である箇所とそうでない箇所を評価することである．並列化できる部分の実行時間を T_p，並列化できない部分の実行時間を T_s とすると，全時間 T は $T = T_s + T_p$ となる．アムダール (Amdhal) の法則とよばれる，コード内の並列可能な部分は異なるプロセッサ間でも使用できると想定して，np 個のプロセッサをもつ並列計算機での最小実行時間を決定するための式は，次のように書ける．

$$T_{np} = T_s + \frac{T_p}{np}$$

np 個のプロセッサでの実行時間と 1 個のプロセッサでの実行時間の割合 T/T_{np} は，並列計算による速度向上を意味する．並列化可能な部分の実行時間の割合を α，（並列化可能な部分による）速度向上（性能向上）を T_p/T とすると，アムダールの法則は次のように書ける．

$$A_{np} = \frac{T}{T_{np}} = \frac{1}{(1-\alpha) + \alpha/np}$$

np 個のプロセッサでの最適な速度向上はもちろん np である．

定義 2.2　効率を，最適な速度向上と実効的な速度向上の比 $E_{np} = A_{np}/np$ とする．効率は 0 から 1 をとる．

アムダールの法則において，効率は次式で与えられる．

$$E_{np} = \frac{1}{(1-\alpha)np + \alpha}$$

これらの式は一体何を意味するのであろうか？　99% の部分が並列化可能なコードを考える．一見非常に性能がよいように思える．99 個のプロセッサをもった計算機で実行した場合，速度向上は 50 となり，効率は 50% のオーダーとなる．性能向上を妨げるわずか 1% の並列化が不可能な部分により，99 個のプロセッサ上での全実行時間の半分しか短縮できないという結果をもたらす．つまり，本来使えるはずの 50% の能力を失ったことになる．さらに，np が非常に大きい場合，最大速度向上は

$$\lim_{np \to +\infty} \frac{1}{(1-\alpha) + \alpha/np} = \frac{1}{(1-\alpha)}$$

となり，先程の99%の部分が並列化可能なコードの例では100となる．したがって，非常に多くのプロセッサを搭載した計算機では，計算コードを並列化しなければならない．

2.2.2 タスク平衡

前述の例のように，コード内の並列可能な部分は異なるプロセッサ間でも使用できるとする．そして，ある一つのタスクがほかのタスクに比べて多くの実行時間を必要とする場合，最小の並列実行時間を左右するのはそのタスクである．効率の二つ目の判定基準は，タスク間の実行時間の規則性に関係する．さて，これからタスク平衡（タスクバランス）について述べる．プロセッサ数が少ない場合，タスク平衡は処理に必要な負荷をタスク数で割ることで得られる．各プロセッサは全体的なバランスが取れるように互いにタスクを振り分ける．このような振り分けは確率的に決められる．たとえば，計算の複雑さはデータに依存するため，タスクの処理時間を正確に知ることは本質的に難しい．この場合，並列した各プロセッサはそれぞれの空きに応じておのおのおのタスクを実行する．一つのタスクを終えたプロセスが，まだ実行されていない最初のタスクを引き受けて処理する．このような動的†なタスクの分配を，欲ばりという意味で「グリーディ」とよぶ．

タスク数が多い場合，タスクが小さくなる順に分類されていれば，バランスを保つのにさらに効率がよい（図2.2）．いい換えれば，穴をふさぐのに大きいものより小さいものの方が穴をふさぎやすいのと同じである．プロセッサ数が多い場合，一見効率がよさそうに思えるが，一般的にそれは処理モードを有効にするための十分な並列度はない．そこで，タスクの分割は，一つのプロセッサに一つのタスクというようにして，しばしば静的に行われる．

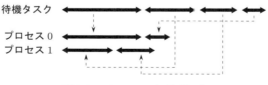

図2.2 グリーディな並列処理

---

† 処理の実行中にタスクを割り当てること．

2.2.3 粒 度

並列モードで実行することによって，余計に効率を悪くするような代償が生じる．共有メモリマシンでは，このような代償は少なく，異なるプロセッサをアクティブにする基本ソフトの機能およびグリーディ（欲ばり）法でのタスク負荷を動的に分割し，プロセス間での同期管理を行う機能と連動させている．分散メモリマシンでは，並列モードでの処理時に余計な処理時間を招く要因は，プロセッサ間のデータ通信である．

定義 2.3　並列タスクの粒度を，タスクが実行する演算数とタスクが通信するデータの比と定義する．

しかし，実際には，重要なパラメータは計算時間と通信時間の比である．計算時間は，演算数と内部のメモリの通信量の関数でもあるプロセッサの速度に依存する．通信時間は，通信ネットワークを介して行われるローカルメモリからほかのローカルメモリへのデータ転送速度に依存する．ハードウェアならびにソフトウェア上の理由で，内部の通信は外部の通信より圧倒的に速い．すなわち，計算速度は通信速度より必然的に勝る．計算ノード内部での並列計算により，この差はさらに大きくなる．プロセッサは速く，ネットワークは比較的遅いので，それだけ一層，分散メモリの並列計算機で計算を行うためのタスクの粒度を上げる必要がある．

2.2.4 拡張性

これまで述べてきたことにより，理想的な並列計算コードは，バランスのとれたタスクで，高い粒度で分割できるコードであることがわかる．しかし，同時にすべての基準を満足することは明らかに無理がある．手法やアルゴリズムの効率がプロセッサ数の増加に伴って減衰しない場合，その手法やアルゴリズムは拡張性があるという．拡張性を調べるためには，同じ計算を実行して，プロセッサ数を増加させ，そのときの計算時間の短縮度合いを計測すればよい．しかし，この手法は分散メモリのシステムには適用できない．実際に一つのノードで利用可能なメモリでは，サイズが比較的小さい場合の計算のみが行える．並列計算のためのタスクの分割では，プロセッサ数が増えるに従ってタスクの粒度が小さくなるようにする．このやり方は分散型計算機との整合性がない．計算ノードを増やす目的は，一つのノードで容易に実行できる小計算の高速化ではなく，実行時間を無駄に増加させることなく大きな計算を取り扱えるようにすることである．この背景により，拡張性は次のように定義される．

定義 2.4　拡張性とは，プロセッサ数に比例してサイズが大きくなるような問題に対して，同じ効率を保持する能力である．アルゴリズムの複雑さが問題のサイズに比

例する場合，もしその方法に拡張性があるのなら，計算時間は一定に保たれる傾向にある．

そうでない場合，タスク間でのデータ転送や待ち時間を含む全体的な実行時間に対するおのおののプロセッサにおける処理の経過時間を比較することで，効率を測らなければならない．また，無限大の拡張性をもつ方法はない．しかし，考えるべきことは，システムが瞬時のデータにアクセスするためのプロセッサの拡張性である．

2.3 データの並列化

2.3.1 プログラムループ

共有メモリマシンでは，複数の演算装置を，同時に実行できるマシンのようにプログラミングすることができる．並列計算のもととなるものは，「データの並列化」とよばれる処理対象となるデータの数である．実際の計算コードでは，膨大なデータに対する反復計算は，配列で記述されたプログラムのループ内にある．そのため，このタイプの並列計算を「ループ並列処理」とよぶ．

あるプログラミングモデルにおいて，計算機で実行される一つの計算コードがあるとする．このコードがプログラムのループを有効活用できるとき，たとえば先に述べたベクトルの線型結合のように，プロセッサ間で，繰り返し計算を各自が分担する箇所に分割することによって，一連の処理（タスク）を分担する．この分割は確率的に行われる．たとえば，p 個のプロセッサについての線型結合の場合，k 番目のプロセッサは次のように実行する．

```
for i = (k-1)/p + 1 to k*p
    y(i) = y(i) + α * x(i)
end for
```

たとえば，条件付き命令によって生じるような各繰り返し計算の重さが一定であれば，有用である動的バランスは，繰り返し計算の長さを短くするような塊（ブロック）に分割することで得られる．このブロックは，グリーディ（欲ばり）法の場合は，もちろんプロセッサの数より多くなければならない．

2.3.2 依 存

すべてのプログラムのループが並列化可能であるというわけではない．実際，並列処理は，反復計算がプロセッサ数の関数となっている場合，静的あるいは動的な分割方法に依存する場合，現実的にランダムであるという場合，さらに，プロセッサが完

全には同期していない場合に有効である．

定義 2.5 繰り返し計算をランダムに入れ替えても処理の結果に影響を与えない場合，ループは並列化可能という．

二つの命令あるいは複数の一連の命令が実行される状況において，いくつかのデータに共通点があるため，それらの命令が結果に影響を及ぼすとする．このとき「依存」があるという．命令の入力は等号記号の右辺に書き，出力は左辺に書く．二つの命令あるいは一連の命令が複数のデータに影響力をもつとき，この二つの命令の集合は必ずしも切り離されているわけでは（別個である必要は）ない．すなわち，同じ命令あるいは同じ一連の命令において，同じ変数が同時に更新や使用されても構わない．ある命令あるいは一連の命令を $Inst$ とし，入力と出力の命令の集合をおのおの $In(Inst)$ と $Out(Inst)$ とする．

定義 2.6 以下の式で表されるとき，二つの命令あるいは複数の一連の命令 $Inst_A$ と $Inst_B$ は「データ依存」を示す．

$$Out(Inst_A) \cap In(Inst_B) \neq \emptyset$$

例
$$Inst_A: x = y + z, \quad Inst_B: w = \alpha \star x$$

定義 2.7 以下の式で表されるとき，二つの命令あるいは一連の命令 $Inst_A$ と $Inst_B$ は「出力依存」を示す．

$$Out(Inst_A) \cap Out(Inst_B) \neq \emptyset$$

例
$$Inst_A: x = y + z, \quad Inst_B: x = \alpha \star w$$

データ依存あるいは出力依存を示す二つの命令あるいは一連の命令を実行する場合，実行結果のデータの値が影響を受けるのは明らかである．それに対し，二つの命令は同じ入力データを有効に取り扱うことができる．これら同じ入力データは更新されず，命令を実行するうえで結果も影響を受けない．したがって，「入力依存」は存在しない．

> **例**
> $$Inst_A: x = y + z, \quad Inst_B: w = \alpha \star y$$

並列によるループの繰り返し計算のランダム特性により，次の定理が存在する．

定理 2.1　繰り返し計算にかかわる二つの命令あるいは一連の命令にデータ依存や出力依存がない場合，プログラムループは並列可能である．

2.3.3 依存の例

右辺と左辺で反復数の関数である同じ配列が存在する場合，依存が生じる．

```
for  i = i₁ to i₂
    x(i) = x(i + k) + α ⋆ y(i)
end for
```

なお，依存という問題は次に示す簡単な方法で表現される．

$$\exists ? i \neq j, \quad i_1 \leqslant i \leqslant i_2, \quad i_1 \leqslant j \leqslant \frac{i_2}{i} + k = j$$

ここで，i_1, i_2 そして k の値による依存がある．もし k の絶対値が $i_2 - i_1$ より大きい場合，依存はない．そうでない場合，k が 0 ではないので依存が存在する．

また，二つの異なる依存が存在する．一つ目は後依存とよばれるもので，$k < 0$ の場合の漸化式に相当する．

```
for  i = i₁ to i₂
    x(i) = x(i − 1) + α ⋆ y(i)
end for
```

単純なループの再書き込みにより依存が失われることはない．もちろん，i 番目の反復計算に進む前に，$x(i-1)$ の値を求めるための $i-1$ 番目の反復計算を行わなければならない．

二つ目は，$k > 0$ の場合に対応するものであり，前依存とよばれる．

```
for  i = i₁ to i₂
    x(i) = x(i + 1) + α ⋆ y(i)
end for
```

この場合，i 番目の反復計算で用いられる $x(i+1)$ の値は初期値であり，まだ更新されていない．もし，計算の実行順序を変更したならば，$x(i)$ を計算する前に $x(i+1)$

の値を更新してしまう恐れがあり，これは結果を変えてしまう可能性がある．この問題を避けるためには，配列 x の初期値を保持すればよい．

```
for  i = i₁ to  i₂
    w(i) = x(i + 1)
end for
for  i = i₁ to  i₂
    x(i) = w(i) + α ⋆ y(i)
end for
```

この二つのループは並列可能である．

反復計算を行っているときに，一時的な変数を扱っていることで依存が発生することもある．

```
for  i = i₁ to  i₂
    s = x(i) + y(i)
    x(i) = x(i) + s
    y(i) = y(i) − s
end for
```

ループの各瞬間で，入力および出力データ間で変数 s が同時に現れる．つまり依存がある．同じデータ s を用い，また更新しながら二つの反復計算を同時に行うことができないことは明らかである．しかし，この場合，ある反復計算で用いられている s の値は同じ反復の計算のみに依存する．つまり，s の異なる処理はある配列として存在する．

```
for  i = i₁ to  i₂
    s(i) = x(i) + y(i)
    x(i) = x(i) + s(i)
    y(i) = y(i) − s(i)
end for
```

このループはもはや依存を示さない．

じつのところ，一時的な変数がそれ自身が用いられる前にループ内で計算されても，問題はない．逆に，もしそれが更新される前に用いられた場合，真の依存がある．

```
for  i = i₁ to  i₂
    x(i) = x(i) + s
    s = x(i) + y(i)
    y(i) = y(i) − s
end for
```

この場合，異なる s のインスタンス[†]を配列として整理すると次のように書ける．これにより後依存が生じる．計算は反復的である．

```
for  i = i_1 to  i_2
    x(i) = x(i) + s(i-1)
    s(i) = x(i) + y(i)
    y(i) = y(i) - s(i)
end for
```

2.3.4 リダクション演算

各反復計算において更新されるある変数に起因する依存の特別な場合として，リダクション演算が挙げられる．リダクション演算は，配列の要素に関する連続する加算，あるいは乗算の演算からなる演算である．典型的な例は配列要素の和である．

```
s = 0
for  i = 1 to  n
    s = s + x(i)
end for
```

変数 s がループの各インスタンスの入力および出力として同時に与えられる．そのため，すべての反復計算においてデータ依存と出力依存がある．ループは明らかに並列可能ではない．しかし，加法の結合法則のおかげで，そのループは部分的に加算している複数のループに分割できる．ここで，n が p で割り切れるとしよう．

```
s = 0
for  j = 1 to  p
  for  i = (j-1)*n/p+1 to  j*n/p
      s = s + x(i)
  end for
end for
```

このとき，外側ループの各インスタンスは一時的な正規の変数を使うことができるとする．

```
for  j = 1 to  p
    sp(j) = 0
    for  i = (j-1)*n/p+1 to  j*n/p
```

[†] 実際に値として入るデータのこと．

$$sp(j) = sp(j) + x(i)$$
　　end for
　end for
$s = 0$
for $j = 1$ to p
　$s = s + sp(j)$
end for

j で表記される外側ループの各インスタンスは別のデータを処理するため，おのおのの部分的な和は並列的に行われる．

　これが並列化についての最初のアルゴリズムの基本例である．ここで，結合により実行される演算の順序が更新されることに注意しなければならない．ところで，実数表現の制限による精度の問題で，結果はつねに精度に誤差を生じる．演算順序の更新は，基本的に程度は小さいなりにも結果に影響を及ぼす．この点をよりよく理解するために，十進法において 3 桁の仮数で表現される数を考えよう．このとき，コンピュータでは実数表現の制限による精度の問題で $1000 + 1 = 1000$ となるのに対して，$1 + 1 + 1 + \cdots + 1$ のように加算を 1000 回行うとちょうど 1000 となる！このことは次のように考えると理解しやすい．もし，大きさがまったく異なるオーダーの値を足していくと，結果は演算の順序に大きく依存する．しかし，ソートの前提条件なしでは，基本的に最適に演算するために処理の順序を変えたりはしない．簡潔にいえば，並列処理や逐次処理の結果はそれぞれ誤差による精度の低下を伴い，それらは同じものではない．並列処理では，使用しているプロセッサの数により異なる結果を得る．

2.3.5　ネステッドループ

　多くの場合，重要な計算は計算の多くの段階においてネステッドループ[†]を用いた計算コードにより行われ，多次元の配列を用いる．この種の典型的な例は，行列とベクトルの積である．すなわち，次のようになる．

for $i = 1$ to n
　$y(i) = 0$
　for $j = 1$ to n
　　$y(i) = y(i) + a(i,j) \star x(j)$
　end for

[†]「入れ子ループ」ともいう．もとの "nest" は「巣」という意味で，動詞は「巣を作る」，転じて「入れ子にする」を意味する．プログラミングでは制御構造や関数，データ構造などのある構造が別の構造を取り囲み，入れ子になっていることをいう．

```
    end for
```

本質的に，もっとも外側のループが並列可能である場合に計算性能はもっともよく，並列処理ではもっとも粒度が高い．それに対し，もっとも内側のループは演算においてメモリへのアクセス時間が短い必要があり，もっともよい空間的および時間的局所性を得るために隣接したデータへアクセスする．このような理由で，並列処理の負担は外側のループで小さく，処理速度は内側のループで大きくなる．

しかし，外側のループにおける依存を解析することは必ずしも容易ではない．というのも，繰り返し計算における外側のループでの各データは，ネステッドループのすべてのループのインスタンスによって使用されるからである．さらに，いくつかの中間のループは，最外あるいは最内ループに比べて，並列化あるいはメモリにアクセスする時間的および空間的局所性に関してよい特性を示すこともある．

そのため，ループを置換することも考えなければいけない．しかし，ネステッドループでループの置換を行えば処理の順番が変わるため，ループの置換は必ずしも可能ではない．ループのインスタンス間でデータ依存あるいは出力依存があることにより，本質的な問題が生じる．並列化に反して，ループの置換は処理の順番を完全に変えてしまうことを意味する．一方で，依存により必ずしもループの置換ができないわけではない．ループの置換には，特殊な解析を行わなければならない．

次のループを考えよう．

```
    for i = i₁ to i₂
        for j = j₁ to j₂
            v(i,j) = v(i,j) + v(i-1,j) + v(i,j+1) + v(i+1,j+1) + v(i+1,j-1)
        end for
    end for
```

(i と j の）二つのループのインスタンスの集合は，図 2.3 と図 2.4 に示すデカルト座標のダイヤグラムで表現できる．データ依存は左側の図で表され，データを生成するインスタンスとそのデータを使うインスタンスとの関係が矢印で表現されている．

点線の矢印の行程は，入れ子である（ネステッドな）ループに応じた異なる命令の処理の時間的順序を表す．

図 2.3 の場合：

```
    for j = j₁ to j₂
        for i = i₁ to i₂
            v(i,j) = v(i,j) + ⋯
        end for
```

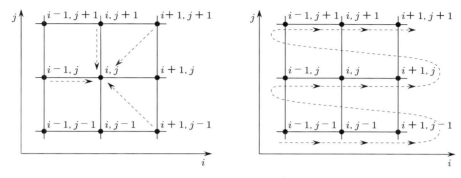

図 2.3 (j, i) 実行順序と依存

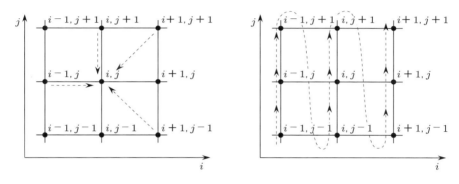

図 2.4 (i, j) 実行順序と依存

```
    end for
```

図 2.4 の場合：

```
for i = i₁ to i₂
  for j = j₁ to j₂
      v(i,j) = v(i,j) + ⋯
  end for
end for
```

例として，インスタンス $(i-1, j)$ と (i, j) を考えよう．関連する二つの命令の間でデータ依存がある．すなわち，インスタンス $(i-1, j)$ において $v(i-1, j)$ は更新され，インスタンス (i, j) において $v(i-1, j)$ は使用される．ネステッドループを置換しても二つのインスタンスの処理の時間的順序は変化しない．すなわち，$(i-1, j)$ は (i, j) より時間的に前である．よって，ループは置換することが許される．$(i, j+1)$ と (i, j) に対しても同様であり，$(i, j+1)$ はつねに (i, j) の時間的に後で処理される．同

様の解析がインスタンス (i,j) と $(i+1,j+1)$ との依存に対しても行われる．同様に，インスタンス (i,j) と $(i+k_i,j)$，$(i-k_i,j)$，$(i,j+k_j)$，$(i,j-k_j)$，$(i+k_i,j+k_j)$，$(i-k_i,j-k_j)$ との依存も明らかであり，k_i と k_j が正であればループを置換できる．

しかし，インスタンス $(i+1,j-1)$ と (i,j) との依存の場合はまったく違ってくる．ネステッドループの置換により，二つのインスタンスの処理の時間的順序が変わってくる．すなわち，もし，i のループが j のループの内側にあれば，$(i+1,j-1)$ は (i,j) より時間的に前に処理され，逆の場合は時間的に後で処理される．結果が変わってしまうため，ループの置換はできない．対称的な $(i-1,j+1)$ の場合も同様にループの置換ができない．

結果的に次の定理がいえる．

定理 2.2 k_i と k_j が正であり，インスタンス $(i+k_i,j-k_j)$ あるいは $(i-k_i,j+k_j)$ と (i,j) との間にデータ依存や出力依存がない場合，i と j で示される二つのネステッドループは置換が可能である．

多数のループにおいて，この解析は j と $j+1$ のように時間的に続く組を用いてなされる．置換可能なネステッドループのすべての段階（ループ）の間で，最外側のループを並列化可能になるようにし，最内側のループをメモリへのアクセスをよくするようにするとよい．

2.3.6 OpenMP

いくつかのコンパイラは，ネステッド（入れ子）あるいはネステッドでないループを自動的に並列化するために依存を自動的に解析する．しかし，いくつかの場合は状況が曖昧である．たとえば次の例を考えよう．

for $i = 1$ to n
  $v(\text{index}(i)) = v(\text{index}(i)) + \alpha \star x(i)$
end for

すると，次のような疑問が生じる．

$$\exists ?i \neq j / \text{index}(i) = \text{index}(j)$$

つまり，配列 index は単射であり，依存はなく，ループは並列化が可能である．コンパイラはもちろん前もってその配列が単射であるかどうかを知る由もなく，値を比較しながら処理してチェックしていくのは時間を要し，負担が大きい．逆に，一般的にプログラマーは単に配列 v のいくつかの項を除外するだけなので，その配列が単射であるかどうかは知っており，もし配列が単射でなければ，ループは部分的な減算のよ

うな演算を示す．そこで，「コンパイラ指示文」というものがある．これはプログラム内にあるコンパイラによって翻訳（解釈）されるコメント文で，この文に従ってプログラマーは並列化を行う．

これらの指示文の構文（シンタックス）の標準化を目的として，科学技術計算で頻繁に用いられる Fortran や C などのプログラミング言語を使用する共有メモリマシンでの並列計算の管理環境を定義するために，計算機（マシン）設計者ならびにコンパイラの作成者は OpenMP という工業規格を定めた．OpenMP のプログラミングモデルは独特のコードで記述されるモデルであり，一つのプロセッサで実行され，並列領域と定められる部分，とくに複数のプロセッサで実行されるプログラムループで見ることができる．それゆえ，"親" タスクが並列領域の実行時間である複数の "子" プロセスを駆動する．並列領域の出力では親タスクが処理を行っている．子プロセスは標準的なプロセスに比べてそれほど複雑ではなく，計算時間もかからない．これら子プロセスは「スレッド」とよばれ，スレッドを機能的に用いたモードを「マルチスレッド」とよぶ．

OpenMP の指示文は Fortran や C 言語で利用できるコメント構文であり，コードはすべてのコンパイラでコンパイルできるようになっている．並列領域での定義文は，Fortran と C 言語でそれぞれ次のとおりである．

```
  !$OMP PARALLEL                           #pragma omp parallel
     ...                                      { ... }
  !$OMP END PARALLEL
```

中央の構文はインデント（字下げ）により指示する領域を示し，並列可能なループの宣言を次のように行う．

```
    omp parallel private(i,s) shared(n,alpha,x)
        omp for
            for i = 1 to n
                v(i) = v(i) + α ⋆ x(i)
            end for
```

指示文「private」と「shared」は異なる変数の状態を定義し，プライベート変数はそれぞれの子プロセス（スレッド）において互いに異なる一つのインスタンスをもつ．一方，共有変数はスレッド間で同じ一つのインスタンスをもつ，つまり共有する．それぞれのタスクは並列ループの添数の値により処理するので，並列ループの添数は自動的にプライベート変数となる．

そこで，並列のスカラー積のような演算は次のようになる．

```
    omp parallel private(i,s_priv) shared(n,x,y,s)
```

$s_{priv} = 0$
$s = 0$
omp for
    for $i = 1$ to n
        $s_{priv} = s_{priv} + (x(i) \star y(i))$
    end for
$s = s + s_{priv}$

並列領域にある命令はタスクごとに処理される．これは並列ループについても，個々のタスクが添数により与えられたすべての値ではなく，その値の部分集合に対して処理を行うということを除けば同様である．

ここで二つの問題が生じる．一つは，0から共有変数 s で与えられる初期の命令はすべてのプロセス（スレッド）で処理される必要はないことである．一つのプロセス（スレッド）で十分である．計算の最後の s のアップデートに関しては，アップデートはすべてのタスクにより処理されなければならず，「排他制御[†1]」によってなされる．これは命令を実行する際に競合により間違った結果を出すのを避けるために，複数のタスクを同時に実行できないようにすることである．一つの命令に対して同時にアクセスする複数のタスクを考えよう．タスクはメモリに初期値 s を呼び出す．まず 0 を読み出し，プライベート変数 s_{priv} をそれに足す．したがって，s の最終値は最後に書き出されるプライベート変数 s_{priv} に等しくなる．この命令は「クリティカルセクション[†2]」とよばれるコードの並列領域の中にあるものをもつ．

このアクセスの同期の問題は，次の指示文により管理される．

```
omp parallel private(i,s_priv) shared(n,x,y,s)
```
    $s_{priv} = 0$
    omp single
        $s = 0$
    omp for
        for $i = 1$ to n
            $s_{priv} = s_{priv} + (x(i) \star y(i))$
        end for
    omp atomic
        $s = s + s_{priv}$

[†1] 相互排除または相互排他ともいう．
[†2] 複数の処理が同時期に実行されると，破綻をきたす部分のこと．

このほかの形式もある．とくに減算では，ほかの指示文で同期を管理することもできる．その反面，OpenMP は，指示文によってループの並列化だけではなく，独特なプログラムで同時に処理が可能な「セクション」を定義することで，マルチタスクの並列化も管理できる．なお，本書ではメッセージ通信によるプログラミングのみを扱い，分散メモリマシンでの計算への適用は扱わない．

2.4 特殊な例：ベクトル化

2.4.1 ベクトル計算とベクトル化

1.1.2 項で紹介したパイプライン・アーキテクチャは，とりわけ同じような一連のデータに関する四則演算を高速化できるように構築されている．つまり，プログラムループの処理に適している．つねにデータのパイプライン装置の性能を向上させるためには，データがプロセッサにあるメモリ領域に一時的に格納されていなければならない．このメモリ装置をレジスタという．ベクトルマシンでは，レジスタは個々のデータだけではなく一連のデータを格納することができ，一連のデータをベクトルという．このようなレジスタをベクトルレジスタという．

ベクトル演算のために設計されたマシンでのプログラムによる処理の最適化を行うために，マシンで使われている言語は，ベクトル命令とよばれるものを利用できる．ベクトル命令は一連のデータに対する命令で，「レジスタ1にある q 個のデータに，レジスタ2にある q 個のデータを加算し，結果をレジスタ3に格納せよ」あるいは，「アドレス ia_0 から始まるメモリにある q 個のデータを呼び出し，レジスタ4に移動せよ」のような命令である．パラメータ q はレジスタの物理的な長さ（レジスタ長）によって制限され，そのレジスタ長は固定あるいは再設定できるものもある．

パイプライン機能をもつ装置による長さ q のベクトル命令の処理では，開始の時間も考慮して $q + q_0$ サイクルの処理が必要となる．この方法では，マシンの制御装置は，定期的にプロセッサにデータを与えて一連の四則演算を行うために，次々とベクトル命令を発信し，処理時間はどんどんオーバーラップする．

ベクトル命令を利用できるパイプライン構造の計算機は，ベクトル計算機とよばれる．高速プロセッサを使うことのできるこの計算機には大容量のメモリが必要で，マルチバンク・インタリーブドメモリ型である．

計算コードの並列化が並列処理への適用可能であることと同じく，ベクトル化はベクトルマシンでの高効率処理のための形式化である．

2.4.2 依 存

パイプライン・アーキテクチャは，空間的よりむしろ時間的な並列化のコンセプトで構築されているが，論理的観点から見ると，処理は逐次的ではなく，まるで SIMD アーキテクチャ上でベクトル命令の四則演算が同時に行われているかのようである．すべてのループでベクトル化が可能であるわけではなく，依存を解析しなければならない．しかし，並列化の場合とは状況がまったく同じわけではない．実際，ベクトル化手法による処理では，ループでインスタンスの処理の順番をランダムに置換することはなく，単にパケットにより疑似的に同時処理を行うだけである．より正確にいうと，処理の順序は変わらずに，同じパケットにある異なるインスタンスの処理時間が重複することがある．ベクトル化手法により処理の順序は変わらないが，前の処理が完了する前にインスタンスの処理が始まり，そのため前のインスタンスの結果を用いることができない．

しかし，すべての依存がベクトル化を妨げるわけではない．インスタンスの結果が次のインスタンスに使用されるという依存だけが問題となる．前依存は問題とならず，逆に逆依存（後依存）が問題となる．すなわち，反復的な計算である．

```
for i = i_1 to i_2
    x(i) = x(i − k) + α ⋆ y(i)
end for
```

ここで，$k > 0$ である．しかも，この問題では演算パケットの処理時間のみが問題となる．先行のループにおいて，もし k がベクトルレジスタ長より大きい場合，$x(i)$ と $x(i-k)$ は二つの別のパケットに属する．$x(i-k)$ の計算は，$x(i)$ をもつパケットに対する一連の演算を始める前に行われる．そのため，ベクトル化はまだ可能である．

依存を示す二つのインスタンスを分ける反復数に関する依存の距離について述べる．

定理 2.3　もし，ある一つのインスタンスのデータが，ベクトルレジスタ長より短い距離に位置する先行のインスタンスに対して依存がなければ，プログラムのループがベクトル化可能である．

出力依存は，処理の順序の置換が生じないため，ベクトル化については問題にはならない．ある一つのループにある二つのインスタンスが同じ変数を更新するとき，最後に処理される添数の値より大きい値に対応するインスタンスが優勢になる．したがって，ループの結果となる変数の値は優勢なインスタンスの結果となる．

2.4.3 リダクション演算

リダクション演算は後依存（逆依存）を示し，本質的にベクトル化は可能ではない．しかし，2.3.4 項で述べた並列化のように，結合の利用によりベクトル演算が可能になる．

その手法はサイクリックリダクション（巡回縮約）とよばれる手法を利用する．反復的に足し合わせるのに代わって，配列の要素を一つ飛ばしに足し合わすことができる．しかし，これは依存を高める．簡単のため，足し合わせる要素の数を偶数とし，$2 \times n$ の場合について考えよう．一つ飛ばしに足し合わせた結果を読み出すために，一時的な配列が必要となり，長さ（大きさ）n の配列 s とする．リダクションの第 1 ステップは次のように行う．

```
for i = 1 to n
    s(i) = x(2 * i - 1) + x(2 * i)
end for
```

上記の演算はもちろんベクトル化可能である．この演算により，もとの配列より長さが半分で，さらに要素を足し合わせるのに十分な配列を作ることができる．ここで，演算をベクトル化するために同じ手法を用いる．2 で割ることのできる n を考え，サイクリックリダクションの第 2 ステップは次のように書ける．

```
for i = 1 to n/2
    s(i) = s(2 * i - 1) + s(2 * i)
end for
```

これは，結果を格納する際に新しい配列を必要としない．上記のループは前依存のみを示し，そのためベクトル化が可能である．同じ手法を繰り返し適用することによって，最終的に p ステップのベクトル化が可能となり，$n/2^p$ 個以上の要素は足せない．$n/2^p$ が十分小さいときは，それらの要素はベクトルを用いない古典的な足し算で十分である．

ほかの手法としては，演算の交換法則[†]を用いる手法がある．原理は，一つ飛ばしの足し算が，レジスタ長に等しい大きさのデータの連続したパケットに基づいていることを除けばよく似ている．レジスタ長を q として考えよう．リダクションの初期化は次のように書ける．

```
for i = 1 to q
    s(i) = x(i) + x(i + q)
```

---

† 可換則ともいう．

```
        end for
```

次に，q の倍数の n を考え，以下のように x 個の要素からなる連続したパケットをベクトル s に加える．

```
        for p = 2 to n/q − 1
          for i = 1 to q
            s(i) = s(i) + x(i + p ⋆ q)
          end for
        end for
```

x のすべての要素が処理されたとき，ベクトル s の q 個の成分を足す必要はない．この方法では配列 s をメモリに作成する必要がなく，単にベクトルレジスタに格納するだけでよければ効率的となる．メモリへの情報量を減らすことができ，演算鎖とよばれるものを改善できる．この概念について，次項で詳しく述べる．

2.4.4 演算鎖

リダクション演算の場合では，前節で言及したように，更新されるデータを複数回連続してベクトルレジスタに残すことができ，ベクトルレジスタはキャッシュメモリと似たような役割を果たす．同一データを用いて複数の演算を連続的に実行する場合，途中の結果をメモリに転送する必要はなく，レジスタで保存できる．さて，次々と演算を行うためには複合的な大規模パイプラインを構築する必要があるため，演算鎖について述べよう．

典型的な例は，次のようなベクトルの線型結合である．

```
        for i = 1 to n
          y(i) = y(i) + a ⋆ x(i)
        end for
```

上記のようなループにおいて，連続する二つの演算，すなわち乗算と加算を実行しなければならない．$y(i)$ に加えるために，乗算 $a \star x(i)$ の結果を用いる必要がある．途中結果 $a \star x(i)$ は一時的にレジスタに格納される．図 2.5 にその処理の原理を示す．図において，$v(i_0 + 1 : i_0 + q)$ は，$v(i_0 + 1), v(i_0 + 1), \cdots, v(i_0 + q)$ を構成するベクトルである．ベクトルデータはベクトルレジスタにおいて配列される．複数回連続的に使用されるデータ a は，スカラーとよばれる単位レジスタに格納される．いつも途中のベクトルレジスタ 2 を使用しなければならないわけではなく，いくつかのマシンでは直接，演算装置の出力として転送し，ほかの演算装置へ入力することができる．図 2.5 では，配列 x と y の q 個の要素からなる最初のパケットが処理されるときのレ

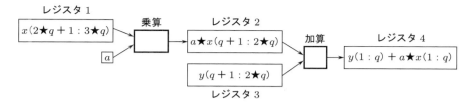

図 2.5　ベクトルの線型結合の鎖

ジスタの状態が示されており，乗算器の入力となり，二つ目のパケットが加算器の入力となり，三つ目のパケットとなる．同じ処理過程は，後に続くパケットについても繰り返される．

　この処理過程は，乗算と加算を鎖のようにつなぐ長いパイプラインを構築する．一度パイプラインが構成され，レジスタ1とレジスタ3にデータを供給すると，コンピュータはクロック周波数の周期ごとに演算の組 $(+, \star)$ の処理を実行する．もちろん，同じ瞬間に乗算器と加算器はループ内の同じインスタンスの演算を行わないが，パイプライン装置内の異なるステップが連続するインスタンスについて演算を行うのと同じ方法で，異なるパケットについては処理を行う．それでもやはり同時に処理できることには変わりはなく，全体的に見れば計算機はクロック周波数の周期ごとに二つの演算を実行し，各基本的な演算を行うには数周期分の時間が必要となる．ほかの一例として，次の二つのベクトルのスカラー積を挙げる．

```
s = 0
for i = 1 to n
    s = s + x(i) ⋆ y(i)
end for
```

前節で説明したパケットによるリダクション手法を用いて，$x(i)$ と $y(i)$ の乗算を足し合わせることにより連結できる．もちろん，より複雑なパイプラインは長いループに対して効果的ではあるが，（各命令の処理するクロック数が増えるため）処理結果が反映されるまでの時間が長くなる．ベクトルのスカラー積の場合，開始時間を処理の合計時間である最後のパケットのスカラーの時間に加えなければならない．

　この手法により，ベクトルのアーキテクチャで，定期的にメモリを出入りするデータの多数の四則演算を高速で行うことができる．プログラマーはパイプラインのパケットの管理を行う必要はなく，コンパイラが行う．逆に，プログラムはベクトルの最適化に適していなければならず，バンクにアクセスする際の競合を避けて，メモリにおいて隣接するデータを対象とする一連の演算が連結できるように，データや計算の構造がうまく整っていなければならない．

2.5 通信タスク

2.5.1 ベクトル計算とベクトルメッセージ通信によるプログラミング

OpenMPのようなプログラミングのモデルは，一方でデータの集合を管理し，もう一方でプログラムのいくつかのセクションの並列処理を行う特有のコードが考慮されている．このモデルはマルチプロセッサの共有メモリマシンに適用されている．

分散メモリのシステムではほかのモデルが必要で，それは異なる計算ノード上の適切なデータのみを扱うことのできる個別のプロセスを統合できなければならない．これらのプロセスは，お互いにデータのやり取りができなければならない．プロセス間のデータ転送は，情報通信システムを用いて行われる．情報通信システムは，メッセージ通信関数のライブラリを使って各プロセスとつながっているプログラムにアクセスすることができ，FortranやC言語，その他の言語でも利用可能である．

今日もっとも普及しているメッセージ通信のプログラミング環境は，MPI (Message-Passing Interface) とよばれるものである．次項では，この種のプログラム環境の役割について解説する．

メッセージ通信のプログラミングにはとくに難しい点はない．関数は理解しやすく，それらに必要なパラメータの数もそれほど多くはない自然な記述である．難しい点はアルゴリズムの概念であり，次章で例を見てみる．

2.5.2 並列環境の管理

本質的に，各プロセスは適切なコードに関連付けられる．しかし，それらのプロセスが同じアプリケーションに対してはたらくため，異なるプロセスが同じソースコードをもつことが頻繁にある．データのみが，あるプロセスからほかのプロセスへ変化する．すべての場合において，各プロセスは並列環境に関する何らかの情報をもつ必要がある．最低でも各プロセスはアプリケーションを共有するプロセスの数を知り，適当な番号を割り当てなければならない．

この二つの情報に該当しているMPIの関数は，それぞれ，`MPI_Comm_size`および`MPI_Comm_rank`である．前者は「コミュニケータ[†1]」に付随するプロセッサ数を返す．後者はある一つのコミュニケータのプロセスに割り当てられる番号[†2]で，0から（プロセッサ数 − 1）の間の値をとる．コミュニケータとは，一つのプロセッサグループにより共有される通信サービスを意味する．同じプロセスの集合では，異なるコミュ

[†1] 相互に通信を行うプロセスのグループ
[†2] プロセス番号

ニケータが共存することができ，異なるプロセッサのグループや異なる状況（対象）に対して機能することができる．

たとえば，もしいくつかのプロセスが計算の一つのフェーズに関与する場合，グループ内でグループの通信ができるように，それらのグループは特定のコミュニケータに属する．逆に，二つの異なる状況でのメッセージ通信に気密性をもたせるために，二つのコミュニケータが一つの同じプロセスグループに関係付けられる．

初期設定で同じアプリケーションの全プロセスが，大域コミュニケータに現れる．各コミュニケータは指定入力により認識される．初期設定において，大域コミュニケータでは，指定入力は MPI_COMM_WORLD（MPI 環境のパラメータ）である．関数の呼び出しは次のとおりである．

- MPI_Comm_size(MPI_COMM_WORLD,size)
- MPI_Comm_rank(MPI_COMM_WORLD,rank)

これにより，size と rank の全変数において，それぞれ並列アプリケーションに属する全プロセス数と呼び出したいプロセスの適切な番号を呼び出すことができる．

2.5.3　1対1通信†

通信ライブラリの基本目的は，「1 対 1 (point-to-point)」の通信，つまり一つのプロセスからほかのプロセスへの通信である．転送ができるように，一方で送信プロセスが情報通信システムを介してデータを送り，他方で受信プロセスが受け取らなければならない．

通信は数値データに基づく．メッセージの中身は単純に配列により定義され，メモリのアドレスや長さ，データ型などが記述されている．メッセージを送るためには，どのメッセージをどのプロセス番号に送るのかを指定し，明確にする必要がある．一方で，メッセージは選択的に数値ラベルによって認識することもできる．

送信プロセスのプログラムにおいて，メッセージ送信は次のように記述する．

MPI_Send(table_send,length_of_table,type_of_data,
address,label,communicator)

データ型 type_of_data は，たとえば整数型を指定する MPI_INTEGER のような環境パラメータを介して既知の番号により指定される．パラメータ length_of_table は送信データ数を指定する．

同様に，メッセージ受信は受信プロセスのプログラムにおいて次のように記述する．

---

† point-to-point 通信ともいう．

```
MPI_Recv(table_receive,size_of_table,type_of_data,
              sender,label,communicator,list)
```

メッセージは配列のサイズ内で配列されるため，パラメータ `size_of_table` は受信メッセージの最大長さを指定する．送信や受信パラメータは選択的に受信メッセージを選別するために使用される．負の値が割り当てられているメッセージは使用されないメッセージである．パラメータ `list` は，送信メッセージの有効な長さ，送信プロセスの番号，あるいは送信時のラベル値のような，受信プロセスが利用可能なメッセージに属する情報を受け取る整数配列を指定する．

本質的に通信は非同期[†1]であるが，ブロッキング[†2]である．つまり，転送時に送信と受信プロセスは同時に行う必要はない．メッセージの送信や一時的な保存を担うのは情報通信システムである．その代わり，送信プロセスは関数 `MPI_Send` を呼び出した後は，メッセージが送信完了されたときのみ再開し，メッセージを変えることなく配列 `table_send` の中身を更新できる．逆に，受信プロセスは関数 `MPI_Recv` を呼び出した後は，メッセージの受信が完了したときのみ再開し，データは配列 `table_receive` 内で配列されている．

2.5.4 グループ通信

グループ通信は，送信プロセスにせよ，あるいは受信プロセスにせよ，すべてのプロセス間の通信である．グループ通信を使用する場合，使用するコミュニケータにあるすべてのプロセスが強制的に関数を呼び出す．そのため，通信を行いたいグループ下にあるプロセスのためにコミュニケータを定義する必要がある．

もっとも使用頻度が高く，かつシンプルな例は，一つのプロセスからほかのすべてのプロセスへのメッセージ送信である．もちろん，この種の転送は1対1通信を連続して行うことによってもできる．しかし，プログラミングがより簡単で明快になるのに加えて，グループ通信の関数の呼び出しによって転送の最適化を戦略的に行うことができる．事実，一つのプロセスから自身を含むグループ内の n 個のプロセスへの1対1通信による送信では，$n-1$ 回の連続した送信が必要となる．

図 2.6 に示すような 8 個のプロセスの場合，1 個から n 個のプロセスへの送信は $\log_2 n$ 回のステップによりなされる．すなわち，はじめの転送後で，二つのプロセスは情報をもち，ほかの二つのプロセスへ送信できる．二つ目の段階でも同様である．あ

[†1] 非同期とは，送信側のデータ送信タイミングと受信側のデータ受信タイミングを合わせずに通信を行うこと．

[†2] ブロッキングとは，操作が完了するまで手続きから戻ることができず，再開できないことを意味する．

る転送後に情報をもったプロセスは，図2.6で"X"で示される．p回目のステップを終えた後では，2^p個のプロセスが情報を受け取り，次のステップでほかの2^p個のプロセスへ送信する．この手順により，全転送時間は1対1通信の場合の1回の転送に必要な時間$n-1$回に代わって$\log_2 n$回のオーダーとなる．

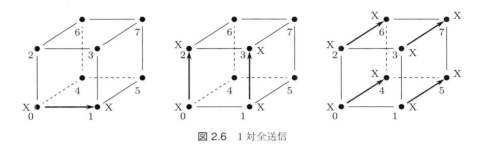

図 2.6　1対全送信

1個のプロセスからすべてのプロセスへの転送（1対全通信）を可能とするMPIの関数は`MPI_Bcast`とよばれ，Bcastは「Broadcast」を意味する．具体的には次のような記述である．

```
MPI_Bcast(table,length,type_of_data,send,communicator)
```

パラメータ`send`は送信するプロセス番号を指定し，グループ`communicator`のほかのすべてのプロセスが受信者（側）となる．パラメータ`table`や`length`, `type_of_data`は受信側のプロセスにおける送信データをもつ配列と，受信側のプロセスにおける受信データを記述する．

すべてのプロセスから1個のプロセスへの通信（全対1通信）は，1個のプロセスからすべてのプロセスへの転送（1対全通信）の逆の手順である．すべてのプロセスからすべてのプロセスへ通信（全対全通信）するためには，すべてのプロセスから1個のプロセスへの通信を行い，続いて1個のプロセスからすべてのプロセスへの通信を行えばおそらく可能であろう．しかし，いきなり同時にすべてのノードから転送することができれば，各段階で転送が終了した時点での異なるプロセスが保有する情報を示す図2.7のように，1個からn個のプロセスへの転送と同じ，たった$\log_2 n$ステップで転送できる．

すべてから1個のプロセスあるいはすべてからすべてのプロセスへ転送するグループ通信の手続きで，頻繁に起こる極端に特殊な事例として，リダクション演算が挙げられる．リダクション演算は，すべてのプロセスにおける配列の要素の加算や乗算に対して効果を発揮する．この場合，最後の計算にだけ効果を発揮するのではなく，すべてのデータの転送に代わり，演算は実行されている過程の中で行われる．たとえば，

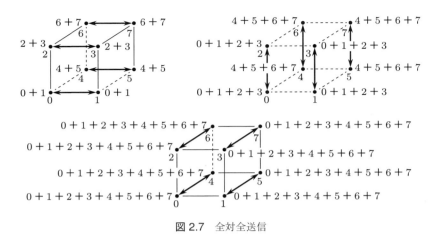

図 2.7 全対全送信

長さ 1 の配列の加算の場合，図 2.7 に再度示すように，2^{p-1} 個のデータに代わり，たった 1 個のデータが，p 回目のステップである一つ前の段階で送信されたときに，送受信された 2 個のデータの合計に等しくなる．

リダクション演算の構文は次のとおりである．

```
MPI_Reduce(table_initial,table_final,length,type_of_data,
                   type_of_operation,receptor,communicator)

MPI_Allreduce(table_initial,table_final,length,type_of_data,
                   type_of_operation,communicator)
```

たとえば，パラメータ `type_of_operation` によって定義される `MPI_SUM` 型の演算の結果において，配列 `table_final` は異なるプロセスのすべての配列 `table_initial` について対応する要素と要素を計算した演算の結果を受け取る．関数 `MPI_Reduce` の場合，プロセス `receptor` のみが結果を受け取ることができる．関数 `MPI_Allreduce` の場合，すべてのプロセスが結果を呼び戻すので，パラメータ `receptor` の記述は省略される．

リダクションのすべての関数は複数のリダクション演算を同時に実行できるように配列に対して作用し，個々の関数は配列の 1 要素に対して機能する．これにより，データの転送時間を短縮できる．一般的なやり方として，n 個のデータの転送は $T(n)$ の時間を必要とし，

$$T(n) = T(0) + \frac{n}{C}$$

となる．ここで，$T(0)$ は転送の初期時間で，C は転送段階でのネットワークの転送速

度である．

初期時間はネットワークの「レイテンシ[†1]」とよばれる．それはネットワークを介してデータを入手するために必要な時間である．このレイテンシの概念は，より一般的には，マシンの内部メモリの各階層あるいは電気的，磁気的，光学的外部記憶装置のような記憶装置にあるデータへのアクセスすべてにある．

標準的なネットワークでは，転送速度やデータを待っているプロセッサのクロック周期と比較して，レイテンシは極端に大きくなる．技術的には，転送速度を上げることはレイテンシを小さくすることに比べてかなり容易であり，転送経路を増やすことで可能である．いくつかのリダクション演算をグループ化することで，異なる転送に対してレイテンシを1回だけ費やせばよい．同様なことはすべての転送に当てはまる．一度の通信で転送するように，つねにできる限り早くすべてのデータを再グループ化しなければならない．

演習問題

2.1 ［依存の自動解析］

以下のループが依存を示す場合に，$(d-b)$ が a と c の最大公約数で割り切れるための必要条件を示せ．

```
for i = 1 to n
    x(a * i + b) = x(c * i + d) + y(i)
end for
```

2.2 ［ベクトル化と並列化］

共有メモリマシンで次の断片的なプログラムのベクトル化と並列化を行うための最適化について調べよ．

```
for i = 1 to n_i
    for j = 1 to n_j
        for k = 1 to n_k
            u(i,j,k) = a * u(i,j,k-1) + b * u(i,j,k) + c * u(i,j,k+1)
        end for
    end for
end for
```

2.3 ［プログラムのループ］

配列 index の特性を考慮して，次の三つのループのベクトル化および並列化が可能である

[†1] データ転送などを要求してから，その要求に対する結果が返ってくるまでの遅延時間．

かどうかを調べよ．

```
for i = 1 to n
    x(index(i)) = c ⋆ y(i)
end for
```

```
for i = 1 to n
    x(index(i)) = x(index(i)) + c ⋆ y(i)
end for
```

```
for i = 1 to n
    x(i) = x(index(i)) + c ⋆ y(i)
end for
```

2.4 ［プログラムのループの置換］
次の二重ループは入れ替えが可能であるか．

```
for i = 2 to n − 1
    for j = 1 to n − 1
        u(i, j) = u(i − 1, j) + u(i, j) + u(i + 1, j)
        u(i, j + 1) = u(i, j)
    end for
end for
```

2.5 ［ネステッドループ（入れ子ループ）］
配列 index の特性を考慮して，複合プログラムループのベクトル化および並列化，あるいは二つのループの同時処理が可能であるかどうかを調べよ．

```
for k = 1 to n_e
    for i = 1 to 6
        for j = 1 to 6
            y(index(i, k)) = y(index(i, k)) + a(i, j, k) ⋆ x(index(j, k))
        end for
    end for
end for
```

第3章 並列アルゴリズムの基礎知識

本章では，並列アルゴリズムの具体的な二つの例について詳しく見てみる．一つ目は線型回帰のためのリダクション法に関する例である．この例を通して，アルゴリズムを変えることにより，どのようにして本来並列化できない問題を並列計算で解くことができるのかを理解する．追加的に必要となるアルゴリズムや数値的安定性に関しても触れる．二つ目の例は行列積に関するものである．それは，データの時間的および空間的局所性の重要性を示すための基本的な例である．この例により，どのようにして階層メモリシステムで高い性能を得るために必要不可欠な局所性の解析が行われ，さらに，メッセージ通信によるプログラミング環境での実装を簡単にするブロックによる処理手法を向上させることができるのか理解できる．

OpenMP のプログラミング環境あるいはメッセージ通信による分散メモリを用いた MPI プログラミング環境が利用できるにしても，異なる並列タスクは異なるプロセッサにより処理され，スレッド型の軽いプロセッサあるいは標準的なプロセッサにより処理される．そこで，並列計算は各プロセスが異なるプロセッサあるいはコアによって同時に実行されるときだけ向上するということを踏まえて，並列プロセスについて述べる．

3.1 漸化式の並列アルゴリズム

3.1.1 リダクション法の原理

依存の解析により，次に示すような1のオーダーの依存を示す場合，並列化やベクトル化，線型な漸化式が不可能である．

```
for i = 2 to n
    x(i) = y(i) + a(i) ⋆ x(i-1)
end for
```

しかし，漸化式（再帰関係式）を解くために独立した演算を示しながら，ほかのアルゴリズムを検討することはできる．一般的なアイデアは，サイズを小さくして連続的に解く問題にできるように，一連の独立した漸化式の解法に単純化して計算を減らすこ

とに基づく．同じような原理は，リダクションとよばれる演算でもすでに用いられた．

$n = p \star q + 1$ を考えよう．すべての $x(i)$ が互いに関連する漸化式は，$p+1$ 個の成分 $\{x(1), x(q+1), \cdots, x(k \star q + 1), \cdots, x(p \star q + 1)\}$ により，次のように作られる．

$$x(k \star q + 1) = z(k) + b(k) \star x((k-1) \star q + 1)$$

成分 $z(k)$ と $b(k)$ を求めるためには，添数 $(k-1) \star q + 2$ と $k \star q$ の間をとる初期の反復を解けばよい．実際，もし $x(i-1) = z + b \star x(i_0)$ であれば，漸化式を適用して次式を得る．

$$x(i) = y(i) + a(i) \star x(i-1) = (y(i) + a(i) \star z) + (a(i) \star b) \star x(i_0)$$

成分 $z(k)$ と $b(k)$ を決定するために，次のアルゴリズムを用いる．

```
z(k) = y((k-1)*q+1)
b(k) = a((k-1)*q+1)
for i = (k-1)*q+2 to k*q
    z(k) = y(i) + a(i)*z(k)
    b(k) = a(i)*b(k)
end for
```

成分 $z(k)$ と $b(k)$ の p 個のペアの計算は互いに独立であるので，p 個のプロセスにより並列処理を行うことができる．

一度，成分 $z(k)$ と $b(k)$ を計算し，$p+1$ 個の成分 $\{x(1), x(q+1), \cdots, x(k \star q + 1), \cdots, x(p \star q + 1)\}$ と関連のある漸化式を解かなければならない．この小規模な計算は，一つのプロセッサで，次のアルゴリズムにより行われる．

```
for k = 1 to p
    x(k*q+1) = y(k) + b(k)*x((k-1)*q+1)
end for
```

ほかの x の成分の計算が残っており，既知の値から始め，p 回の反復をそれぞれ解きながら計算する．

```
for i = (k-1)*q+2 to k*q
    x(i) = y(i) + a(i)*x(i-1)
end for
```

これらの計算は，1 から p の間をとる k の異なる値を求めるために行われ，計算は互いに独立であり，よって p 個のプロセスにより並列処理できる．

3.1.2 リダクション法の計算コストと安定性

リダクション法は二つの不便さを呈する．一つ目は全体的な計算コストである．実際，次のような初期の逐次アルゴリズムの処理に必要な演算の数は，$n-1$ 個の $(+,\star)$ のペアの演算となる．

```
for i = 2 to n
    x(i) = y(i) + a(i) ⋆ x(i-1)
end for
```

リダクションアルゴリズムを用いて，初期の段階（フェーズ）のリダクションでは，$p = (n-1)/q$ 個のパケットのおのおのに対して，$2q-2$ 回の乗算と $q-1$ 回の加算を必要とする．

```
z(k) = y((k-1) ⋆ q + 1)
b(k) = a((k-1) ⋆ q + 1)
for i = (k-1) ⋆ q + 2 to k ⋆ q
    z(k) = y(i) + a(i) ⋆ z(k)
    b(k) = a(i) ⋆ b(k)
end for
```

全体でおよそ $2n$ 回の乗算と n 回の加算となる．

次に示す導出された漸化式の解法では，p 個の $(+,\star)$ のペアを必要とする．

```
for k = 1 to p
    x(k ⋆ q + 1) = y(k) + b(k) ⋆ x((k-1) ⋆ q + 1)
end for
```

次の p 回の反復計算において，各回の最後の解法では $q-1$ 個の $(+,\star)$ のペアとなり，この段階（フェーズ）において全体で $n-p$ 個の $(+,\star)$ のペアとなる．

```
for i = (k-1) ⋆ q + 2 to k ⋆ q
    x(i) = y(i) + a(i) ⋆ x(i-1)
end for
```

独立した p 回の反復で最後の解法の次にくる漸化式の解法の二つのフェーズでは，全体として標準的な逐次アルゴリズムと同じ数の演算を必要とすることがわかる．したがって，リダクションの初期のフェーズでは計算コストがかかり，はじめのおよそ 1.5 倍のコストを要する．リダクション法では，全体として四則演算の 2.5 倍の計算コストがかかることとなる．

また，リダクション法は数値的な不安定性を呈する．リダクション演算の際に計算される成分 $b(k)$ は，$i = (k-1) \star q + 2$ から $i = (k-1) \star q$ までの反復計算における成分 $a(i)$ の連続の積として現れる．これらの成分が 1 より大きい場合，これらの積はマシンでは表示できないほど非常に大きくなる．すなわち，アルゴリズムが発散する．逆に，これらの成分が 1 より小さい場合，これらの積は非常に小さくなり，マシン表示できる．後者の成分が小さい場合，小さな成分を 0 とおくことで問題を解決できると考えることができる．しかし，この解法でアルゴリズムを計算すると重大な間違いを伴った結果をもたらすことになる．事実，成分 $b(k)$ が 0 あるいは $y(k)$ と比べて非常に小さい場合，次のリダクション関係により，

```
for k = 1 to p
    x(k*q+1) = y(k) + b(k) * x((k-1)*q+1)
end for
```

数値的に減衰し，次式と等しくなる．

```
for k = 1 to p
    x(k*q+1) = y(k)
end for
```

これは，リダクションによる計算方法において，異なる値 $x(k)$ が互いに独立であることを意味し，明らかに誤りである．これらの成分を用いた間違った計算により，次の p 回の反復計算後に得られる最終結果も同程度のエラーをもつこととなる．

```
for i = (k-1)*q+2 to k*q
    x(i) = y(i) + a(i) * x(i-1)
end for
```

したがって，演算実行の際の更新にも影響を及ぼす数字の表示精度の限界によって生じる数値的影響は，ここで紹介した回帰リダクションアルゴリズムを直接使う場合には非常に厄介であることは明らかである．

3.1.3 サイクリックリダクション

ベクトル化を行うにあたって，できるだけ高い並列度を求めて，回帰演算をなくすようにする．これはできるだけ小さな p をとり，$q = 2$ と $p = (n-1)/2$ としよう．リダクションの第 1 段階は，1 と $(n-1)/2$ の間の値をとる添数 k に対して，次のように記述できる．

$$z(k) = y(2 \star k - 1)$$

$$b(k) = a(2 \star k - 1)$$
$$z(k) = y(2 \star k) + a(2 \star k) \star z(k)$$
$$b(k) = a(2 \star k) \star b(k)$$

長さ $p+1 = (n+1)/2$ のリダクションシステムの成分の集合の計算は，ベクトルループにより実行される．すなわち，次のようになる．

```
for k = 1 to (n+1)/2
    z(k) = y(2*k) + a(2*k) * y(2*k-1)
    b(k) = a(2*k) * a(2*k-1)
end for
```

同様の方法により，未知数がベクトル x の奇数の添数の成分であるリダクションのシステムが一度解かれると，ベクトルループにより偶数の項が計算される．すなわち，次のようになる．

```
for k = 1 to (n-1)/2
    x(2*k) = y(2*k) + a(2*k) * x(2*k-1)
end for
```

リダクションのシステムがそれ自身で解いていくために，新規の同じ方法を用いて，残りのシステムが十分に小さくなるまで反復し解く．ベクトル化を行わない方法に比べて計算コストは無視できるくらい低い．この方法はサイクリックリダクションとよばれる．サイクリックリダクションは，前述のパケットによる方法を適用するときと同じ計算コストと安定性の問題を呈する．

3.2 局所化と分散：行列の積

3.2.1 行または列によるアルゴリズム

n 次元の三つの行列 A, B, C を考える．行列の積の一般的な式では，行列 $A = B \times C$ の成分 A_{ij} が行列 B の i 行と行列 C の j 列のスカラー積に等しくなる．その行列の積の計算は次のように書ける．

```
for i = 1 to n
  for j = 1 to n
    for k = 1 to n
      A(i,j) = A(i,j) + B(i,k) * C(k,j)
    end for
```

```
    end for
  end for
```

このアルゴリズムは実際には $A = A + B \times C$ である．$A = B \times C$ の計算をするためには，はじめに A の成分を消せばよい．このアルゴリズムにおいて，依存の解析に関与するのは行列 A のみである．なぜなら，A だけが更新されるからである．三つのネステッドループを調べると，添数（次元）k の内側のループのみが，すべての繰り返し計算において，一度にデータ依存と出力依存を示すことがわかる．これがリダクション演算である．一方，$A(i \pm k_i, .)$ あるいは $A(., j \pm k_i)$ の項を参照しないので，依存はなく，ループはすべて二つ置きに交換可能である．したがって，アルゴリズムは次のように書ける．

```
for j = 1 to n
  for k = 1 to n
    for i = 1 to n
      A(i,j) = A(i,j) + B(i,k) ⋆ C(k,j)
    end for
  end for
end for
```

ここで，行列 A の j 列は行列 B と行列 C の j 列との積により得られることがわかり，積は行列 B と行列 C の j 列により与えられる成分の線型結合である．これは行列の積の定義であり，線型結合の表現である．

さて，この二つのアルゴリズムのうち，どちらがよい性能を示すのであろうか．この二つの場合において，もっとも外側のループは依存を示さないので，並列化が可能である．内側のループになると n 個の $(+, \star)$ ペアの演算を行う．違いは単にメモリへのアクセスにある．

内側の添数 k のループを用いて，反復ごとにメモリにある二つの新しい成分 $B(i,k)$ と $C(i,j)$ を呼び出さないといけない．$A(i,j)$ の初期値ははじめに読み込まれ（リード），反復が終了したときに最終の値が書き出されて（ライト），途中の結果の値は計算を行っているプロセッサのレジスタに一時的に保存される．最終的に，読み込みに $2n+1$ 回，書き出しに 1 回のアクセスが必要で，つまり合計 $2n+2$ 回のメモリアクセスが必要となる．内側の添数 i のループを用いて，反復ごとにメモリにある二つの新しい成分 $A(i,j)$ と $B(i,k)$ を読み込み，$A(i,j)$ の結果を再び書き出さないといけない．成分 $C(i,j)$ ははじめに読み込まれ（リード），その値は反復計算を行っているプロセッサのレジスタに保存される．最終的に，読み込みに $2n+1$ 回，書き出しに

n 回のアクセス，つまり合計 $3n+1$ 回のメモリアクセスが必要となる．

前述の二つ目の解法は一見劣るように思える．しかし，データの空間的局所性を考慮するとき，はじめのアルゴリズムの場合では成分 $B(i,.)$ と $C(.,j)$ へのアクセスがそれぞれ行と列によって行われるが，二つ目のアルゴリズムの場合では成分 $A(.,j)$ と $B(.,k)$ へのアクセスはすべて列によって行われることがわかる．行列の成分はメモリにおいて列によって配列され，$A(.,j)$ と $B(.,k)$ の項はメモリに隣接して格納される．したがって，$B(i,.)$ の項のアドレスは n の増加に伴って空いていく．空間的局所性は劣り，メモリへのアクセスは遅くなる．この二つの解法のどちらも満足のいくものではない．

注記：複数の行列が列ではなく行によって配列され，添数 i と j が交換可能である場合においても同様のことがいえる．これ以降，列による配列を考えていくが，この注記に書かれていることはつねに有効である．

3.2.2 ブロックによるアルゴリズム

行列と行列の積を考える場合，入力として行列 A, B, C の $3n^2$ 個のデータがあり，また出力として行列 A の n^2 のデータがあり，計算には合計で n^3 回の $(+,\star)$ のペア演算が必要なことがわかる．つまり，演算の数と比較してメモリへのアクセスをきわめて少なくする必要があり，これまで述べてきたアルゴリズムでは不可能である．その理由は，時間的局所性が正しく活用できないからである．ループが三つあるため，$A(i,j)$, $B(i,k)$, $C(k,j)$ は合計で n 回使用または更新される．しかし，毎回，$A(i,j)$ あるいは $C(k,j)$ だけがレジスタに保存され，ほかはメモリに読み込む（リード）または再書き出しされる．これは実用的でない．前に述べた行や列によるアルゴリズムをキャッシュメモリを用いた計算に実装し，n の関数として計算速度を計測する場合，図 3.1 に示すように n の増加に伴って，計算速度がはじめは増加して最大に達し，その後，減少してある値に漸近することがわかる．漸近する前で急激に計算速度が減少する．なお，図 3.1 は標準的なデスクトップコンピュータのコアで計算した結果を示し，その特性はキャッシュによる典型的な影響である．同時にキャッシュに格納できる三つの行列に対して次元 n が十分に小さいほど，計算速度は増加する．選択したアルゴリズムにかかわらず，行列の成分を含むすべての部分が少なくとも一度使われるとキャッシュに格納され，性能を決定する計算速度はキャッシュが支配的となり上昇する．時間的局所性は最大となる．反対に，次元 n が十分に非常に大きい場合，ただちに使用される行列の成分を除いては，時間的局所性はもはやなく，計算速度に限界がある中央メモリが計算速度を決めることなる．計算速度の結果で見られる振動は，キャッシュのラインにおけるデータの増加によって起こるものである．

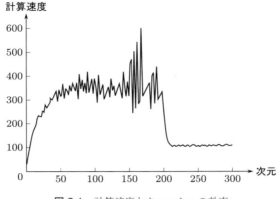

図 3.1 計算速度とキャッシュの効率

　もっともよい性能を得るためには，キャッシュに対して行列のサイズを小さくすればよいので，計算をブロックにより行う行列を n/p 次元の $P \times P$ のブロックに分割する．次式の行列 A において，キャッシュが n/P 次元の三つの行列を格納することが可能であり，簡単のため n は P で割り切れるとする．

$$\begin{pmatrix} A_{11} & A_{12} & \vdots & \vdots & A_{1J} & \vdots & A_{1P} \\ A_{21} & A_{22} & \vdots & \vdots & A_{2J} & \vdots & A_{2P} \\ \cdots & \cdots & \ddots & \vdots & \vdots & & \vdots \\ A_{I1} & A_{I2} & \cdots & \ddots & A_{IJ} & \vdots & A_{IP} \\ \cdots & \cdots & \cdots & \cdots & \ddots & & \vdots \\ \cdots & \cdots & \cdots & \cdots & & \ddots & \vdots \\ A_{P1} & A_{P2} & \cdots & \cdots & A_{PJ} & \cdots & A_{PP} \end{pmatrix} \quad (3.1)$$

ブロックによる行列の積のアルゴリズムは次のように書ける．

```
for I = 1 to P
  for J = 1 to P
    for K = 1 to P
      A_IJ = A_IJ + B_IK × C_KJ
    end for
  end for
end for
```

$A_{IJ} = A_{IJ} + B_{IK} \times C_{KJ}$ の積の計算は，最適なデータの空間的ならびに時間的局所

性を得るために十分に小さなブロックにより行う．ループの添数（次元）IとJは依存を示さない．階層メモリをもつマルチプロセッサのマシンでは，異なるブロックA_{IJ}の計算は並列して行われる．この種のアルゴリズムは，データがローカルのキャッシュに格納でき，すべてのプロセッサが同時に稼働できるので，システムのもっともよい性能を引き出すことができる．

次に，$A_{IJ} = A_{IJ} + B_{IK} \times C_{KJ}$の演算が意味するところを詳細に説明すること，つまり，どのようにしてデータ構造の観点からブロックを厳密に定義できるのかを述べる．

一つ目の可能な方法は，行列の構造を変えることなしに行列のブロックにアクセスすることである．ブロックとグローバル行列[†]（行列全体）におけるループのリファレンス（参照する値）と成分の対応は，次のように書ける．

$$A_{IJ}(i,j) \equiv A((I-1) \star n/P + i, (J-1) \star n/P + j)$$

したがって，積$A_{IJ} = A_{IJ} + B_{IK} \times C_{KJ}$は次のように書ける．

```
for i = 1 to n/P
  for j = 1 to n/P
    for k = 1 to n/P
      A((I−1)⋆n/P+i,(J−1)⋆n/P+j) =
        A((I−1)⋆n/P+i,(J−1)⋆n/P+j) +
        B((I−1)⋆n/P+i,(K−1)⋆n/P+k) ⋆
        C((K−1)⋆n/P+k,(J−1)⋆n/P+j)
    end for
  end for
end for
```

ブロックによるアルゴリズムにおいて，上のように積$A_{IJ} = A_{IJ} + B_{IK} \times C_{KJ}$を三つのネステッドループで代替する場合，その結果は行と列によって初期のアルゴリズムの各ループで二つに分割して，入れ替えを行って得られたものであることがわかる．この一つ目の方法ではデータの空間的局所性は完全ではない．あるブロックのある列に基づいたとき，メモリにある次の項（要素）は同じブロックの次の列の項（要素）ではなく，次のブロックの同じ列の項（要素）となる．つまり，行列全体から見て列の次の部分である．ブロックによるデータの局所化は，効率的に行列をブロック行列の形で格納することにある．このことを行うもっとも単純な方法は，4次元配列

[†] ブロックに分割する前のもとの行列

$(n/P, n/P, P, P)$ のような宣言を行うことである．ブロックとグローバル行列におけるリファレンスと成分の対応は，次のように書ける．

$$A_{IJ}(i,j) \equiv A(i,j,I,J)$$

積 $A_{IJ} = A_{IJ} + B_{IK} \times C_{KJ}$ は次のとおりになる．

```
for i = 1 to n/P
  for j = 1 to n/P
    for k = 1 to n/P
      A(i,j,I,J) = A(i,j,I,J) + B(i,k,I,K) ⋆ C(k,j,K,J)
    end for
  end for
end for
```

この分割はデータをより局所化できる利点を示し，キャッシュの異なる層（段階）をより簡単に管理でき，キャッシュのラインへのアクセスの衝突を制限できる．同様に，もしグローバル行列が中央のメモリに対して非常に大きい場合でも，メモリを大きく使うことができる．

3.2.3 分散アルゴリズム

前述の局所化の方法を分散アルゴリズムに適用することはもはや難しいことではない．とても自然に，行列データをブロックにより分散できる．ブロック (I,J) の各番号は $P \times P$ のプロセスに関連付けられる．その後，各プロセスはブロックの番号により認識される．分散計算コードにより，各プロセス（プロセス (I,J) に対しては次のように書ける）で実行される演算を記述することはもはやできない．

```
for K = 1 to P
  A_IJ = A_IJ + B_IK × C_KJ
end for
```

問題は，そのプロセスはブロック A_{IJ} と B_{IJ}，C_{IJ} しか使うことができないことである．アルゴリズムの反復 K において，B_{IK} と C_{KJ} が必要となり，それぞれプロセス (I,K) と (K,J) をもつ．各プロセスが必要となるブロックを受信するために，所有者（プロセス）がそれらブロックを送信しなければならない．アルゴリズムの反復 K において，プロセス (I,J) がブロック B_{IK} を必要とすることがわかる．したがって，プロセス (I,K) は行列ブロック B を I 行のすべてのプロセスに送信しなければならない．同様に，すべてのプロセス (I,J) はブロック C_{KJ} を必要とする．プロセ

ス (K, J) は行列ブロック C を J 列のすべてのプロセスに送信しなければならない．図 3.2 と図 3.3 は，16 のブロックに分割した場合の反復 1 における転送を示す．これらの転送は同じ行または列に対する各プロセスのグループにおいて，1 対全の通信によって実行される．

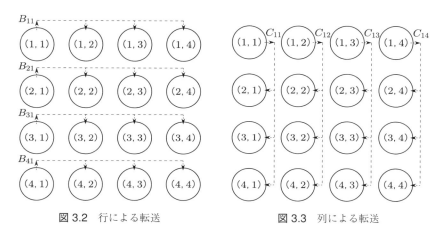

図 3.2　行による転送　　　　　図 3.3　列による転送

3.2.4　実　装

メッセージ通信によるプログラミングのバックグランドでは，各プロセスのソースコードは同じである．この場合，$P \times P$ のプロセスを作成しなければならない．各プロセスは n/P 次の正規行列 A, B, C を使うことができ，これらはプロセス (I, J) とブロック A_{IJ} と B_{IJ}, C_{IJ} に対応する．MPI 環境では，`size` プロセス間の `rank` 番目のプロセスとペア (I, J) を関連付けなければならない．どのような全単射（双射）による変換も適用できる．とりわけ，行列の列によって処理していく場合，添数（次元）(I, J) は次の関係により決めることができる．

$$\text{rank} = (J-1) \star P + (I-1) \quad \text{ここで，} P = \sqrt{\text{size}}$$

同じ行あるいは同じ列に関するプロセスのグループにおいて 1 対全通信を容易に行うためには，対応するコミュニケータを作成しなければならない．MPI 環境では，このようなコミュニケータのグループを次のような関数を用いて容易に作成できる．

```
MPI_Comm_split(communicator_initial,color,criterion,
                                    communicator_final)
```

この関数により，コミュニケータ `communicator_initial` を複数のコミュニケータ `communicator_final` に分割することができ，パラメータ `color` によって与えられる

分割の基準によって実行される．コミュニケータ communicator_initial のすべての
プロセスはこの関数を呼び出さなければならない．各プロセスは同じ値のパラメータ
color をもつ複数のプロセスを一つにまとめるコミュニケータ communicator_final
上にある．行によるコミュニケータを作成するためには，この関数を，パラメータ
color を変数 I として呼び出せばよい．

基本的に，プロセスは新しいコミュニケータ上で任意の番号を割り当てられる．い
まの場合，同じ行に関するプロセスは必ずしもおのおののコミュニケータ上で，おの
おのの列の番号を関数として，行によって番号を割り当てられるわけではなく，この
ことは非常に厄介である．パラメータ criterion は，増加していく criterion の値
によって，単に番号付けを決めるだけである．変数 J あるいは rank は，行番号 I の
コミュニケータ上で，プロセス (I, J) が番号 $J-1$ を受け取れるようにするパラメー
タ criterion を提供する．これは最終的に，図 3.4 と図 3.5 の 16 ブロックに分割し
た例に示されている行と列によるコミュニケータを作成するために，以下の二つの命
令を与える．

$$\text{MPI\_Comm\_split}(\text{MPI\_COMM\_WORLD}, I, J, \text{communicator\_row})$$

$$\text{MPI\_Comm\_split}(\text{MPI\_COMM\_WORLD}, I, J, \text{communicator\_column})$$

これでとても簡単に，各プロセスで処理されるアルゴリズムを記述できる．各反復に
おいて，$K-1$ 番目のプロセスが自身のブロック B を，その列に関するほかのすべて
のプロセスに送信する．反復ごとに受信するブロックを格納するために，一時的なブ
ロック B_{temp} と C_{temp} を使えなければならない．このことは最終的に次のようになる．

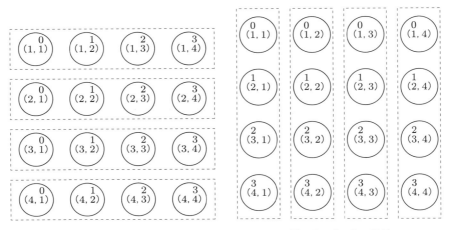

図 3.4　行による通信　　　　　　図 3.5　列による通信

```
for K = 1 to P
    if J = K then
        B_temp = B
    end if
    MPI_Bcast(B_temp,length,type,K-1,communicator_row)
    if I = K then
        C_temp = C
    end if
    MPI_Bcast(C_temp,length,type,K-1,communicator_column)
    A = A + B_temp × C_temp
end for
```

ここで，$\texttt{length} = (n/P)^2$ は転送されるデータ数で，$\texttt{type}$ は取り扱う行列（整数，実数，複素数，倍精度も含む）の MPI の型である．この例では，データへの時間的ならびに空間的アクセスの局所化のもっとも難しい作業をわかりやすく示している．一般的に，一度実行されると分散並列処理の実行はそれほど複雑にならない．各データブロックへの関連付けを始めるには，計算コードをこのようにして実行するだけで十分である．次に，ローカルにないデータを呼び出すのに必要となる転送について検討してプログラミングを行わなければならない．プログラミングはそれ自体難しくなく，メッセージ通信によりプログラミングされる分散並列コードは，データブロックの管理がない範囲において，オリジナルのコードよりシンプルになることが多い．つまり，それはブロック (I, J) のループの場合のことである．ループは，ブロック分割されていないもとのソースコードと内容は同じであるが，$P \times P$ のプロセスで開始することに取って代わられる．

注記： 教育的な目的で数値線型代数の古典的な演算のためのアルゴリズムを紹介した．実用では，様々なタイプのプロセスや並列システムに適用するための最適プログラムのライブラリがあり，それらを優先的に使用すべきである．もっとも古典的なライブラリは「BLAS (Basic Linear Algebra Subroutines)」で，行列とベクトルをベースとする演算を包括し，マルチコアのプロセッサに対して最適化されている．ライブラリ「LaPack (Linear algebra Package)」は，より発展したブロックアルゴリズムのために BLAS を用いている．また，ライブラリ「ScaLaPack (Scalable Linear algebra Package)」により，MPI を用いた分散メモリシステムに関して LaPack を最適に実装できる．英語の「scalable」は拡張性を意味する．

演習問題

3.1 ［並列分散処理での行列-ベクトルの積］

p 個のプロセッサをもつ分散メモリの並列マシンを考える．いま，n 次の密行列とあるベクトルの積，すなわち $y = Ax$ を計算する．

ベクトル x の初期値は既知であり，行列-ベクトルの積の結果であるベクトル y は各プロセッサで再構成される．逆に，行列の成分は複製されてはいけない．次の問題において，異なるプロセッサへの行列の格納，各プロセッサで行われる演算，そしてベクトルあるいは結果のベクトルを再びアセンブリングするのに必要なベクトルの一部について記述する．まず，タスクの負荷とプロセッサ内部のメモリの大きさを同じにしてみる．転送のために，メッセージの長さを小さくする，またはメッセージの数を少なくしてみる．

(1) 行のブロックあるいは列のブロックで行列を 1 回で分割するための行列-ベクトルの積の並列化を記述せよ．

(2) 正方ブロックを 1 回で抜き取るための行列-ベクトルの積の並列化を記述せよ．

(3) 行列が対称で下三角行列の部分だけ格納できる場合を考える．一つのプロセッサで行列-ベクトルの積の計算を行うための原理を述べよ．

(4) 行のブロックあるいは列のブロックの行列の下三角行列の部分を分割するための行列-ベクトルの積の並列化を述べよ．

(5) 正方行列からなる行列の下三角行列の部分を切り取るための行列-ベクトルの積の並列化を述べよ．

さらに理解するために

　第I部の内容と関連のある興味深い参考文献を紹介する．本書と近い視点からの様々な補足を知ることができる．また，同じ題材で異なる観点から知識を得ることもできる．読むのに都合がよいように，参考文献を見出しを付けて分類した．

並列計算に関する文献

[47] A. Legrand and Y. Robert. *Algorithmique parallèle : Cours et exercices corrigés.* Collection Sciences Sup. Dunod, 2003.

[12] H. Casanova, A. Legrand, and Y. Robert. *Parallel Algorithms.* Numerical Analysis and Scientific Computing Series. Chapman & Hall/CRC Press, 2008.

　この参考書籍は，本書の補足教材として読むのに適している．数値的というより情報工学的なアプローチによって並列処理に言及し，読者がモデル（P-RAM マシン，ソーティングネットワーク）やアルゴリズム（プロセッサのリングプロテクション，通信，ルーティング，非同次のアルゴリズム），パイプライン，コンパイル技術（ベクトル計算，シストリックアーキテクチャ，ループの入れ子と自動並列化）を理解できるように書かれている．各章は3部からなる．第1部は講義，第2部は演習，第3部は演習の詳細な解答である．英語版は最近出版され，多くのプログラムが掲載されている．

OpenMP に関する文献

　OpenMP の関数や原理を理解するための書籍が数多くある．以下に，その中からいくつかを紹介する．

[6] B.E. Bauer. *Practical Parallel Programming.* Academic Press, 1992.

　この参考書籍は，分散メモリでの並列プログラミングの一般的な入門書である．自動並列化の概念や難点，解法，ツールについて触れられている．この本は標準的な OpenMP ではなく，OpenMP のエッセンス，とくに OpenMP が登場する以前に SGI のコンピュータで使われていた MP について書かれており，OpenMP の開発者のインスピレーションを感じ取ることができる．C 言語や Fortran で書かれた具体的な例題が豊富である．並列コンピュータで使用するための効率的なプログラムを，より短時間で作成する方法を学ぶことができる．

[30] R. Eigenmann and M.J. Voss (editors). *OpenMP Shared Memory Parallel Programming.* Springer, 2001.

　この参考書籍は，2001年7月にアメリカのウェストラフィエットで開催された OpenMP の国際ワークショップ (*International Workshop on OpenMP- Applications and Tools*)

の 15 の講演論文を再編成したものである．各章は最先端の分散メモリでの OpenMP の並列プログラミングと豊富なアプリケーション，ツールを紹介している．各章は，最適化と実装，ツールと技術，実験と応用，マシン（計算機）とクラスタというように，テーマごとに再編成されている．

[14] R. Chandra, R. Menon, L. Dagum, D. Kohr, D. Maydan, and J. McDonald. *Parallel Programming in OpenMP*. Academic Press, 2001.

　この参考書籍は OpenMP の入門書であり，とくに Fortran 90 でコードを書くための解説である．並列プログラミングを学ぶのに適している．大部分はプログラマが関心のある OpenMP について説明されており，各章の終わりには演習が掲載されている．はじめに OpenMP，次に複数の章にわたってループの並列化の導入と解析を解説している．理論と実装の観点から性能の概念についても，この本の最後に述べられている．

[74] M.J. Voss (editor). *OpenMP Shared Memory Parallel Programming*. Springer, 2003.

　この参考書籍は，2003 年 6 月にカナダのトロントで開催された OpenMP の国際ワークショップ (*International Workshop on OpenMP- Applications and Tools*) の講演論文を再編成したものである．OpenMP に関する技術やバージョンの違い，拡張やクラスタ，アプリケーションやツールの最新の研究について，20 章にわたって解説している．

[17] J. Chergui and P.-F. Lavallée. *Choix du support du cours OpenMP*. http://www.idris.fr/data/cours/parallel/openmp/
（2012 年 4 月 1 日に確認）．

　OpenMP に関するフランス語の資料の中で，IDRIS (Institut du développement et des ressources en informatique scientifique) のホームページにある講義資料は有益なものである．講義は明瞭かつ詳しく，OpenMP とその使い方を多くの例題を用いて解説している．

MPI に関する文献

　MPI と MPI-2 のライブラリの概念や機能，使用方法について解説している文献を紹介する．

[33] I. Foster. *Designing and Building Parallel Programs*. Addison-Wesley, 1995.

　この参考書籍は，並列プログラムを書くための方法について述べられている．著者が述べているように，プログラミング言語の解説書やアルゴリズムの概論書ではない．これとは対照的に，考慮しなければいけない計算コストや性能について解説し，それに対応する並列プログラミングが紹介されている．この本は 3 部構成で，第 1 部では並列アルゴリズムの議論とアーキテクチャ，性能の解析，多くの例題を用いて解説された基本的な原理を扱っている．第 2 部では並列プログラミングのツールやパフォーマンスツールの活用方法を解説している．第 3 部では多くの参考文献を紹介している．

[61] P.S. Pacheco. *Parallel Programming with MPI*. Morgan Kaufmann Publishers Inc., 1996.

　この参考書籍は，MPI-1.1 のライブラリを用いたシステムの並列プログラミングの入門書であり，プログラムは C 言語と Fortran で書かれている．MPI のユーザーズガイド (User's Guide to MPI) の後継的な書籍である．並列計算の概論，その後にグループ通信や 1 対 1 通信，コミュニケータ，入出力のような MPI-1.1 のライブラリを用いた様々な概念を紹介している．性能解析がその次に取り上げられ，誤差検索や並列アルゴリズム，並列ライブラリなどの先進的技術について述べられている．

[70] M. Snir, S. Otto, S. Huss-Lederman, D. Walker, and J. Dongarra. *MPI : The Complete Reference*. The MIT Press, 1998.

　この参考書籍は，標準 MPI の開発者により書かれたバージョン MPI-1.1 のマニュアルであり，多くのコメントが付けられている．それゆえ，この本は書籍[36]の補助教材である．並列計算と並列プログラミング，メッセージ通信，並列計算と分散計算のためのライブラリに関しての最先端の内容が詳しく述べられている．多くの例題プログラムにより内容を理解しやすくなっている．ライブラリの選び方やインターフェースの使い方についても述べられている．

[35] W. Gropp, S. Huss-Lederman, A. Lumsdaine, E. Lusk, B. Nitzberg, W. Saphir, and M. Snir. *MPI : The Complete Reference — The MPI-2 Extensions*. Volume 2. 1998.

　この参考書籍は，MPI-2 のライブラリの標準的なスペックを紹介している．この本に書かれているコメントを読むことで，読者はいくつかの難しい概念や MPI-2 のライブラリの選び方などを理解できるようになっている．インターフェースを利用する方法がわかりやすく説明されていて，多くの詳細な例題が載せられている．

[29] K. Dowd and C. Severance. *High Performance Computing*, 2nd edition. O'Reilly, 1998.

　この本は，現在の並列およびベクトルコンピュータの一般的な入門書である．プロセッサのアーキテクチャ，メモリのアーキテクチャ，プログラミング，最適化，性能評価，メモリの共有（OpenMP ではスレッド）とメッセージ送信 (MPI, PVM) による並列処理の比較を取り扱っている．この本を読むことによって，ハードウェアの構成要素，とくにメモリの構成を理解できる．

[37] W. Gropp, E. Lusk, and A. Skjellum. *Using MPI : Portable Parallel Programming with the Message Passing Interface*, 2nd edition. The MIT Press, 1999.

　この参考書籍は，MPI-2 のライブラリを紹介している．MPI ライブラリは，並列コンピュータで工学の問題を解く場合によく使用される．MPI-1 の初期のバージョンがアップデートされ MPI-2 となり，多くのオプションが使えるようになった．この本を読むことで，C++や Fortran でプログラムを書くための新しい機能やデータ型，新しいグループ通信を知ることができる．並列の入出力とプロセスの動的な管理についても詳しく解説している．

[41] G.E. Karniadakis and R.M. Kirby. *Parallel Scientific Computing in C++ and MPI : A Seamless Approach to Parallel Algorithms and their Implementation.* Cambridge University Press, 2003.

この本は，プログラミングの最新技術，とくに並列プログラミングのアルゴリズムの利用方法を集大成したものである．科学技術計算や数値シミュレーションで用いられる用語をはじめに紹介している．次に，計算とプログラミングの基礎知識について解説している．その後で，積分の近似や計算の技術について述べられ，偏微分方程式の離散化方法が解説されている．線型システムを解くためのアルゴリズムも述べられている．応用として，ウェーブレットや非対称線型システム，疎行列システムを解くためのアルゴリズムの並列化について解説している．

[16] J. Chergui, I. Dupays, D. Girou, S. Requena, and P. Wautelet. *Choix du support des cours MPI.* http://www.idris.fr/data/cours/parallel/mpi/ （2012 年 4 月 1 日に確認）.

[15] J. Chergui, I. Dupays, D. Girou, and P.-F. Lavallée. *Choix du support des cours MPI-2.* http://www.idris.fr/data/cours/parallel/mpi/ （2012 年 4 月 1 日に確認）.

MPI と MPI-2 に関する完全かつ正確な資料は，上のホームページで見ることができる．これらの IDRIS の講義は非常に教育的に書かれており，MPI と MPI-2 で使われる基本的な知識や原理を素早く理解できる．

第 II 部
行列の数値解析に必要な基礎知識

第4章　行列の数値解析の総論

　本書をよりよく理解するために，本章ではこれから読み進めるのに必要な基礎知識を学ぶ．本章は線型代数の講義を目的としているわけではなく，線型代数のいくつかの内容を詳しく解説することを目的としている．また，これから読み進めるのに必要な知識のみ，とくにクリロフ (Krylov) 空間の章に関連する事項を取り扱う．

4.1 線型代数の基礎知識

4.1.1　ベクトル空間，スカラー積，直交射影

　$\mathbb{K} = \mathbb{R}$（$\mathbb{R}$ は実数体）あるいは $\mathbb{K} = \mathbb{C}$（$\mathbb{C}$ は複素数体）である体† $\mathbb{K}$ において，有限次元 n のベクトル空間 $\mathcal{V}$ があるとする．$\mathcal{V}$ の基底が線型独立な n 個のベクトル $\{e_1, e_2, \cdots, e_n\}$ とし，$(e_j)_{j=1}^n$ で表せるとする．その場合，すべてのベクトル $v \in \mathcal{V}$ が一意的に分解できる．

$$v = \sum_{j=1}^n v_j e_j$$

ここで，スカラー v_j は基底 $(e_j)_{j=1}^n$ におけるベクトル v の要素である．次に，ベクトルを表すために知っておくべき行列表現を紹介する．

定義 4.1　ベクトル（列）を $\mathbb{K}$（$\mathbb{K} = \mathbb{R}$ または $\mathbb{C}$），要素 v_i の入力の配列 $(v_i)_{1 \leqslant i \leqslant n}$ とし，i が行の番号を意味するとき，次のように書ける．

$$v = \begin{pmatrix} v_1 \\ \vdots \\ v_n \end{pmatrix}$$

v^t をベクトル（行）の転置とよび，v^* をベクトル（行）の共役とよび，それぞれ次のように書ける．

$$v^t = (v_1, v_2, \cdots, v_n), \quad v^* = (\overline{v}_1, \overline{v}_2, \cdots, \overline{v}_n)$$

---

† 四則演算が可能な集合．

ここで，$\overline{v}_i$ は v_i の複素共役な数である．

定義 4.2 $\mathbb{K}$ でのスカラー積，つまり $\mathbb{K} = \mathbb{R}$ の場合のユークリッドスカラー積と $\mathbb{K} = \mathbb{C}$ の場合のエルミートスカラー積は，次のように定義される写像である[†1]．

$$(.,.): \mathcal{V} \times \mathcal{V} \to \mathbb{K}$$
$$(u, v) = v^t u = \sum_{i=1}^{n} u_i v_i \quad (\mathbb{K} = \mathbb{R} \text{ の場合})$$
$$(u, v) = v^* u = \sum_{i=1}^{n} u_i \overline{v}_i \quad (\mathbb{K} = \mathbb{C} \text{ の場合})$$

空間の次元を考慮して，$(u, v) = (u, v)^{(n)}$ とも書く．$\mathcal{V}$ の二つのベクトル u と v は，$(u, v) = 0$ の場合，互いに直交である．

定義 4.3 $\mathcal{W}$ が $\mathcal{V}$ の部分ベクトル空間[†2]であるとする．$\mathcal{W}$ の直交を $\mathcal{W}^\perp$ と書き，$\mathcal{V}$ のベクトルの集合は $\mathcal{W}$ のすべてのベクトルに対して直交である．

定理 4.1 $\mathcal{W}$ と $\mathcal{W}^\perp$ はベクトルの部分空間（補空間）であり，互いの交点は零ベクトルになる．$\mathcal{V}$ のすべてのベクトルは次のように分解できる．

$$w \in \mathcal{W} \text{ で } u \in \mathcal{W}^\perp \text{ の場合：} \quad v = w + u$$

ここで，$\mathcal{V} = \mathcal{W} \oplus \mathcal{W}^\perp$ である．二つの部分空間（補空間）の次元の和は，完備な空間の次元の和と等しい．

定義 4.4 $\mathcal{W}$ が $\mathcal{V}$ の部分ベクトル空間で，v_0 が $\mathcal{V}$ の任意のベクトルとする．v_0 と $\mathcal{W}$ によって生成されるアフィン空間は，$\mathcal{W}$ のすべての w に対して $v_0 + w$ で表せるベクトルの集合である．

v_0 と $\mathcal{W}$ によって生成されるアフィン空間は，$v_0 + \mathcal{W}$ と書かれる．

w が $\mathcal{W}$ の任意の要素である場合，$v_0 + w$ と $\mathcal{W}$ は，v_0 および $\mathcal{W}$ と同じアフィン空間を生成することがわかる．

$\mathcal{V}$ のベクトルを v とする．定理 4.1 によれば，$v - v_0$ は $w \in \mathcal{W}$ かつ $u \in \mathcal{W}^\perp$ の

[†1] a と b の内積は $(a.b)$ とも表記することがあるが，本書では (a, b) と記述する．
[†2] 線型部分空間ともいう．

とき，$v - v_0 = w + u$ と書ける．

定義 4.5 $v_0 + \mathcal{W}$ への直交射影とは，$\mathcal{V}$ のすべてのベクトル v が $v_0 + \mathcal{W}$ のただ一つの元 $v_0 + w$ に関連する写像で，$u \in \mathcal{W}^\perp$ のとき $v = v_0 + w + u$ のようになる．

定理 4.2 $P(v)$ が $v_0 + \mathcal{W}$ への直交射影による v の像である場合，$P(v)$ は，$v_0 + \mathcal{W}$ の要素（元）が次の二つの性質を満たすように，ただ一つに決まる．

(1) $(v - P(v), v - P(v)) \leqslant (v - (v_0 + w'), v - (v_0 + w')) \quad \forall w' \in \mathcal{W}$

(2) $(v - P(v), w') = 0 \quad \forall w' \in \mathcal{W}$

証明 $w \in \mathcal{W}^\perp$ かつ $u \in \mathcal{W}^\perp$ で $v = v_0 + w + u$ の場合，$P(v) = v_0 + w$ である．$\mathcal{W}$ 上のすべての w' に対し，$v - (v_0 + w') = v - P(v) + w' - w$ である．ベクトル $v - P(v)$ は $\mathcal{W}$ 上に現れ，二つのベクトルは直交し，

$$(v - (v_0 + w'), v - (v_0 + w')) = (v - P(v), v - P(v)) + (w' - w, w' - w)$$

となる．$w' \neq w$ の場合，$(w' - w, w' - w)$ は正である．左辺が最小の値となるのは $w' = w$ のときで，一つ目の性質より証明される．もし，上の一つ目の性質が証明された場合，$\mathcal{W}$ 上のすべての w' と $\mathbb{K}$ 上のすべての α に対して，

$$(v - P(v) + \alpha w', v - P(v) + \alpha w') =$$
$$(v - P(v), v - P(v)) + 2\operatorname{Re}(\alpha(v - P(v), w')) + |\alpha|^2(w', w') \geqslant$$
$$(v - P(v), v - P(v))$$

が成り立ち，これが意味するところは，$\mathcal{W}$ 上のすべての w' に対して，

$$2\operatorname{Re}(\alpha(v - P(v), w')) + |\alpha|^2(w', w') \geqslant 0 \quad \alpha \in \mathbb{K}$$

が成り立つことである．

これにより，実数あるいは $\mathbb{K} = \mathbb{C}$ の場合の純虚数 α を 0 に近づけることで，二つ目の性質は容易に証明できる．$v_0 + \mathcal{W}$ の要素 $v_0 + w'$ が二つ目の性質を満たすとき，$u' = v - (v_0 + w')$ は $\mathcal{W}^\perp$ 上に現れる．$w \in \mathcal{W}^\perp$ かつ $u \in \mathcal{W}^\perp$ で $v - v_0 = w + u$ の分割の単一性により，$w' = w$ と $v_0 + w' = P(v)$ が必要となる． □

一つ目の性質は，$P(v)$ が $v_0 + \mathcal{W}$ の要素で，スカラー積に関連するノルムの観点から見ると，v にもっとも近いことを意味する．ノルムについては 4.2.2 項で解説する．

二つ目の性質は，$P(v)$ が $v_0 + \mathcal{W}$ の要素で，$\mathcal{W}^\perp$ 上のベクトル $P(v) - v$ が $\mathcal{W}$ と直交することを意味する．

4.1.2 線型写像と行列

$\mathcal{W}$ が基底 $\{f_1, f_2, \cdots, f_m\}$ を備えた有限次元 m のベクトル空間とする.

定義 4.6 次の二つの条件が満たされる場合, $\mathcal{W}$ 上の $\mathcal{V}$ の写像 $\mathcal{A}$ は線型写像である.

(1) $\forall x \in \mathcal{V}, \quad \forall y \in \mathcal{V}, \quad \mathcal{A}(x+y) = \mathcal{A}(x) + \mathcal{A}(y)$

(2) $\forall \lambda \in \mathbb{K}, \quad \forall x \in \mathcal{V}, \quad \mathcal{A}(\lambda \cdot x) = \lambda \cdot \mathcal{A}(x)$

$\mathcal{W}$ 上の $\mathcal{V}$ の線型写像 $\mathcal{A}$ を考え, $\mathcal{V}$ のベクトル x と $\mathcal{W}$ のベクトル y が $y = \mathcal{A}(x)$ の関係にある. ベクトル x の基底 $(e_j)_{j=1}^{n}$ への分解は,

$$x = \sum_{j=1}^{n} x_j e_j$$

と書くことができ, 線型写像 $\mathcal{A}$ の定義により以下の式を得る.

$$\mathcal{A}(x) = \sum_{j=1}^{n} x_j \mathcal{A}(e_j)$$

$\forall j, 1 \leqslant j \leqslant n, \mathcal{A}(e_j) \in \mathcal{W}$ なので, 次のように $\mathcal{A}(e_j)$ は基底 $(f_i)_{i=1}^{m}$ へ分解できる.

$$\mathcal{A}(e_j) = \sum_{i=1}^{m} a_{ij} f_i$$

あるいは, ベクトル形式で次のようにも記述できる.

$$\mathcal{A}(e_j) = \begin{pmatrix} a_{1j} \\ \vdots \\ a_{mj} \end{pmatrix}$$

同様に, ベクトル $y \in \mathcal{W}$ の基底 $(f_i)_{i=1}^{m}$ への分解は, 次のように書ける.

$$y = \sum_{i=1}^{m} y_i f_i$$

$y = \mathcal{A}(x)$ は次のようになる.

$$y = \mathcal{A}(x) = \sum_{j=1}^{n} x_j \mathcal{A}(e_j) = \sum_{i=1}^{m} y_i f_i$$

$$\begin{pmatrix} y_1 \\ \vdots \\ y_m \end{pmatrix} = \sum_{j=1}^{n} \begin{pmatrix} a_{1j} \\ \vdots \\ a_{mj} \end{pmatrix} x_j$$

または，次のようになる．
$$y_i = \sum_{j=1}^{n} a_{ij} x_j, \quad 1 \leqslant i \leqslant m$$
$\mathcal{W}$ 上の $\mathcal{V}$ の線型写像 $\mathcal{A}$ は，行列形式でも記述できる．

定義 4.7　$\mathbb{K}$（$\mathbb{K} = \mathbb{R}$ または $\mathbb{C}$）に属する成分 (a_{ij}) で，二つの変数をもつ配列 $(a_{ij})_{1 \leqslant i \leqslant m, 1 \leqslant i \leqslant m}$ について，i は行番号，j は列の番号であり，次のように書ける．
$$A = \begin{pmatrix} a_{11} & \cdots & a_{1n} \\ \vdots & & \vdots \\ a_{m1} & \cdots & a_{mn} \end{pmatrix}$$
ここで，行列の成分 (a_{ij}) は次のような関係をもつ．
$$\mathcal{A}(e_j) = \sum_{i=1}^{m} a_{ij} f_i, \quad 1 \leqslant j \leqslant n$$
ほかの記述として，行列 A の列 j 番目のベクトルは
$$\begin{pmatrix} a_{1j} \\ \vdots \\ a_{mj} \end{pmatrix}$$
と記述することができ，ベクトル $\mathcal{A}(e_j)$ は基底 $(f_i)_{i=1}^{m}$ 上で表される．

m 行 n 列の行列 A は (m, n) 型の行列とよばれる．成分が a_{ij} の行列 A は $A = (a_{ij})$ と記述され，成分が $\mathbb{R}$ または $\mathbb{C}$ に属するかにより，実数行列または複素数行列とよばれる．

以降，零行列と零ベクトルは同じ記号 0 によって記述する．

定義 4.8　m 行 n 列の行列 A の転置行列は，n 行 m 列の行列 A^t であり，次のように定義される．
$$(Av, w)^{(m)} = (v, A^t w)^{(n)}, \quad \forall v \in \mathcal{V}, \quad w \in \mathcal{W} \quad (\mathbb{K} = \mathbb{R} \text{ の場合})$$
A^t と A の成分の間では次の関係がある．
$$a_{ij}^t = a_{ji}$$
m 行 n 列の行列 A の共役行列は，n 行 m 列の行列 A^* であり，次のように定義される．

$$(Av, w)^{(m)} = (v, A^*w)^{(n)}, \quad \forall v \in \mathcal{V}, \quad w \in \mathcal{W} \quad (\mathbb{K} = \mathbb{C} \text{ の場合})$$

A^* と A の成分の間では，次の関係がある．

$$a^*_{ij} = \overline{a}_{ji}$$

行列の積は線型写像の構成に対応する．$\mathcal{U}$ が l 次元のベクトル空間で，$\mathcal{C}$ と $\mathcal{B}$ が次のように定義される線型写像とする．

$$\begin{array}{cccccc} \mathcal{C}: \mathcal{V} \to & \mathcal{U} & & \mathcal{B}: \mathcal{U} \to & \mathcal{W} \\ x & \mapsto z = \mathcal{C}(x) & & z & \mapsto y = \mathcal{B}(z) \end{array}$$

$\mathcal{A} = \mathcal{B} \circ \mathcal{C}$ は以下により構成される写像である．

$$\begin{array}{c} \mathcal{A}: \mathcal{V} \to \mathcal{W} \\ x \mapsto y = \mathcal{A}(x) = \mathcal{B}\big(\mathcal{C}(x)\big) \end{array}$$

$y = \mathcal{A}(x)$ の計算，それに続く $\mathcal{C}(x) = z$，$\mathcal{B}(z) = y$ の計算を詳しく見ると，行列形式で $A = BC$ は次のとおりになる．

$$Ae_j = \begin{pmatrix} a_{1j} \\ \vdots \\ a_{mj} \end{pmatrix} = B(Ce_j) = B \begin{pmatrix} c_{1j} \\ \vdots \\ c_{lj} \end{pmatrix}$$

この式は行列 A の j 番目の列は行列 B と行列 C の j 番目の列との積に対応していることを意味する．したがって，次の定義を導入できる．

定義 4.9　$B = (b_{ik})$ が (m, l) 型の行列で，$C = (b_{kj})$ が (l, n) 型の行列であるとする．行列の積の演算 $A = BC$ は次のように定義される．

$$(A)_{ij} = (BC)_{ij} = \sum_{k=1}^{l} b_{ik} c_{kj}$$

行列の積の重要な性質として，$(BC)^t = C^t B^t$ と $(BC)^* = C^* B^*$ がある．

定義 4.10　$m = n$ の場合の (n, n) 型の行列 $A = (a_{ij})$ は正方行列といい，$m \neq n$ の場合は矩形行列という．行列 A が正方行列のとき，その成分 a_{ii} は対角成分といい，$i \neq j$ のときは非対角成分という．行列の積で用いる単位行列は $I = \delta_{ij}$ で表される．δ_{ij} はクロネッカーの記号で，$i = j$ のとき $\delta_{ij} = 1$，$i \neq j$ のとき $\delta_{ij} = 0$ の関係がある．

第4章 行列の数値解析の総論

定義 4.11 行列 A の逆行列 A^{-1} が存在するとき,行列 A は逆行列をもち†, $AA^{-1} = A^{-1}A = I$ の関係がある.

逆行列の重要な性質として,$(AB)^{-1} = B^{-1}A^{-1}$, $(A^t)^{-1} = (A^{-1})^t$, $(A^*)^{-1} = (A^{-1})^*$ がある.

4.2 行列の性質

4.2.1 行列,固有値,固有ベクトル

定義 4.12 行列 A の成分が実数で $A = A^t$ の場合は行列 A は対称行列,$A = A^*$ の場合はエルミート行列,行列 A の成分が実数で $AA^t = A^tA = I$ の場合は直交行列,$AA^* = A^*A$ の場合は正規行列,$AA^* = A^*A = I$ の場合はユニタリ行列である.

関係	行列型	成分の性質
$A^t = A$	対称	$a_{ji} = a_{ij}$
$A^t = -A$	非対称	$a_{ji} = -a_{ij}, \ a_{ii} = 0$
$(A^t)^{-1} = A$	直交	$\sum_k a_{ki}a_{kj} = \sum_k a_{ik}a_{jk} = \delta_{ij}$
$\overline{A} = A$	実数	
$\overline{A} = -A$	純虚数	
$A^* = A$	エルミート	$\overline{a}_{ij} = a_{ji}$
$A^* = -A$	反エルミート	$\overline{a}_{ij} = -a_{ji}$
$(A^*)^{-1} = A$	ユニタリ	$\sum_k \overline{a}_{ki}a_{kj} = \sum_k a_{ik}\overline{a}_{jk} = \delta_{ij}$

(n, n) 型の正方行列 A,n 行の列ベクトル v,スカラー λ とする.$Ax = \lambda x$ を考える.零ベクトルではない x に対し,この式を満たす λ の値は行列 A の固有値という.対応するベクトルは固有ベクトルという.$Ax = \lambda x$ は $(Ax - \lambda I)x = 0$ と書ける.行列 $(Ax - \lambda I)$ が逆行列をもたない場合(正則行列でない場合),この方程式の解は自明ではない.λ が固有値の場合,$(Ax - \lambda I)v = 0$ のようなベクトル $\mathcal{V}$ の集合は部分ベクトル空間に属する.定義より,零ベクトルを含み,行列 A のすべての固有ベクトルは固有値 λ をもつ.同じ固有ベクトルはただ一つの固有値しかもたない.

定義 4.13 行列 A のスペクトル半径は次のように定義される数である.

$$\rho(A) = \max\{|\lambda_i(A)|; 1 \leqslant i \leqslant n\}$$

---

† 逆行列をもつ行列を正則行列という.

ここで，$\lambda_i(A)$ は行列 A の i 番目の固有値である．

定義 4.14　$\mathcal{A}$ が $\mathcal{W}$ 上の $\mathcal{V}$ の線型写像とする．$\mathcal{A}$ のスペクトル半径と像を次の二つの部分空間で定義する．

$$\operatorname{Ker} A = \{x \in \mathcal{V}; \mathcal{A}(x) = 0_\mathcal{W}\}$$
$$\operatorname{Im} A = \{y \in \mathcal{W}; \exists x \in \mathcal{V} \text{ として } y = \mathcal{A}(x)\}$$

定理 4.3　$\mathcal{V}$ と $\mathcal{W}$ が $\mathbb{K}$ 上の二つの有限次元のベクトル空間とし，$\mathcal{A}$ が $\mathcal{W}$ 上の $\mathcal{V}$ の線型写像とする．このとき次式を得る．

$$\dim \operatorname{Ker} A + \dim \operatorname{Im} A = \dim \mathcal{V}$$

前に解説したように，λ に関する正規の部分空間は $\operatorname{Ker}(A - \lambda I)$ にほかならない．

4.2.2　行列，固有値，固有ベクトル行列のノルム

ベクトルのノルムを定義するのには複数の方法がある．もっとも有用な方法はユークリッドノルムであり，ベクトル v に対して次のように定義される．

$$\|v\| = \sqrt{\sum_{i=1}^n v_i^2}$$

この定義はもっとも一般的なノルムの定義である．

定義 4.15　写像 $\|\cdot\|: \mathcal{V} \to \mathbb{R}$（ここで，$\mathcal{V}$ は実数ベクトル空間）は，次の性質をもつとき，ベクトルのノルムといわれる．

(1)　$\|v\| \geqslant 0$, $\forall v \in \mathcal{V}$ かつ $\|v\| = 0 \Leftrightarrow v = 0$
(2)　$\|av\| = |a|\|v\|$, $\forall a \in \mathbb{R}$, $v \in \mathcal{V}$
(3)　$\|v + u\| \leqslant \|v\| + \|u\|$, $\forall v, u \in \mathcal{V}$

同じベクトル空間に対して複数のノルムが存在し，それらのノルム p は次のように定義される．

$$\|v\|_p = \left(\sum_{i=1}^n |v_i^p|\right)^{1/p}$$

$p = 2$ のときがユークリッドノルムの定義となる．p が無限の場合は，次のようにも定義される．

$$\|x\|_\infty = \max_{1 \leqslant i \leqslant n} |x_i|$$

後者のノルムは，ノルム 2 とノルム 1 と一緒にもっともよく使われるノルムの一つである．

$\mathbb{R}^n$ に属するベクトルに対し，行列はノルムをもつ．以下がその定義である．

定義 4.16 $A, B \in M_{n \times n}$ が (n, n) 型の実数行列の集合とする．写像 $\|\cdot\|: M_{n \times n} \to \mathbb{R}$ は，次の性質を満たすとき，行列のノルムである．

(1) $\|A\| \geqslant 0, \forall A \in M_{n \times n}$ かつ $\|A\| = 0 \Leftrightarrow A = 0$
(2) すべてのスカラー β と $M_{n \times n}$ 上のすべての A と B に対して $\|\beta A\| = |\beta| \|A\|$
(3) $M_{n \times n}$ 上のすべての A と B に対して $\|A + B\| \leqslant \|A\| + \|B\|$
(4) $M_{n \times n}$ 上のすべての A と B に対して $\|AB\| \leqslant \|A\| \|B\|$

さて，いくつかの行列のノルムを見てみよう．もっとも使われているのは誘導ノルムとよばれているもので，ベクトルのノルムを発展させたものである．たとえば，各ベクトルのノルム p において，次のようにして行列のノルム p を対応させることができる．

$$\|A\|_p = \max_{\|v\|_p \neq 0} \frac{\|Av\|_p}{\|v\|_p} = \max_{\|v\|_p = 1} \|Av\|_p$$

この関係は，ある行列の誘導ノルムが，行列 A と 1 であるノルムのベクトルの積の結果として，ベクトルのノルムの最大値に相当することを意味する．以降，とくに指定しない限り，ベクトルのノルムは $\|\cdot\|_2$，行列のノルムは誘導ノルムとする．

定理 4.4 すべての対称行列は固有ベクトルの正規直交基底をもつ．

定義 4.17 A を (n, n) 型の実対称行列とする．この行列 A は，次の三つの性質のうち一つを満たす場合，正定値または正値であるという．

- 零ベクトルではないすべての n 行の列ベクトル x に対し，

$$(Ax, x) = x^t A x > 0$$

- A のすべての固有値が正の場合，すなわち，

$$\lambda_i(A) > 0$$

- 次の関係で定義される対称な双一次†形式が $\mathbb{R}^n$ 上のスカラー積である．

$$(x, y)_A = (Ax, y) = y^t A x$$

定理 4.5 A を (n, n) 型の正の実対称行列とする．双一次形式は強圧的 (coercive) で，次のようになる．

$$\exists \alpha > 0, \quad \forall x \in \mathcal{V}, \quad (Ax, x) = x^t A x \geqslant \alpha \|x\|^2$$

4.2.3 基底変換

基底 $(e_j)_{j=1}^n$ において，$\mathcal{V}$ 上の線型写像 $\mathcal{A}$ の行列 A を考える．$(e_j)_{j=1}^n$ が $\mathcal{V}$ のほかの基底で，B が $(e_j)_{j=1}^n$ を基底とする $\mathcal{V}$ において $(\tilde{e}_j)_{j=1}^n$ を基底とする $\mathcal{V}$ の恒等写像の行列とすると，行列 B の j 番目の列は，基底 $(e_j)_{j=1}^n$ において $(\tilde{e}_j)_{j=1}^n$ の構成ベクトルとなる．$(\tilde{e}_j)_{j=1}^n$ を基底とする $\mathcal{V}$ において $(e_j)_{j=1}^n$ を基底とする $\mathcal{V}$ の恒等写像の行列は，B^{-1} と等しくなる．

x と $\tilde{x}$ が基底 $(e_j)_{j=1}^n$ と $(\tilde{e}_j)_{j=1}^n$ 上の $\mathcal{V}$ の同じベクトルの構成要素であるとすると，次の関係を得る．

$$x = B\tilde{x}$$

定理 4.6 基底 $(\tilde{e}_j)_{j=1}^n$ 上の $\mathcal{V}$ における $\mathcal{V}$ の線型写像の行列 $\tilde{\mathcal{A}}$ は，次の関係をもつ．

$$\tilde{A} = B^{-1} A B$$

証明 この関係は，$\tilde{A}$ が $(e_j)_{j=1}^n$ を基底とする $\mathcal{V}$ において，$(\tilde{e}_j)_{j=1}^n$ を基底とする $\mathcal{V}$ の恒等写像を行うことで得られる写像の行列であること，$(e_j)_{j=1}^n$ を基底とする $\mathcal{V}$ における $\mathcal{V}$ の行列が A であること，$(\tilde{e}_j)_{j=1}^n$ を基底とする $\mathcal{V}$ において $(e_j)_{j=1}^n$ を基底とする $\mathcal{V}$ の恒等写像を考慮すれば明らかである． □

A が正の実対称行列のとき，関係するスカラー積を考えると，基底変換により

$$(Ax, y) = (AB\tilde{x}, B\tilde{y}) = (B^t A B \tilde{x}, \tilde{y})$$

が得られ，これは次の定理に起因する．

---

† 双線型ともいう．

定理 4.7　基底 $(e_j)_{j=1}^n$ 上の行列 A に関するスカラー積は，基底 $(\tilde{e}_j)_{j=1}^n$ 上で次の関係をもつ．

$$\widetilde{A} = B^t A B$$

行列 B が直交，つまり $(\tilde{e}_j)_{j=1}^n$ が正規直交である場合，基底変換により得られる二つの行列は，線型写像あるいはスカラー積の観点からいうと同一のものである．より一般的にいうと，A が正の実対称行列のとき，行列 $B^t A B$ は対称で正である．この行列は B が正則行列の場合，次のような関係をもつ．

$$(B^t A B x, x) = (A B x, B x) \geqslant \alpha \|Bx\|^2$$

4.2.4 行列の条件数

物理の問題のモデリングや離散化では，$Ax = b$ の形式の行列方程式で表される大規模な線型システムの問題を取り扱う場合が多い．右辺のベクトル b の小さな変動が，解 x の大きな変動を招くことがある．この場合，行列あるいは問題が悪条件[†] (ill-posed) であるという．たとえば，次の $Ax = b$ 型の線型システムを考える．

$$\begin{pmatrix} 10 & 7 & 8 & 7 \\ 7 & 5 & 6 & 5 \\ 8 & 6 & 10 & 9 \\ 7 & 5 & 9 & 10 \end{pmatrix} \begin{pmatrix} x_1 \\ x_2 \\ x_3 \\ x_4 \end{pmatrix} = \begin{pmatrix} 32 \\ 23 \\ 33 \\ 31 \end{pmatrix}$$

このシステムは次の解をもつ．

$$x = \begin{pmatrix} 1 \\ 1 \\ 1 \\ 1 \end{pmatrix}$$

行列 A が正則行列であることに注意する．ベクトル b を少し変えた場合の，次の問題を考える．

$$\begin{pmatrix} 10 & 7 & 8 & 7 \\ 7 & 5 & 6 & 5 \\ 8 & 6 & 10 & 9 \\ 7 & 5 & 9 & 10 \end{pmatrix} \begin{pmatrix} x_1 \\ x_2 \\ x_3 \\ x_4 \end{pmatrix} \begin{pmatrix} 32.1 \\ 22.9 \\ 33.1 \\ 30.9 \end{pmatrix}$$

[†] 非適切，あるいは不良設定であるともいう．

このシステムの解は変動し，次のようになる．

$$x = \begin{pmatrix} 9.2 \\ -12.6 \\ 4.5 \\ -11 \end{pmatrix}$$

ベクトル b の少しの摂動が x の大きな変動を招く．同様に行列の成分を少し変動させた場合，たとえば

$$\begin{pmatrix} 10 & 7 & 8.1 & 7.2 \\ 7.08 & 5.04 & 6 & 5 \\ 8 & 5.98 & 9.89 & 9 \\ 6.99 & 4.99 & 9 & 9.98 \end{pmatrix} \begin{pmatrix} x_1 \\ x_2 \\ x_3 \\ x_4 \end{pmatrix} \begin{pmatrix} 32 \\ 23 \\ 33 \\ 31 \end{pmatrix}$$

の解は，

$$x = \begin{pmatrix} -81 \\ 137 \\ -34 \\ 22 \end{pmatrix}$$

となり，データの少しの摂動が解 x に大きな影響を及ぼす．同様にもう少し詳しく見てみると，次の定義を得る．

定義 4.18 行列 A の条件数を実数 $\kappa(A)$ とする．$\kappa(A)$ は $\kappa(A) = \|A\|\|A^{-1}\|$ で与えられる．

前の例題において，無限ノルムに関する行列ノルムに対して，$\kappa(A) = 2.9841 \times 10^3$ を求めることができる．より一般的な方法で，A が正方行列で $Ax = b$ を線型システムとし，次の線型システムを調べてみる．

$$A(x + \delta x) = b + \delta b$$

ここで，δb は b と δx に対する摂動（変動）であり，線型システムの解の誤差を招く．$\delta x = A^{-1}\delta b$ と $b = Ax$ より，

$$\|\delta x\| \leqslant \|A^{-1}\|\|\delta b\|, \quad \|b\| \leqslant \|A\|\|x\|$$

となり，以下のように書ける．

$$\frac{\|\delta x\|}{\|x\|} \leqslant \|A\|\|A^{-1}\|\frac{\|\delta b\|}{\|b\|}$$

まとめると，右辺が 0 ではなく，誤差 δb により影響を受ける場合，解 x の理論上の相対誤差 $\|\delta x\|/\|x\|$ は，次式により評価される．

$$\frac{\|\delta x\|}{\|x\|} \leqslant \kappa(A)\frac{\|\delta b\|}{\|b\|}$$

それでは，次の線型システムを調べてみる．

$$(A+\delta A)(x+\delta x) = b$$

$\delta x = A^{-1}\delta A(x+\delta x)$ より，

$$\|\delta x\| \leqslant \|A^{-1}\|\|\delta A\|\|x+\varepsilon x\|$$

となり，以下のように書ける．

$$\frac{\|\delta x\|}{\|x+\delta x\|} \leqslant \|A\|\|A^{-1}\|\frac{\|\delta A\|}{\|A\|}$$

まとめると，行列が誤差 δA により影響を受ける場合，正しい行列 A と計算を比較して，次のように誤差を評価する．

$$\frac{\|\delta x\|}{\|x+\delta x\|} \leqslant \kappa(A)\frac{\|\delta A\|}{\|A\|}$$

系 4.8 正方行列に対し，2-ノルム† の条件数は次の性質を満たす．

(1) スカラー $\kappa(\alpha A) = \kappa(A)$, $\forall \alpha \in \mathbb{K}$ を行列に掛けて積を行う場合，行列 A の条件数は変化しない．

(2) A がエルミート行列で，$\lambda_{\max}$ と $\lambda_{\min}$ が行列 A の最大と最小の固有値の絶対値である場合，次式を得る．

$$\kappa(A) = \frac{\lambda_{\max}}{\lambda_{\min}}$$

証明 後者の性質を見てみる．ベクトル v の固有ベクトルの直交基底 $(e_i)_{i=1}^n$ への分解は，次のように書ける．

$$v = \sum_{i=1}^n x_i e_i$$

ノルムに対して，

---

† $p=2$ でユークリッドノルム

$$\|v\|^2 = \sum_{i=1}^n x_i^2$$

となる．同様に，

$$\mathcal{A}(v) = \sum_{i=1}^n x_i \lambda_i e_i$$

となり，ノルムに対して，

$$\|Av\|^2 = \sum_{i=1}^n x_i^2 \lambda_i^2$$

となる．前述の関係より，次のようになる．

$$\left(\sum_{i=1}^n x_i^2\right)\lambda_{\min} \leqslant \|Av\|^2 \leqslant \left(\sum_{i=1}^n x_i^2\right)\lambda_{\max}$$

$\|v\|$ で割って，

$$\lambda_{\min} \leqslant \frac{\|Av\|^2}{\|v\|^2} \leqslant \lambda_{\max}$$

となる．これは次を意味する．

$$\|A\| \leqslant \lambda_{\max} \tag{4.1}$$

$\lambda_{\max}$ をもつ固有ベクトル v をとることで，上限となり次式を得る．

$$\|A\| = \lambda_{\max} \tag{4.2}$$

$$\frac{1}{\lambda_{\max}} \leqslant \frac{\|A^{-1}v\|^2}{\|v\|^2} \leqslant \frac{1}{\lambda_{\min}}$$

これは次を意味する．

$$\|A^{-1}\| \leqslant \frac{1}{\lambda_{\min}} \tag{4.3}$$

$\lambda_{\min}$ をもつ固有ベクトル v をとることで，下限となり次式を得る．

$$\|A^{-1}\| = \frac{1}{\lambda_{\min}} \tag{4.4}$$

式(4.2)と式(4.4)を掛けて，最終的には次式を得る．

$$\|A\|\|A^{-1}\| = \frac{\lambda_{\max}}{\lambda_{\min}} \qquad \square$$

このように，$\kappa(A)$ は行列 A の条件数とよばれ，データ A と b の変数に対して線型システム $Ax = b$ の解 x の安定性を調べることができる．この数の値は解法，たとえ

ば，計算で丸め誤差が生じる直接法，あるいは収束させるのに必要な反復数を用いる反復法に対して大きな影響を与える．$Ax = b$ の問題での第 2 辺に $\lambda_{\max}$ と $\lambda_{\min}$ に対する固有ベクトルを用いる，あるいは第 2 辺の δb の変数として用いると，条件数を関数として容易に安定性を見積もることができる．すなわち，極限の値を得ることができる．

第5章 疎行列

本章では，とりわけ有限差分法，有限体積法，有限要素法によって解かれる物理の偏微分方程式の離散化に関係する行列について述べる．これらの行列は式の組み立てにより疎の構造となる．この疎の構造では行列の成分を小さく格納でき，時間的および空間的局所化が容易に行える．そのため，行列の並列化に適用できる．このことについて以下で解説する．

5.1 疎行列の起源

流体力学や構造工学，電磁気学における数値シミュレーションのコードの大部分は，有限差分法，有限体積法，有限要素法によって解かれる物理の偏微分方程式の離散化によって占められる．これらの数値解析方法は計算メッシュ上の有限な分割による多項式の近似的な解法を基本とする．これにより問題を有次元の代数問題の連続偏微分方程式に置き換えられる．未知数は，台†が1メッシュあるいは少数メッシュに限定された関数の基底上の近似解の成分（要素）であり，メッシュは一つの点をもち，辺あるいは面を共有する．それぞれの基底関数がメッシュの点に関連付けられている場合，関連付けられているメッシュでは1の値をとり，ほかのメッシュでは0の値をとる．図5.1に示すように，基底関数の台はこの点に関するメッシュに限定される．

離散問題における行列の成分は基底関数との相互関係（相互作用）を表し，結果として空間的積分を示す．基底関数の台の性質により，行列成分の大部分は0となる．

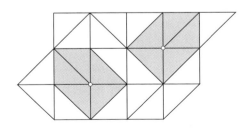

図 5.1　二つの頂点に関する規定関数の台

---

† サポートともいう．ある関数 $f(x)$ の台とは，その関数の値が0をとらない x の最小の閉集合である．

なぜなら，空間的積分は台が交わる部分に属するメッシュ内のみで行われるからである．そのため，行列は疎で構成される．これらの疎行列は特有の性質をもつ．とくに，疎行列は対称構造をもつ．それは，(i,j) 成分が 0 でないとき，基底関数の台が互いに交わる部分が空ではなく，このことが対応する行列成分が 0 でないことを決定し，同様に (j,i) 成分も 0 ではない．同じ理由で，一般的に対角成分も 0 ではない．

定義 5.1 頂点 $\mathcal{S}$ と辺 $\mathcal{A}$ の集合をグラフとよぶ．ここで，$\mathcal{A}$ は $\mathcal{S} \times \mathcal{S}$ の部分集合である．辺 (i,j) と辺 (j,i) が重なる場合，グラフは無向であるという．

疎行列の構造はグラフにより記述できる．グラフの頂点は行の番号，つまりシステムの方程式の式番号であり，グラフの辺は行列の 0 でない成分を表す．辺 (i,j) と辺 (j,i) はつねに同時に存在するので特定できる．したがって，疎行列のグラフの結合性は無向である．疎行列の結合性のグラフはメッシュより導かれる．2次元の三角あるいは3次元の四面体のメッシュの頂点と関連する基底関数の場合，図 5.2 と図 5.3 に示すように，行列のグラフはメッシュと同一である．

より一般的にいうと，解はベクトル場となり，一つの点でベクトルの成分（要素）である複数の基底関数を共有する．したがって，行列は要素の数と等しい次元のブロックごとに同じ構造をもつ．同様に，単体† ではないメッシュに対して，メッシュの点と点を結ぶ辺が必ずしも存在しないにもかかわらず，四辺形の対角にある二つの頂点のように，同じメッシュ上の二つの頂点の複数基底関数はその行列に関係付けられる．しかし，すべての場合において，行列のグラフはメッシュ上でただちに導かれる．

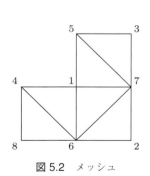

図 5.2 メッシュ　　　　　　　図 5.3 疎行列

---

† 0次元単体は点，1次元単体は線分，2次元単体は三角形，3次元単体は四面体である．

疎行列のグラフにより，各行に対して 0 でない成分の列番号のリストが定義され，これらの成分のみが格納される．もし，i 番目の行に対して 0 でない成分の列 `n_i` 番とその成分を，配列 `list_column_i` と `coef_i` として配列する場合，疎行列の積のアルゴリズムは，一つのベクトルにより次のように記述できる．

```
for i = 1 to n
    y(i) = 0
    for k = 1 to n_i
        y(i) = y(i) + coef_i(k) * x(list_column_i(k))
    end for
end for
```

実際には，配列 `list_column_i` は次元が行列の 0 でない成分の数と同じ配列 `list_column` において連続して配列される．i 番目の行に直接アクセスするためには，次式で定義される行の長さの総和を与えるポインタを用いるだけでよい．

$$\texttt{pointer\_row}(i) = \sum_{k=1}^{i-1} n_k$$

行列の成分も次元が行列の 0 でない成分の数と同じ配列 `coef` で配列され，同じポインタによりアクセスされ同じ構造をもつ．1 次元の二つの配列において疎行列を格納することにより，プログラミング言語によらず，データの時間的局所性を考慮したメモリへのアクセスの最適化が行える．

この行により圧縮して格納する方法を用いると，行列 – ベクトルの積は次のように記述される．

```
for i = 1 to n
    y(i) = 0
    for k = pointer_row(i) + 1 to pointer_row(i+1)
        y(i) = y(i) + coef(k) * x(list_column(k))
    end for
end for
```

転置行列による積の計算を行うためには，はじめの行列の行が転置行列の列を表すことを考慮し，列による行列 – ベクトルの積を実行すればよい．したがって，転置行列による積は次のように書ける．

```
for i = 1 to n
    y(i) = 0
```

```
      end for
      for i = 1 to n
         for k = pointer_row(i) + 1 to pointer_row(i + 1)
            y(list_column(k)) = y(list_column(k)) + coef(k) * x(i)
         end for
      end for
```

一方,対称行列の場合,対角成分を含む上三角部(成分)のみ格納すればよい.行列-ベクトルの積を行うためには,上三角部による積を計算し,次に対角成分を含まない転置による積を計算する.異なる行の成分が交差する列の番号により区分けされている場合,対角成分は1番目になる.したがって,上三角部の行により圧縮されて格納された疎対称行列による積は次のように書ける.

```
      for i = 1 to n
         y(i) = 0
         for k = pointer_row(i) + 1 to pointer_row(i + 1)
            y(i) = y(i) + coef(k) * x(list_column(k))
         end for
      end for
      for i = 1 to n
         for k = pointer_row(i) + 2 to pointer_row(i + 1)
            y(list_column(k)) = y(list_column(k)) + coef(k) * x(i)
         end for
      end for
```

ほかの圧縮して格納する方法では,非零成分を三つのパラメータ,すなわち行番号と列番号,およびその成分の値により記述する.行列は0でない成分の数と等しい次元の三つの配列,すなわち list_row, list_column, coef により記述され,次のように書ける.

```
      for i = 1 to n
         y(i) = 0
      end for
      for k = 1 to number_coef
         y(list_row(k)) = y(list_row(k)) + coef(k) * x(list_column(k))
      end for
```

この最後の格納方法は,成分のソーティングが前提にないので,順応性のある方法である.しかし,いくつか不便な点がある.たとえば,積を行うのに二つの間接的な

アドレスが必要で，データへのアクセスの局所化ができない．また，行番号と列番号を基にして素早く行列の成分を見つけることができない．

5.2 疎行列の並列構造化：共有メモリ

有限差分法のようないくつかの手法に対して，疎行列の成分はメッシュの各点（頂点）あるいは辺において独立的に計算される．この場合，行列を構築して並列化することはもちろん平凡なことである．

しかし，多くの方法，たとえば有限要素法や有限体積法のような方法では，行列計算はメッシュ上で行われるが，計算される基本行列はメッシュの頂点に関するすべての方程式と相互関係のある行列の成分をもつ．行列を構築するには，基本行列の成分が対応する行列の成分に加えられるアセンブリとよばれる手続きを必要とする．

したがって，互いに隣接する二つの基本行列のアセンブリの演算の間には依存がある．つまり，いくつかの方程式が頂点を共有する場合，これらの基本行列は共通の頂点をもつ．解が本質的に基本行列の部分集合とつながりがない場合，依存度は上がる．つながりのない基本行列のリストを作成し，リスト内の個々の行列が異なる色で割り当てられる場合，図5.4に示すようにメッシュを塗り分けすることに帰着できる．塗り分けられた色に関係のある基本行列のアセンブリは依存を示さず，並列化さらにはベクトル化が可能である．

この方法は行列のアセンブリの並列化に有効であり，計算コードの効率性を上げることができる．並列化は単に解くときだけでなく，問題を構築するときにも行うことができる．

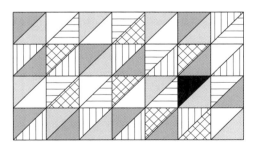

図 5.4　メッシュ要素の色の塗り分け

5.3 疎行列のブロックによる並列構造化：分散メモリ

　分散メモリマシンでのメッセージ通信によるプログラミングにおいて，並列化の本質は行列のブロックを同時に構築することにある．行列ブロックをプロセスに割り当てることは，行列のグラフの一部分をプロセスに割り当てることと同じである．一般的な方法では，行列のサブブロックは行の集合と列の集合に関連する行列の成分で構成されている．行列のグラフに対して，行あるいは列の集合は頂点の集合に対応する．行列ブロックを効率的に割り当てる目的は，一つはブロックが同じ大きさの場合に実行されるタスクの均等化で，もう一つはデータ転送とブロック間での相互依存の最小化である．したがって，異なるプロセスが割り当てられている頂点の二つの部分集合に結合しているグラフの辺の数に制限を設けないといけない．

　行列の対角成分は，対応する行を取り扱うプロセスにおいて自然に配列される．プロセスの列の集合は必ず同じプロセスにおいて配列される行の集合を含み，そのため，対応する行列ブロックは行の集合により決定される対角ブロックを含む．相互依存を制限するためには，各ブロックの行の集合に属さない列の数を制限しなければならない．したがって，各プロセスにおいて，グラフで隣接する頂点からなる行の集合を配列しなければならない．よって，それらを結ぶ辺はプロセスで配置される対角ブロックにあり，それらの頂点をほかの集合と結ぶ辺の数をできるだけ小さくするようにする．効率的な方法で行列を分割することで，異なる部分空間ができるだけ少ない辺をもつような均等な頂点の集合のパーティションを生成できる．頂点の数が同じ部分グラフ（サブグラフ）において，辺の集合を使ってグラフの空間的分割を行うことで，できる限り分割を少なくできる．行列グラフはメッシュに由来しているので，メッシュの分割にも同じ原理を適用しなければいけない．図5.5に示すような頂点を用いて二つに分割することによって，辺と要素に対して2種類の領域が現れる．各サブグラフの内部領域は，頂点の部分空間で定義される行列の対角ブロックの成分に対応する辺

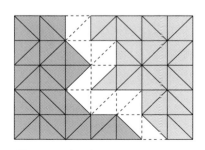

図5.5　頂点要素によるメッシュ分割

5.3 疎行列のブロックによる並列構造化：分散メモリ

をもち，対角ブロックにだけ寄与する部分空間を決定する．境界領域は，行列の非対角ブロックの成分に対応し，パーティションの異なる二つの部分集合にある頂点を結ぶ辺からなる．辺を含む要素は，複数の対角・非対角ブロックに寄与する．

部分グラフにおいて，内部要素の基本行列の計算と対角ブロックのアセンブリにより，プロセスに割り当てられるそれぞれのタスクが形成される．内部領域の要素に対し，それらのタスクを境界の両側に分配できる．しかし，この段階では片側で計算される非対角成分の値を転送しなければならないが，もう一方の側を処理するプロセスも稼働できるので，転送を避けるためこの二つの側の余計な計算を行わなければならない．

行列の計算が要素ごとの計算に基づく場合，計算の割り当てとそれに伴う行列成分の割り当ては要素の集合のパーティションに左右される．各プロセスは要素により定義される部分行列を計算する．この場合，図 5.6 に示されるように，グラフの辺と頂点に対して新たな二つの領域が存在する．プロセスと境界領域に対して固有である部分行列ブロックに対応し，また，要素ブロックにおいて既知の辺と頂点からなる内部領域はアセンブリされる．ここでも，実行される計算と異なる要素ブロック間の相互依存の制限により，最小限に分割するための境界を決定できない．

すべての場合において，分散メモリマシンの環境では行列のアセンブリを行うことに問題はない．疎行列の解法についての章では，並列処理において，ここで紹介した二つの方法で，どのように疎行列を用いるかを見ていく．

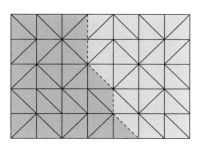

図 5.6　要素集合によるメッシュ分割

第6章　線型システムの解法

科学技術計算のコードでは，大規模線型システムを解くには，計算時間はもちろんであるが，メモリ容量の面でも計算コストがかかる．本書では，並列化を考慮した大規模線型システムを解くための方法について解説する．

解法は二つのカテゴリからなり，それらは直接法と間接法である．

6.1 直接法

直接法は，そのアルゴリズムにより，簡単な行列の積で構成される初期行列を分解することで解く方法である．ここで，直接法のアルゴリズムとは，行列の転送を必要としないで結果を出すことができ，演算回数を正確に予測できるアルゴリズムである．解は行列の積の各因子を逐次解くことで得られる．直接法のアルゴリズムで解くことのできる行列の型は，対角行列，下三角行列，上三角行列，直交行列，ユニタリ行列である．

本書では，直接法に関して LU 分解あるいは LDU 分解を取り扱う．ここで，L と U は下三角行列と上三角行列であり，D は対角行列である．一度，分解が実行されると，システムは逐次的な入れ替えによって三角因子を解くことで解かれる．また，疎行列におけるフィルインと消去木の基礎知識は，分解の計算コストの削減や並列化による解析に役に立つ．

直接法の難点は，初期の LU 分解などの分解において，疎行列に対して計算コストが高いことであり，メモリの混雑という点と同様に，四則演算の数が問題となる．逆に，解を求める計算コストは高くはなく，同じシステムで右辺の要素が複数ある場合の問題を解く場合に有効であることは明らかである．

6.2 反復法

反復法は，初期値から逐次近似により解を求める方法である．もっとも簡単な反復法の原理は次のとおりである．$Ax = b$ のシステムを解くために，A^{-1} の逆行列をもつ近似 M を既知であるとする．p 回目の反復後に得られる近似解 x_p から始めて，残

差のベクトル $Ax_p - b$ を計算する．x を求めるために x_p に適用しなければいけない補正は，$-A^{-1}(Ax_p - b)$ である．この補正を行うためには，M を用いて，次のようになる．

$$x_{p+1} = x_p - M(Ax_p - b)$$

M にかかわらず，反復法により解が収束する場合は問題の解に向けて収束する．しかし，収束しないこともあり得て，収束の速さは M に依存する．より正確には，

$$x_{p+1} - x = x_p - x - M(Ax_p - b) = x_p - x - MA(x_p - x) = (I - MA)(x_p - x)$$

したがって，

$$\|x_{p+1} - x\| \leqslant \|I - MA\| \|x_p - x\|$$

である．$\|I - MA\| < 1$ の関係がある行列ノルムが存在する場合，つまり，M が A^{-1} の近似値である場合，すべての初期の近似解に対して反復法により解は収束する．

もっとも簡単な近似解 A^{-1} は D^{-1} であり，D は行列 A の対角行列である．この方法はヤコビ法 (Jacobi method) とよばれる．$A = D - E - F$ で，D が対角行列，E が行列 A の狭義の下三角部，F が狭義の上三角部である場合，逐次的な入れ替えにより下三角行列 $D - E$ あるいは上三角行列 $D - F$ に関する線型システムを解くことができる．もし，$M = (D - E)^{-1}$ あるいは $M = (D - F)^{-1}$ を選ぶと，この方法はガウス - ザイデル法（Gauss–Seidel method）とよばれる．

$$x_{p+1} = x_p - M(Ax_p - b)$$

これらの方法は，すべて適当なパラメータ ρ を用いることで加速できる．すなわち，次のようになる．

$$x_{p+1} = x_p + \rho M(Ax_p - b)$$

この方法はリチャードソン法 (Richardson method) とよばれ，$\|I + \rho MA\| < \|I - MA\|$ の場合により速く収束させることができる．$\rho = -1$ の場合，リチャードソン法は単純な反復法と同じであるが，収束しない．

係数 ρ は最適性基準により計算でき，各反復において，

$$x_{p+1} = x_p + \rho_p M(Ax_p - b)$$

である．続いて，前処理付き勾配法において，正値対称行列（正定値対称行列）のための最適な係数を計算するための方法を見てみる．この方法は，M も正値対称行列の

場合，M がたとえあまりよくない A^{-1} の近似値であっても，とくに $M=I$ の場合，つねに解を収束させることができる．

ここで紹介したすべての解法の難点は，それらの解法がある意味で反復の履歴を忘れることである．もし，x_0 から始まる $p+1$ 回の反復により近似解 x_{p+1} が得られたとすると，初期値として x_p からわずか 1 回の反復で得られる近似解も同じ x_{p+1} である．

続いて，本書では解の最適な近似を定義することのできるクリロフ法 (Krylov method) について触れる．単にベクトル $M(Ax_p - b)$ だけを扱うのではなく，連続するベクトル $M(Ax_j - b)$ により生成されるすべて部分空間におけるクリロフ法について述べる．したがって，これらの解法は前に述べた解法よりも収束速度が速くなる．

反復法の利点は，行列 - ベクトルの積のような演算だけを要求し，0 である行列の成分は必要でないことであり，これはとくに疎行列に対して有益なことである．また，反復法を用いることで，行列の分解作業の計算コストを回避できる．逆に，実際には収束の予測をつけることが難しく，悪条件を示す行列に対して極端に収束が遅い．この問題を回避するためには，前処理行列とよばれる近似的な逆行列 M を決定しなければいけない．本書の最後では，行列の部分ブロックの直接法を用いた前処理法について触れる．用いられる方法では，初期の領域を部分領域に分割し，それぞれの部分領域において厳密に局所的な問題の解が計算される．大域的な問題では各反復において，並列的に計算される各部分領域での局所問題の解を必要とする．それは，シュール[†]法 (Schur method) やシュワルツ法（Schwarz method）であり，最終章で紹介し，直接 - 反復のハイブリッド法の例を取り上げる．

[†] 日本語ではシュールまたはシューアともよばれる．

さらに理解するために

　第Ⅱ部の内容と関連のある参考文献を紹介する．本書は入門書であるため，より専門的な参考文献を紹介することは，ここで扱ったテーマをより深く学びたい読者にとって有益であろう．

有限要素法に関する文献

[4] O. Axelsson and V.A. Barker. *Finite Element Solution of Boundary Value Problems.* SIAM, 2001.

　この参考書籍は，偏微分方程式で記述される問題の有限要素法の入門書である．多様な理論解析の部分と数値計算の部分により構成されている．著者は，はじめに有限次元の2次方程式に触れ，次に偏微分方程式の境界値問題を扱っている．その次にリッツ–ガラーキン法 (Ritz–Galerkin method) について述べられており，有限要素法について解説している．線型システムを解くための直接法と反復法は最後に解説している．豊富な例題と演習により，読者は概念や解法についてより深く理解できる．

[31] A. Ern and J.-L. Guermond. *Éléments Finis : Théorie, Applications, Mise en Oeuvre.* Springer-Verlag, 2002.

　この参考書籍は，厳密な数学で有限要素法を紹介している．inf-sup条件の基礎的な部分に焦点を置き，ラックス–ミルグラム/ガラーキン (Lax–Milgram/Galerkin) の方法を理解できる．最新の数値解析アルゴリズムを詳細に解説し，多くの応用を包括している．この本は，数学的側面から興味をもつ読者，技術者，初学者の3タイプの読者を想定している．

[19] P.G. Ciarlet. *The Finite Element Method for Elliptic Problems.* SIAM, 2002.

　この参考書籍は，有限要素法について数学に基礎を置き，教科書的に詳細に解説している．修士あるいは博士課程の学生にとって，有限要素法についての必須の本である．読者は，豊富な図により理解を深めることができ，また演習も豊富である．まず，楕円型偏微分方程式の境界値問題の一般的な基礎知識について解説し，次に，有限要素法を解説している．比較的新しいいくつかの方法を扱っているが，とくに2階の偏微分方程式に対する有限要素法を解説している．離散化方法や誤差の見積りについて詳しく述べられている．非線型問題の応用からシェル問題まで扱っている．参考文献も豊富で，著者の解説も付けられている．

[13] M. Cazenave. *Méthode des éléments finis : Approche pratique en mécanique des structures.* Collection Technique et Ingénierie. Dunod, L'Usine Nouvelle, 2010.

この参考書籍は，技術者を対象とし，具体的な例を基にした専門的アプローチで書かれた有限要素法の本である．材料力学と有限要素法についての基礎知識を解説した後に，材料力学の主要な例題を扱っている．有限要素法のはりや膜の問題，シェル問題などの古典的な内容も扱っている．掲載されている多くの例題は，この本の著者のホームページ上で解説されており，読者はその手法を習得できる．

[25] J.-C. Cuillière. *Introduction à la méthode des éléments finis : Cours et exercices corrigés*. Collection Sciences Sup. Dunod, 2011.

　この参考書籍は，有限要素法の入門書である．理論から実用までをカバーし，汎用ソフトを利用することでいくつかの基礎事項を見失いがちな有限要素法をよりよく理解できるであろう．例題も豊富で，解答付きである．多くの力学の例題により，読者は手に取るように必要な知識を理解できるであろう．

第 III 部
直接法による解法

第7章 LU分解による線型システムの解法

本章では，線型システムを解くためのLU分解の原理を紹介する．続いて，ガウス分解，ガウス-ジョルダン分解を紹介する．行のピボットに関しても詳しく解説する．対称行列の特別な場合として，クラウト分解 (Crout factorization)，次にコレスキー分解 (Cholesky factorization) について解説する．

7.1 LU分解の原理

定義 7.1 (LU分解) 逆行列をもつ行列 A の LU 分解の計算は，L を上三角行列，U を下三角行列として，$A = LU$ となる．

行列 A は逆行列をもち正則であるが，行列 L と U も同様に逆行列をもつ．一度 LU 分解が行われると，システム $Ax = b$ は二つの段階を経る．第1段階はシステム $Ly = b$ の解を求めることで，最初の行から最後の行までを順次に入れ替えを行うことで解くことができる．この段階を「前進（前進代入）」という．前進アルゴリズムは次のように書ける．

```
for i = 1 to n
    for j = 1 to i − 1
        b(i) = b(i) − l(i, j) ⋆ y(j)
    end for
    y(i) = b(i)/l(i, i)
end for
```

同様にして，U が逆行列をもつ上三角行列で対角成分が 0 でない場合，システム $Ux = y$ は「後退（後退代入）」，つまり最後の行から最初の行を順次入れ替えることにより解くことができる．後退アルゴリズムは次のように書ける．

```
for i = n to 1
    for j = i + 1 to n
        y(i) = y(i) − u(i, j) ⋆ x(j)
    end for
```

$$x(i) = y(i)/u(i,i)$$
`end for`

直接法の計算コストは，おもに分解の段階により大きく左右される．このことについて，本章で詳しく述べる．

注記：以降，行列成分のブロックをより明確に区別するために，引き続き行列は大文字，アルゴリズム中で行列成分に対応するものは小文字で表現する．

正則行列 A を 2×2 のブロックに分割することを考える．すなわち，

$$A = \begin{pmatrix} A_{11} & A_{12} \\ A_{21} & A_{22} \end{pmatrix}$$

とする．ブロック A_{11} と A_{22} は正方行列で，次元がそれぞれ n_1 と n_2 である．ブロック A_{12} と A_{21} は矩形行列で，次元がそれぞれ (n_1, n_2) と (n_2, n_1) である．

定義 7.2 (行列の部分 LU 分解)　行列 A の部分 LU 分解は，ブロックによる行列の分解で次のように書ける．

$$\begin{pmatrix} A_{11} & A_{12} \\ A_{21} & A_{22} \end{pmatrix} = \begin{pmatrix} L_{11} & 0 \\ L_{21} & I \end{pmatrix} \begin{pmatrix} U_{11} & U_{12} \\ 0 & S_{22} \end{pmatrix} \tag{7.1}$$

ここで，ブロック L_{11} と U_{11} はそれぞれ下三角行列と上三角行列のブロックである．

本章でこれから扱うすべてのアルゴリズムによる演算は，ここで示した部分分解により表すことができる．

補題 7.1　式(7.1)で示される部分分解が可能な行列 A に対し，必要十分な条件はブロック A_{11} が $A_{11} = L_{11}U_{11}$ に分解できることである．

証明　次の場合，行列 A は式(7.1)で示される部分分解が可能である．

$$\begin{pmatrix} A_{11} & A_{12} \\ A_{21} & A_{22} \end{pmatrix} = \begin{pmatrix} L_{11} & 0 \\ L_{21} & I \end{pmatrix} \begin{pmatrix} U_{11} & U_{12} \\ 0 & S_{22} \end{pmatrix}$$

$$= \begin{pmatrix} L_{11}U_{11} & L_{11}U_{12} \\ L_{21}U_{11} & L_{21}U_{12} + S_{22} \end{pmatrix}$$

ここで，

$$A_{11} = L_{11}U_{11}$$
$$A_{21} = L_{21}U_{11}$$

$$A_{12} = L_{11}U_{12}$$
$$A_{22} = L_{21}U_{12} + S_{22}$$

である．1番目の関係は対角ブロックの分解 $A_{11} = L_{11}U_{11}$ を表す．2番目の関係は次のように示され，非対角ブロックを決定する．

$$\begin{aligned} L_{21} &= A_{21}U_{11}^{-1} \\ U_{12} &= L_{11}^{-1}A_{12} \end{aligned} \quad (7.2)$$

最後の関係はブロック S_{22} を決定する．

$$S_{22} = A_{22} - L_{21}U_{12} \quad (7.3)$$

このブロック S_{22} はシュール補行列 (Schur complement) という． □

補題 7.2 シュール補行列はブロック A_{11} の分解に依存せず，次のように書ける．
$$S_{22} = A_{22} - A_{21}A_{11}^{-1}A_{12}$$

証明 この式は式(7.2)，(7.3)より導き出される．すなわち，次のようになる．
$$S_{22} = A_{22} - L_{21}U_{12} = A_{22} - A_{21}U_{11}^{-1}L_{11}^{-1}A_{12}$$

以上から，最終的に LU 分解の基本定理を得られる． □

定理 7.3 ブロック A_{11} とシュール補行列 $S_{22} = A_{22} - A_{21}A_{11}^{-1}A_{12}$ が分解可能な場合，行列 A は LU 分解できる．

行列の LU 分解は，次式のようにブロック $A_{11} = L_{11}U_{11}$ とシュール補行列 $S_{22} = L_{22}U_{22}$ により決定される．

$$\begin{pmatrix} A_{11} & A_{12} \\ A_{21} & A_{22} \end{pmatrix} = \begin{pmatrix} L_{11} & 0 \\ L_{21} & L_{22} \end{pmatrix} \begin{pmatrix} U_{11} & U_{12} \\ 0 & U_{22} \end{pmatrix}$$

ここで，ブロック L_{21} と U_{12} は行列の部分分解のブロックで，次の関係がある．

$$\begin{pmatrix} A_{11} & A_{12} \\ A_{21} & A_{22} \end{pmatrix} = \begin{pmatrix} L_{11} & 0 \\ L_{21} & I \end{pmatrix} \begin{pmatrix} U_{11} & U_{12} \\ 0 & S_{22} \end{pmatrix}$$

証明 行列の LU 分解は次のように記述できる．

$$\begin{pmatrix} A_{11} & A_{12} \\ A_{21} & A_{22} \end{pmatrix} = \begin{pmatrix} L_{11} & 0 \\ L_{21} & L_{22} \end{pmatrix} \begin{pmatrix} U_{11} & U_{12} \\ 0 & U_{22} \end{pmatrix}$$

$$= \begin{pmatrix} L_{11}U_{11} & L_{11}U_{12} \\ L_{21}U_{11} & L_{21}U_{12} + L_{22}U_{22} \end{pmatrix}$$

比較することで，ブロック L_{11}, U_{11}, L_{21}, U_{12} が補題 7.1 の部分分解のブロックと同じであることがわかる．最終的に次の関係を得る．

$$S_{22} = L_{22}U_{22} \text{ の場合}, \quad A_{22} = L_{21}U_{12} + L_{22}U_{22} = L_{21}U_{12} + S_{22} \qquad \square$$

この定理は LU 分解のアルゴリズムを構築するときに実用的なものである．実際，もし小さいサイズの行列を分解する方法がわかっている場合，まず A_{11} の小さいサイズの対角ブロックを分解し，その次にブロック L_{21} と U_{12} を分解し，そしてシュール補行列 S_{22} を分解する．一連の分解を完了するにあたり，同じ反復方法を適用しながら S_{22} のブロックを計算すればよい．

7.2　ガウス分解

ガウス分解 (Gauss factorization) のアルゴリズムは部分分解を反復することで行われ，次元が 1 ($a(1,1)$) のブロック A_{11} を用いる．この分解は明らかに $L_{11} = (l(1,1))$, $U_{11} = (u(1,1))$ で $a(1,1) = l(1,1) \star u(1,1)$ である．ガウス分解では，$l(1,1) = 1$ と $u(1,1) = a(1,1)$ をとる．

ブロック A_{21} と L_{21} は 1 列で構成され，ブロック A_{12} と U_{12} は 1 行から構成される．部分分解は次のアルゴリズムにより容易に計算され，次元が $n-1$ の行列 S_{22} は，簡単に表記するために，行と列の添数が 2 から n の値をとる行列のように記述される．

```
l(1,1) = 1
u(1,1) = a(1,1)
for i = 2 to n
   l(i,1) = a(i,1)/u(1,1)
end for
for j = 2 to n
   u(1,j) = a(1,j)
end for
for j = 2 to n
   for i = 2 to n
      s(i,j) = a(i,j) - l(i,1) ⋆ u(1,j)
   end for
end for
```

分解を完了するためには，同じアルゴリズムを繰り返し S_{22} に適用し，次に次元が減少するように生成されるシュール補行列に適用する．

初期の行列 A の各成分は，L_{21} あるいは U_{12}，S_{22} に対応する成分を計算するために 1 度だけ使用される．次に，行列 S_{22} のみが使用される．したがって，三つの行列を用いる必要はなく，行列 A の成分に L_{21} と U_{12}，S_{22} の成分を代入していく．同様に，$u(1,1)$ は $a(1,1)$ に代入でき，$l(1,1)$ に関しては保存する必要はなく，1 に等しいことがわかる．

最終的に，A の下三角部と上三角部，対角部の項への L と U の項の代入によるガウス分解の完全なアルゴリズムは，次のように書ける．

```
for k = 1 to n − 1
    for i = k + 1 to n
        a(i, k) = a(i, k)/a(k, k)
    end for
    for j = k + 1 to n
        for i = k + 1 to n
            a(i, j) = a(i, j) − a(i, k) ⋆ a(k, j)
        end for
    end for
end for
```

アルゴリズムは行列 $A = LU$ のガウス分解を行う．ここで，L は下三角行列であり，対角成分は 1 に等しい．U は上三角行列である．

ガウス分解のアルゴリズムの n_1 番目の段階では，L の n_1 番目の列と U の n_1 番目の行，同様に次元が n_2 より低い対角ブロックが，$n_1 + n_2 = n = \dim A$ の関係の下で計算される．ガウス分解のアルゴリズムをこのブロックに適用することにより，もとの行列の後ろから n_2 個の行と列を求めることができる．補題 7.1 に基づけば，このブロックはシュール補行列にほかならない．

したがって，次の定理を得る．

定理 7.4 ガウス分解のアルゴリズムの最初の反復の結果より，ブロック A_{11}, A_{21}, A_{12}, A_{22} はそれぞれブロック A_{11} のガウス分解 $L_{11}U_{11}$，行列 A の部分分解のブロック L_{21}, U_{12}，そしてシュール補行列 $S_{22} = A_{22} - A_{21}U_{11}^{-1}L_{11}^{-1}A_{12}$ を含む．

系 7.5 ガウス分解を行うためには，n_1 のすべての値に対し，シュール補行列の 1 番目の対角成分 $S_{22} = A_{22} - A_{21}U_{11}^{-1}L_{11}^{-1}A_{12}$ が 0 以外でなければならない．

証明 はじめの反復 $n-1$ により生成される成分 $a(n_1, n_1)$ が 0 でない場合のみ，上記の分解アルゴリズムの n_1 段階の計算が可能である．反対に，ガウス分解が可能な場合，定理 7.3 はシュール補行列が分解可能で，正則行列 L_{22} と U_{22} の最初の二つの成分の積に等しい最初の対角成分が 0 でないことを意味する． □

注記：各段階における最初の対角項の分解としてほかの選択肢を選んだとしても，この条件は変わらない．なぜなら，定理 7.3 で見たように，どのような部分分解の下方の対角ブロックも必ずシュール補行列であるからである．これは，各反復での対角項の選択のみにより二つの LU 分解に違いが生じることを意味する．

7.3 ガウス - ジョルダン分解

7.3.1 ガウス - ジョルダン分解

前節に述べたように，二つの LU 分解法は各反復での最初の対角項の分解の選択のみにより異なる．これを正確に述べるために，三角行列システムの解法についての補題を証明することから始めよう．

補題 7.6 $Lx = y$ の線型システムを考える．y の最初の成分 n_1 が 0 であるとき，それらは x の最初の成分と同じである．さらに，x の最後の成分は $n_2 = n - n_1$ で，ベクトル x_2 はサブシステム $L_{22} x_2 = y_2$ の解である．ここで，L_{22} は L の下方の対角ブロックである．

証明 ブロックによるシステムの分解は，次のように書ける．

$$\begin{pmatrix} L_{11} & 0 \\ L_{21} & L_{22} \end{pmatrix} \begin{pmatrix} x_1 \\ x_2 \end{pmatrix} = \begin{pmatrix} y_1 \\ y_2 \end{pmatrix}$$

したがって，$L_{11} x_1 = y_1 = 0$ は $x_1 = 0$ であることを意味する．さらに，$L_{21} x_1 + L_{22} x_2 = y_2$ と $x_1 = 0$ より $L_{22} x_2 = y_2$ となる． □

さて，次の定理を示すことができる

定理 7.7 LU と $L_1 U_1$ が同じ行列の二つの LU 分解であるとき，次の関係をもつ対角行列 D が存在する．すなわち，$L_1 = LD^{-1}$，$U_1 = DU$ である．

証明 $L_1 U_1 = LU$ の場合，$L^{-1} L_1 = U_1 U^{-1} = B$ である．行列 B は $LB = L_1$ の関係をもつ．したがって，行列 B の j 番目の列ベクトル x はシステム $Lx = y$ の解である．ここで，y は行列 L_1 の j 番目の列ベクトルである．L_1 は下三角行列であるので，y のはじめから $j-1$ 個の成分は 0 で，補題 7.6 に基づくと，x のはじめから

$j-1$ 個の成分にも同じことが当てはまる．したがって，L と L_1 が二つの下三角行列の場合，$L^{-1}L_1$ に対しても同様である．

同様に，U_1 と U が二つの上三角行列の場合，$U_1 U^{-1}$ に対しても同じである．事実，$U_1 U^{-1}$ の転置行列は $U^{-t}U_1^t$ に等しく，U^{-t} は U の逆行列の転置あるいは U の転置の逆行列を指し，これらは同一のものである．よって，$L^{-1}L_1$ が下三角行列であることを示し，また $U_1 U^{-1}$ が上三角行列であることを示した．

行列 B は下三角行列かつ上三角行列であるので，すなわち対角行列であるといえる．
□

系 7.8 ガウス分解は，それが存在する場合，一意的である．

証明 LU と $L_1 U_1$ が同じ行列の二つのガウス分解である場合，$L_1 = LD^{-1}$ である．L と L_1 は対角成分が 1 の下三角行列であり，D は単位行列である． □

各反復における対角成分の分解のほかの選択肢は，$l(1,1) = 1$，$d(1,1) = a(1,1)$，$u(1,1) = 1$ とおくことである．いま，三つの行列を作ることができ，そのうち二つは下三角行列 L，上三角行列 U で対角成分が 1 である．それともう一つは対角行列 D で，$A = LDU$ の関係をもつ．

定義 7.3 $A = LDU$ の下での分解はガウス-ジョルダン分解 (Gauss–Jordan factorization) という．ここで，L は下三角行列，U は上三角行列で，ともに対角成分が 1 である．D は対角行列である．

ガウス分解の特異性に関する前述の系は，次の系をもたらす．

系 7.9 ガウス-ジョルダン分解は，それが存在する場合，一意的である．

証明 $A = LDU$ がガウス-ジョルダン分解である場合，L と DU はガウス分解の要素である． □

この証明は，ガウス-ジョルダン分解が，ガウス分解から始まり，次に U の各行の要素に対角項をおくことで行われることを示す．U の k 番目の行が計算に用いられなくなるとすぐに，その U の k 番目の行の対角項の要素をおくことで，ガウス-ジョルダン分解を実行できる．つまり，ガウス-ジョルダン分解はガウス分解の k 番目のステップ後に行われる．ガウス-ジョルダン分解のアルゴリズムは次のように書ける．

```
for k = 1 to n − 1
    for i = k + 1 to n
```

```
        a(i,k) = a(i,k)/a(k,k)
      end for
      for j = k+1 to n
        for i = k+1 to n
          a(i,j) = a(i,j) - a(i,k) ⋆ a(k,j)
        end for
      end for
      for j = k+1 to n
        a(k,j) = a(k,j)/a(k,k)
      end for
    end for
```

もちろん，計算の後の A の下三角部と上三角部の成分は，それぞれ L, U の成分であり，対角成分は D の成分である．

7.3.2 ピボッティング[†]

シュール補行列の 1 番目の対角成分が 0 の場合，本質的にその行列は分解できない．しかし，シュール補行列の 1 番目の列には，必ず 0 でない成分が少なくとも一つは存在する．そうでなければ，その成分が正則ではなく，部分分解の式(7.1)より行列 A も正則でない．そこで，シュール補行列の 1 番目の行を 0 でない項をもつ行と交換して 1 番目の列とする．これを実行するために「要素（成分）置換」を行う．

定義 7.4 要素置換行列 P^{i_1,i_2} とは，単位行列の i_1 行と i_2 行を置換して得られたものである．

行列 P^{i_1,i_2} の i_1 と i_2 行を除くすべての行と列は，単位行列の行と列に等しい．1 となる成分 (i_1,i_2) を除いて，i_1 番目の行のすべての成分は 0 である．同様に，1 となる成分 (i_2,i_1) を除いて，i_2 番目の行のすべての成分は 0 である．行列は対称行列となる．

補題 7.10 行列 A と行列 P^{i_1,i_2} の積の結果は，行列 A の行 i_1 と i_2 を入れ替えたものである．

証明 二つの行列の積の定義により，行列 $P^{i_1,i_2}A$ の成分 (i,j) は行列 P^{i_1,i_2} の i 番目の行と行列 A の j 番目の列とのスカラー積に等しい．$IA = A$ であるので，単位行

[†] 軸選択や枢軸選択，ピボット選択ともいう．解説のように行列の二つの行を入れ替える操作または演算．

列の i 番目の行と行列 A の j 番目の列は行列 A の成分 (i,j) に等しい．行列 P^{i_1,i_2} は単位行列の i_1 番目と i_2 番目の行を入れ替えることで作られる．また，積 $P^{i_1,i_2}A$ は積 IA より i_1 番目と i_2 番目の行の入れ替えによって得られることがわかる． □

さて，行列 S_{22} の成分 $(i_1,1)$ が 0 でない場合を考える．いま，行列 S_{22} に左から次元 n_2 の置換行列 $P_{n_2}^{1,i_1}$ を掛ける．これを行うために，もとの行列に左から次の行列を掛ける．

$$\begin{pmatrix} I & 0 \\ 0 & P_{n_2}^{1,i_1} \end{pmatrix} = P^{n_1+1,n_1+i_1}$$

さて，部分分解 (7.1) を考え，左から置換行列 P^{n_1+1,n_1+i_1} を掛ける．

$$P^{n_1+1,n_1+i_1}A = \begin{pmatrix} I & 0 \\ 0 & P_{n_2}^{1,i_1} \end{pmatrix} \begin{pmatrix} L_{11} & 0 \\ L_{21} & I \end{pmatrix} \begin{pmatrix} U_{11} & U_{12} \\ 0 & S_{22} \end{pmatrix}$$

$$= \begin{pmatrix} L_{11} & 0 \\ P_{n_2}^{1,i_1}L_{21} & P_{n_2}^{1,i_1} \end{pmatrix} \begin{pmatrix} U_{11} & U_{12} \\ 0 & S_{22} \end{pmatrix}$$

ここで，

$$P^{n_1+1,n_1+i_1}A = \begin{pmatrix} L_{11} & 0 \\ P_{n_2}^{1,i_1}L_{21} & I \end{pmatrix} \begin{pmatrix} U_{11} & U_{12} \\ 0 & P_{n_2}^{1,i_1}S_{22} \end{pmatrix} \tag{7.4}$$

である．式 (7.4) は，行列 A の第 n_1+1 行と第 n_1+i_1 行を入れ替えることによって得られる行列の部分分解の計算に対して，A の部分分解のブロック L_{21} と S_{22} の第 1 行と第 i_1 行を入れ替えるだけでよいことを表す．

実際には，これらのブロックは行列 A に対応するスペースに格納され，第 n_1 回目の後の分解で，行列 A の第 n_1+1 行と第 n_1+i_1 行の入れ替えを行う．

ガウス分解のアルゴリズムの各反復において，少なくとも 1 回の入れ替え（置換）があり，それによりシュール補行列で第 1 番目の 0 でない対角成分を得ることができる．以上より，次の定理を得る．

定理 7.11 A が正則行列の場合，行列 $\prod_{k=n-2}^{0} P^{k+1,k+i_k}$ のような要素置換行列の連続な積によりガウス分解ができる．

置換行列の連続な積は一意的ではない．行の入れ替えはピボッティングという．システム $Ax=b$ を解くために，次のシステムにとって替える．

$$\prod_{k=n-2}^{0} P^{k+1,k+i_k} Ax = LUx = \prod_{k=n-2}^{0} P^{k+1,k+i_k} b$$

したがって，前進代入・後退代入によりシステムを解く前に，k が 0 から $n-1$ になるまで逐次的に b の $k+1$ 行と $k+i_k$ 行の入れ替えを行う．

第1番目の対角成分が0でなくてもピボッティングは行える．これにより，ガウス分解のアルゴリズムを安定化できる．実際に，分解の第1段階を簡単にすることを考えよう．シュール補行列の計算は次のように書ける．

$$s(i,j) = a(i,j) - l(i,1) \star u(1,j) = a(i,j) - a(i,1) \star a(1,j)/a(1,1)$$

成分 $a(1,1)$ が非常に小さい場合，$a(i,1) \star a(1,j)/a(1,1)$ の項が $a(i,j)$ の項に対して支配的となる．コンピュータでの計算精度が数値表現により制限されるという事実を考慮に入れて，$a(i,j)$ のいくつかの有効数字は失われる．極端な場合は，結果は $a(i,j) = 0$ と同じになる．この $a(i,j)$ が失われること，あるいはこのことによる $a(i,j)$ の項の変化は初期行列を更新することと同じことになる．したがって，行列はもはや逆行列をもたなくなる，つまり正則行列ではなくなる．そして，アルゴリズムは数値的不安定になる．

反対に，成分 $a(1,1)$ が非常に大きい場合，$a(i,1) \star a(1,j)/a(1,1)$ の項は $a(i,j)$ の項により支配され，結果的に失われる．このことは，$a(i,1)$ あるいは $a(1,j)$ の項が $a(1,1)$ に比べて無視できるほど小さいかを検討することであり，確かに精度に影響を及ぼすことであるが，行列が逆行列をもつかについては気にすることはない．したがって，この「数値ピボッティング (numerical pivoting)」という操作を行わなければならない．

定義 7.5　ガウス分解において，反復を行うたびに対角成分にもっとも大きな値がくるように行列の行の入れ替え（置換）を行う方法を「数値ピボッティング」という．

7.4　対称行列のためのクラウト分解とコレスキー分解

行列 A が対称行列の場合，その対角ブロックも対称であり，非対角ブロックは対のブロックと転置の関係にある．すなわち，$A_{12} = A_{21}^t$ である．これより，シュール補行列 $S_{22} = A_{22} - A_{21}A_{11}^{-1}A_{12}$ も対称行列になる．したがって，ガウス分解の場合，シュール補行列の下三角行列部あるいは上三角部だけを計算すればよい．しかし，ガウス分解ではその対称性は保存されず，$U \neq L^t$ である．

ガウス-ジョルダン分解では対称性は保存される．なぜなら，行列 A が分解可能な対称行列である場合，$A = LDU = A^t = U^t D L^t$ であるからである．ガウス-ジョルダン分解の一意性より $U = L^t$ となる．よって，ある行列のガウス分解のブロック

L と U は $U = DL^t$ の関係を満たす．

定理 7.12　A が分解可能な対称行列である場合，A は次のクラウト分解が可能である．すなわち，$A = LDL^t$ である．

クラウト分解のアルゴリズムは，たとえば，行列の下三角部だけを用いて，L と D の計算を行うだけで記述できる．

```
for k = 1 to n − 1
  for i = k + 1 to n
    v(i) = a(i, k)
    a(i, k) = a(i, k)/a(k, k)
  end for
  for j = k + 1 to n
    for i = j to n
      a(i, j) = a(i, j) − a(i, k) ⋆ v(j)
    end for
  end for
end for
```

単位ベクトル v は，対称性により対角成分による分解を行う前の L の k 列の係数と等しい U の k 行の成分の値を保存する役割を果たす．

注記：クラウト分解のアルゴリズムは，ガウス-ジョルダン分解のアルゴリズムと比べて，必要なデータと演算は半分である．なぜなら，半分の行列だけ使用し，半分の四則演算だけを行うからである．このデータ数の削減効果を有効に利用するためには，行列の下三角部を保存しなければならない．

ある対称行列の部分ガウス分解を次のように書く．

$$\begin{pmatrix} A_{11} & A_{12} \\ A_{21} & A_{22} \end{pmatrix} = \begin{pmatrix} L_{11} & 0 \\ L_{21} & I \end{pmatrix} \begin{pmatrix} U_{11} & U_{12} \\ 0 & S_{22} \end{pmatrix}$$

対称性より，次のようになる．

$$\begin{pmatrix} A_{11} & A_{12} \\ A_{21} & A_{22} \end{pmatrix} = \begin{pmatrix} L_{11} & 0 \\ L_{21} & I \end{pmatrix} \begin{pmatrix} D_{11} L_{11}^t & D_{11} L_{12}^t \\ 0 & S_{22} \end{pmatrix}$$

対角ブロックを分解して，最終的に次式を得る．

$$\begin{pmatrix} A_{11} & A_{12} \\ A_{21} & A_{22} \end{pmatrix} = \begin{pmatrix} L_{11} & 0 \\ L_{21} & I \end{pmatrix} \begin{pmatrix} D_{11} & 0 \\ 0 & S_{22} \end{pmatrix} \begin{pmatrix} L_{11}^t & L_{12}^t \\ 0 & I \end{pmatrix} \quad (7.5)$$

2次方程式での基底変換の式であるので，式(7.5)は自明である．よって，次の定理を得る．

定理 7.13　A が正値対称行列である場合，それはシュール補行列と同じである．

系 7.14　A が正値対称行列である場合，A はガウス分解可能であり，クラウト分解のすべての対角成分も正値（正定値）である．

証明　シュール補行列が正値対称行列であるので，対角成分も正値である．そのため，シュール補行列の1番目の対角成分は決して0ではない．クラウト分解の対角成分はシュール補行列の1番目の対角成分に等しい．　□

対角項は正値であるので，対称性を保存できるほかの分解方法が存在する．分解アルゴリズムの第1段階では $l(1,1) = u(1,1) = \sqrt{a(1,1)}$ を用い，以降の反復計算でも同様に処理する．このようにして，行列 A の「コレスキー分解 (Cholesky factorization)」$A = LL^t$ を計算する．対称行列に対するガウス-ジョルダン分解とクラウト分解の一意性によって，次のことがいえる．正値行列のクラウト分解が $A = LDL^t$ と書ける場合に，コレスキー分解は次式で記述できる．

$$A = \left(L\sqrt{D}\right)\left(L\sqrt{D}\right)^t$$

コレスキー分解のアルゴリズムは次のように書ける．

```
for k = 1 to n - 1
    a(k,k) = √a(k,k)
    for i = k + 1 to n
        a(i,k) = a(i,k)/a(k,k)
    end for
    for j = k + 1 to n
        for i = j to n
            a(i,j) = a(i,j) - a(i,k) * a(j,k)
        end for
    end for
end for
```

コレスキー分解では，行列の対角成分を計算するために平方根を求める必要があり，計算コストの高い演算となり，数値的な精度の低下を招く．クラウト分解はコレスキー分解に比べると計算コストは低く，正値でない行列にも適用できるので，コレスキー分解よりも望ましい．

第8章 密行列の LU 分解法の並列化

本章では，LU 分解法の並列化を取り扱う．行列の積のように，データの時間的および空間的局所化を考慮してブロックを用いたアプローチを用いる．ブロックによる分解は，メッセージ通信によるプログラミング環境に実装できる．その次に，メッセージ通信によるプログラミング環境での並列化のような，ブロックによる前進・後退代入について述べる．

8.1　ブロックによる分解

並列化を理解するためには，ガウス分解について考えればよい．ほかのアルゴリズムの並列化に対してもただちに展開できる．

そこで，ガウスのアルゴリズムについて考えよう．

```
for k = 1 to n − 1
  for i = k + 1 to n
    a(i, k) = a(i, k)/a(k, k)
  end for
  for j = k + 1 to n
    for i = k + 1 to n
      a(i, j) = a(i, j) − a(i, k) ⋆ a(k, j)
    end for
  end for
end for
```

添数 i と j はつねに k より大きいため，内側の二つループにおいて依存はない．逆に，k のループはデータ依存と出力依存を示す．入れ替えが可能であるかどうかは，第 2 章で述べた解析方法では調べられない．なぜなら，内側ループは外側ループの添数に依存するからである．この依存により入れ替え（置換）を行うことができないことは明白である．なお，アルゴリズムは反復的（再帰的）である．すなわち，添数 k のループの各反復において，すべての下側の対角ブロックを更新し，その際に使用するデータは一つ前の反復での演算の結果である．

したがって，ループにおいて並列化は行えない．

```
for i = k + 1 to n
    a(i,k) = a(i,k)/a(k,k)
end for
```

また他方では，二つのネステッドループにおいては明らかに演算が膨大になり，並列化は行えない．

```
for j = k + 1 to n
    for i = k + 1 to n
        a(i,j) = a(i,j) − a(i,k) ⋆ a(k,j)
    end for
end for
```

したがって，このことについて何かしらの工夫をしなければならない．そして，これらのループとネステッドループは依存をもたず，並列化や置換（入れ替え）が可能としなければいけない．

メモリへのアクセスの観点から，添数 i あるいは j のループを考え，一組の演算 $(-, \star)$ を実行するために，反復ごとに 2 回の読み込み（リーディング）と 1 回の書き出し（ライティング）を行う．添数 j のループを用いて行ごとに行列を参照し，添数 i のループを用いて列ごとに行列を参照する．行列が列ごとにメモリに配列される場合，添数 i のループを用いた空間的局所性は非常によく，内側のループに配置するのがよい．添数 j のループは並列化が可能で，外側のループに配置する．

しかし，行列の積に対しては，この結果はまだまだ満足できるものではない．事実，アルゴリズム中の演算 $(-, \star)$ の数は，次のようになる．

$$\sum_{k=1}^{n-1}(n-k)^2 = \sum_{k=1}^{n-1} k^2 \simeq \frac{n^3}{3}$$

ところで，アルゴリズムの入力データは行列 A の成分であり，その数は n^2 である．この数は出力データも同じである．すなわち，$n^3/3$ 組の $(-, \star)$ の演算を行うために，合計で $2n^2$ 回だけのメモリへのアクセスで済む．アクセスの時間的局所性は非常によく，前に書いた行によるアルゴリズムの場合とは異なる．

もう一度述べると，解法はブロックを用いてどのように処理するかによる．事実，行列がキャッシュメモリに格納できるように小さくした場合，計算が進むにごとに格納され，中央メモリへの合計アクセス数は n^2 回の読み込み（リーディング）と n^2 回の書き込み（ライティング）に制限される．しかし，反対に行列の積の場合，添数 k,

j, i の三つのループを二つに分けて，入れ替えを行うだけでは不十分である．すなわち，アルゴリズムの反復性により自動的なループの入れ替えは妨げられる．したがって，ブロックによるアルゴリズムは単なるネステッドループの入れ替えではうまくいかない．

ところで，ブロックによる分解のアルゴリズムの基本は 7.1 節の部分分解で見てきた．部分分解を行うためには次の四つの演算が必要である．

(1) 対角ブロックの分解： $A_{11} = L_{11}U_{11}$
(2) 上三角ブロックの決定： $U_{12} = L_{11}^{-1}A_{12}$
(3) 下三角ブロックの決定： $L_{21} = A_{21}U_{11}^{-1}$
(4) シュール補行列の計算： $S_{22} = A_{22} - L_{21}U_{12}$

行列 A_{11} の次元 n_1 が十分に小さい場合，最初の演算はキャッシュメモリで行われる．$n_1^3/3$ の組の演算 $(-, \star)$ が必要となる．

2 番目に必要なものは，下三角行列とかかわりのある n_2（$= n - n_1$）個の線型システムの解である．なぜなら，ブロック U_{12} は式 $L_{11}U_{12} = A_{12}$ の解であるからである．前進代入では，計算コストが $n_1^2/2$ のオーダーの組の演算 $(-, \star)$ となり，U_{12} の計算には $n_2 \star n_1^2/2$ の計算コストを必要とする．各前進代入では，ブロック L_{11} がすでにキャッシュにある場合，右辺のベクトルの読み込みにおいて n_1 回のメモリへのアクセスでよく，続いて，結果のベクトルの書き込みにおいて n_1 回のメモリへのアクセスでよい．つまり，$n_1^2/2$ の組の演算 $(-, \star)$ に対して，$2n_1$ 回のメモリへのアクセスでよい．

3 番目の演算は，先述の演算と同様である．実際，式 $L_{21}U_{11} = A_{21}$ の転置は $U_{11}^t L_{21}^t = A_{21}^t$ であり，次元が n_1 の下三角行列 U_{11}^t に関する線型システムにおいて，新たに n_2 の前進代入を行う必要がある．

シュール補行列の計算 $S_{22} = A_{22} - L_{21}U_{12}$ は行列の積であり，ブロックにより構成することでデータの時間的および空間的局所性を確保できる．行列 S_{22} の n_2^2 個の各成分が一つの行の n_1 の項と U_{12} の一つの列とのスカラー積により得られるため，$n_2^2 \star n_1$ 組の演算 $(-, \star)$ を必要とする．

行列の分解を成し遂げるためには，シュール補行列の分解 $S_{22} = L_{22}U_{22}$ に関する 5 番目のステップを行えばよく，これには $n_2^3/3$ のオーダーの組の演算 $(-, \star)$ が必要となる．データの時間的および空間的局所性を確保するために，分解はそれ自身と同じようなブロックによる方法を反復的に用いることで行われる．

ここまで，ガウス分解のブロックによる計算コストが古典的なアルゴリズムと同じであることを示してきた．実際，この五つのステップの合計で次のオーダーの組の演

算 $(-,\star)$ が必要となる.

$$\frac{n_1^3}{3} + n_2 \star \frac{n_1^2}{2} + n_2 \star \frac{n_1^2}{2} + n_2^2 \star n_1 + \frac{n_2^3}{3} = \frac{(n_1+n_2)^3}{3}$$

シュール補行列の計算は,ブロックによるアルゴリズムの各ステップで演算を行ううえでもっとも重要となる.行列の積の計算において,メモリへのアクセスのよい時間的および空間的局所性を得るために,キャッシュで同時に処理できるように三つのサブブロックに分割する必要がある.最終的に,行列 A 全体は次元 n/P の $P \times P$ のブロックに分割され,キャッシュは次元 n/P の三つの行列を格納する.

$$\begin{pmatrix} A_{11} & A_{12} & \cdots & \cdots & A_{1J} & \cdots & A_{1P} \\ A_{21} & A_{22} & \cdots & \cdots & A_{2J} & \cdots & A_{2P} \\ \vdots & \vdots & \ddots & \cdots & \vdots & \cdots & \vdots \\ A_{I1} & A_{I2} & \vdots & \ddots & A_{IJ} & \cdots & A_{IP} \\ \vdots & \vdots & \vdots & \cdots & \ddots & \cdots & \vdots \\ \vdots & \vdots & \vdots & \cdots & \cdots & \ddots & \vdots \\ A_{P1} & A_{P2} & \cdots & \cdots & A_{PJ} & \cdots & A_{PP} \end{pmatrix}$$

ガウス分解のブロックによるアルゴリズムは,最終的に次のように書ける.

```
for K = 1 to P
    A_KK = L_KK U_KK
    for J = K+1 to P
        A_KJ = L_KK^{-1} × A_KJ
    end for
    for I = K+1 to P
        A_IK = A_IK × U_KK^{-1}
    end for
    for J = K+1 to P
        for I = K+1 to P
            A_IJ = A_IJ - A_IK × A_KJ
        end for
    end for
end for
```

対角ブロックの分解過程において,ブロック L_{KK} と U_{KK} はブロック A_{KK} の代わりに用いられる.ブロック $L_{KK}^{-1} \times A_{KJ}$ と $A_{IK} \times U_{KK}^{-1}$ の計算は,第1ステップで述べ

たように，下三角行列のシステムの前進代入により行われる．これらのブロックの計算ループは並列に処理される．

同様に，異なるシュール補行列の計算 $A_{IJ} = A_{IJ} - A_{IK} \times A_{KJ}$ は互いに独立で，同時に行うことができる．

8.2 メッセージ通信によるプログラミング環境でのブロック分解の実装

メッセージ通信のプログラミング環境での並列計算において，行列の積に対して，ブロックを用いる方法により，データの時間的および空間的局所性を得ることができる．すべての演算がブロックにより行われることで，大きな粒度を確保できる．それぞれのプロセスへのブロックの分配が終わると，もっともよい効率を得るやり方で，効果的な並列度とタスクバランスをもつデータ転送を行う．

アルゴリズムにおいて，各プロセスは割り当てられたブロックを扱う．すべてのプロセスが次元 (P, P) の配列 `distribution` を使えるとしよう．この配列は各ブロックに対して，プロセス番号を与える．計算において，各プロセスは正規のブロックを更新する演算を行い，そのコードは次のように書ける．

```
for K = 1 to P
    if distribution(K,K) = rank then
        A_KK = L_KK U_KK
    end if
    for J = K + 1 to P
        if distribution(K,J) = rank then
            A_KJ = L_KK^{-1} × A_KJ
        end if
    end for
    for I = K + 1 to P
        if distribution(I,K) = rank then
            A_IK = A_IK × U_KK^{-1}
        end if
    end for
    for J = K + 1 to P
        for I = K + 1 to P
            if distribution(I,J) = rank then
                A_IJ = A_IJ - A_IK × A_KJ
            end if
```

```
      end for
    end for
  end for
```

この段階では，データ通信の処理がまだ残っている．図 8.1 のように任意のブロックを分配し，塗り分けで表した四つのプロセスに 16 のブロックを割り当てるようにする．

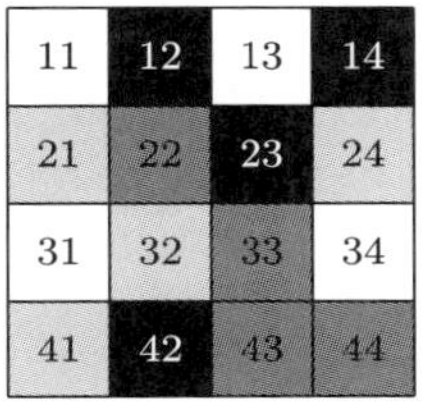

図 8.1 ランダムな分配

白色のプロセスによる 1 番目の対角ブロック A_{11} の分解の結果，要素 L_{11} は，1 行目のブロック A_{1J} を処理するほかのすべてのプロセス（黒色のプロセス）に転送されることがわかる．同様に，要素 U_{11} は，1 列目のブロック A_{I1} を処理するほかのすべてのプロセスへ転送される．つまり，明るい灰色のプロセスである．これらの要素を受け取った後で，プロセスは新しいブロックの計算を行うことができる．つまり，次のようになる．

```
  for J = 2 to P
    if distribution(1,J) = rank then
        A_{1J} = L_{11}^{-1} × A_{1J}
    end if
  end for
  for I = 2 to P
    if distribution(I,1) = rank then
        A_{I1} = A_{I1} × U_{1}^{-1}
    end if
  end for
```

同様に，計算されるブロック A_{1J} と A_{I1} は，列 J と行 I に関するシュール補行列を計算するおのおのすべてのプロセスへ転送される．図 8.2 と図 8.3 は，ガウスのアルゴリズムの第 1 番目の反復計算で必要な行または列による異なるタイプのブロック転送を示す．

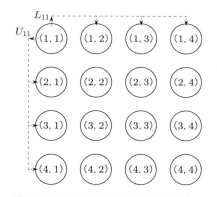

図 8.2　1 回目の反復計算における対角ブロックの転送

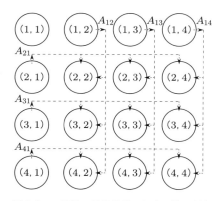

図 8.3　1 回目の反復計算における第 1 行と第 1 列のブロックの転送

最終的に，行と列に関するブロック転送の関数を用意しておかなければいけない．K 番目の行に関するブロック L_{KK} はプロセス distribution(K,K) からすべての distribution(K,J) 番目のプロセスへ転送される．ここで，$J > K$ である．$J > K$ として，I 番目の行に関するブロック A_{IK} はプロセス distribution(I,K) からすべての distribution(I,J) 番目のプロセスへ転送される．同様に，K 番目の行に関するブロック U_{KK} はプロセス distribution(K,K) からすべての distribution(I,K) 番目のプロセスへ転送される．ここで，$I > K$ である．また，$I > K$ で，ブロック A_{KJ} はプロセス distribution(K,J) からすべての distribution(I,J) 番目のプロセスへ転送される．

これらの手続き diffusion_by_row あるいは diffusion_by_column は，1 対全通信を行えるように，関数 MPI_Bcast の形式と同じような形式で，行番号 I あるいは列番号 J，K，ブロック名そして発信プロセス番号を用いる．ここで，K は $I > K$ の場合にプロセス distribution(I,K) を受信，$J > K$ の場合にプロセス distribution(K,J) を受信する受信者である．各プロセスが行うアルゴリズムはデータ転送の管理を含め，次のように書ける．

```
for  K = 1  to  P
   if  distribution(K,K) = rank  then
      A_KK = L_KK U_KK
   end if
   diffusion_by_row(K,K,L_KK,distribution(K,K))
   diffusion_by_column(K,K,U_KK,distribution(K,K))
   for  J = K + 1  to  P
```

```
        if distribution(K,J) = rank then
            A_{KJ} = L_{KK}^{-1} × A_{KJ}
        end if
        diffusion_by_column(J,K,A_{KJ},distribution(K,J))
      end for
      for I = K+1 to P
        if distribution(I,K) = rank then
            A_{IK} = A_{IK} × U_{KK}^{-1}
        end if
        diffusion_by_row(I,K,A_{IK},distribution(I,K))
      end for
      for J = K+1 to P
        for I = K+1 to P
          if distribution(I,J) = rank then
              A_{IJ} = A_{IJ} − A_{IK} × A_{KJ}
          end if
        end for
      end for
    end for
```

効率的に割り当てるには，各フェーズでもっとも大きい数のプロセスを，できるだけ均等に負担するように割り当てるとよい．図 8.1 のようなランダムな割り当ては効率的ではない．なぜなら，たとえば 1 番目の反復において，第 1 行と第 1 列のブロックが更新される間，濃い灰色のプロセスは何も行わないが，逆に，シュール補行列の計算のフェーズでは，9 ブロックのうちの 4 ブロックを処理する．

効率をよくするには，図 8.4 のように，行と列に対して全プロセスごとにサイクリック（周期的）にブロックを塗り分ける．この分割では，すべてのプロセスが，すべての反復において，行と列のブロックの更新あるいはシュール補行列の計算の更新の並列処理を同じように行う．さらに，手続き diffusion_by_row あるいは diffusion_by_column は，簡単に MPI_Bcast にとって置き換えられる．なぜなら，サイクリックな配列（割り当て）により，プロセスは各行と列においてブロックをもつからである．

反対に，この配列はブロック数が非常に多い場合の分割では，粒度を損なうため，不都合が生じる．さらにブロックによるガウスのアルゴリズムの各反復において，すべてのプロセスはシュール補行列を計算するために行と列についてのすべてのブロックを必要とする．これには大きなメモリが必要となる．

ほかにも，より少ないブロックで分割する配列方法はある．しかし，その配列方法

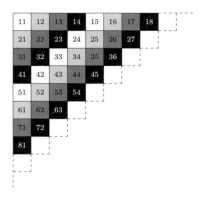

図 8.4 サイクリック配列

は大規模行列に対して，計算に用いるブロックを一時的に格納するために必要なメモリの確保の問題がある．

注記：サイエンスライブラリ ScaLaPack を用いて，ブロックによる分解を行うことができる．この方法は，ここで紹介したサイクリック配列より少し複雑ではあるが，必要とするブロックの数がより少なくて済むブロック分割を用いて，分散メモリのシステムにおける密行列を解くことができる．

8.3 前進・後退代入による並列化

前進代入と後退代入は同じ演算の逆手順である．したがって，前進代入の並列化について見るだけでよい．つまり，システム $Lx = y$ の解法は次のように書ける．

```
for i = 1 to n
  for j = 1 to i - 1
    y(i) = y(i) - l(i,j) * x(j)
  end for
  x(i) = y(i)/l(i,i)
end for
```

本質的に外側ループは変数 x に依存する．内側ループはリダクション演算である．つまり，左辺のスカラー積である行列 L の i 行と計算済みの x のはじめから $i-1$ 番の成分のベクトルの積を，$y(i)$ から差し引いたものである．この演算は並列化が可能であるが，粒度は小さくなる．ここで紹介したアルゴリズムは，行に関する計算過程で行列 L に再びアクセスする．

補正演算 $y(i) = y(i) - l(i,j) \star x(j)$ は，$x(j)$ が得られるとただちに実行される．したがって，アルゴリズムを次のように少し修正することで，二つのループを入れ替えることができる．内側ループは外側ループの添数に依存するため，修正は自動的には行えない．

```
for j = 1 to n
    x(j) = y(j)/l(j,j)
    for i = j+1 to n
        y(i) = y(i) - l(i,j) ⋆ x(j)
    end for
end for
```

外側ループは変数 y に依存する．内側ループは何にも依存しないので，並列化が可能である．内側ループでは $x(j)$ の成分と行列 L の j 番目以下の列の部分との積を，y の最後から $n-j$ の項から再び差し引く．つまり，このアルゴリズムは列によって行列 L にアクセスする．この演算により新たな小さい粒度が得られる．

行列のブロックによる分解の場合，行列 L の成分ではなくブロックを扱うということを除いては，それらの演算は酷似している．したがって，下三角ブロックの行列-ベクトルの積と，それ自身が下三角行列である対角ブロックの前進代入による解法がポイントとなる．それらは同時に行える行列ブロックとベクトルの積であるため，粒度は少しよい．

たとえば，次元が n/P の $P \times P$ のブロックに分割する場合，列によるアルゴリズムは次のように書ける．

```
for J = 1 to P
    solve: L_{JJ} X_J = Y_J
    for I = J+1 to P
        Y_I = Y_I - L_{IJ} × X_J
    end for
end for
```

ブロックによる演算の再グループ化により，粒度は改善される．しかし，行列 L の成分によって1組の演算 $(+, \star)$ のみを実行するため，用いたアプローチでは限界がある．メモリへのアクセス回数に対する四則演算の数の割合は最大で2である．

したがって，前進・後退代入は並列化の効率がよくない．しかし，これは基本的には問題とはならない．なぜなら，分解の計算コストに比べて，前進・後退代入の相対的な計算コストは低く，Cn^3 に対して n^2 であるからである．

同じシステムを解く場合でも，右辺が大きな数の場合は状況が異なる．しかし，この場合，右辺は基本的に既知であり，すべてに対して同時に前進・後退代入を行える．$L_{IJ} \times X_J$ 型の演算は矩形行列の積であり，X_J の列数は右辺にある数に等しい．粒度は大きく改善され，それとともに効率もよくなる．

反対に，右辺が同時に扱えない場合，依存がある．たとえばこれらは，外側の反復に依存するため，この方法は使えなくなる．

演習問題

8.1 ［密行列のクラウト分解］

(1) 1次元配列に下三角部の成分しか格納できない n 次元の密行列のクラウト分解 $A = LDL^t$ を書け．
(2) ベクトル化のできるだけ効率的なコードとなるような行列成分の格納方法とプログラムを考えよ．
(3) 同様に並列ベクトル化についても考えよ．

8.2 ［ブロックによるコレスキー分解］

次元が $n = r + p$ で，次のようにブロックにより分解される正値対称行列 K を考える．ただし，r は p よりも十分に小さいとする．

$$K = \begin{pmatrix} K_{11} & K_{12} \\ K_{21} & K_{22} \end{pmatrix}$$

ここで，$K_{21} = K_{12}^t$ である．

(1) 次に示される行列のコレスキー分解 $K = LL^t$ を示せ．

$$L^t = \begin{pmatrix} L_{11}^t & L_{12}^t \\ 0 & L_{22}^t \end{pmatrix}$$

ここで，$L_{11}L_{11}^t = K_{11}$，$L_{12} = L_{11}^{-1}K_{12}$，また，$L_{22}L_{22}^t = K_{22} - K_{21}K_{11}^{-1}K_{12}$ である．

(2) 三つの副プログラム，すなわち，① 次元が p 以下の行列のコレスキー分解の計算，② 積 $L^{-1}B$（ここで，L は下三角行列，B は矩形行列）のシステムの逐次的な前進代入による計算，③ 行列 $K = K - B^tB$ による積の計算により，行列の分解を計算できることを導け．

(3) おのおのの副プログラムに必要な算術演算の数を推定せよ．なお，ブロックによる分解の計算コストが古典的なアルゴリズムの計算コストと等しいことを考慮せよ．

(4) 各並列領域における算術演算数の粒度を決定することによって，おのおのの副プログラムの並列度を調べよ．ただし，対象とする計算機は共有メモリマシンでキャッシュをもたない，すなわち，データ通信のコストを考慮しなくてよいものとする．行列の

次元が $n = p \star q + r$ の場合の，このブロックによるアルゴリズムを帰納的に一般化せよ．

(5) q と p の関数としてアルゴリズムの並列度を調べよ．とくに，p が十分に小さく，$p \star p$ のオーダーの粒度が複数のプロセッサを効率的に使用するには十分でない場合について調べよ．

8.3 ［下三角行列システムのブロックによる解法］

次元が $n = p \star q$：$Lx = b$ の線型システムを解く．ここで，L は次元 $p(L_{ij})$ の部分ブロックに分解される下三角行列であり，$1 \leqslant i \leqslant j \leqslant q$ である．対角ブロック L_{ii} はそれ自身が下三角行列である．

(1) ベクトル x と b を次元 p の副ベクトル x_i と b_i に分解しながら，システムのブロックによる解法のアルゴリズムを決定せよ．
(2) 行列ブロックと副ベクトルの演算に関する二つの計算タスクを決定し，おのおのの算術演算での計算コストを計算せよ．
(3) P が Q より先に処理されるという P と Q のタスクの関係 P $\leqslant$ Q に注意して，解法アルゴリズムにおいて互いに干渉するタスクが発生する関係を，i と j を用いて発生したものに指標を付けながら書け．また，$n = 4$ の場合の依存のグラフを書け．
(4) 二つのタスクの計算コストが見積もることができて，それぞれの計算時間が 1 と 2 の場合の最小の並列処理時間を決定せよ．

8.4 ［行列の核 (Ker) と像 (Im) のブロックによる計算］

次元 n の正置対称行列 A を考え，次の問題を解く．

$$Ax = b \tag{8.1}$$

(1) b が A の像にある場合に，システム (8.1) では一意的な解 x が A の像に現れ，また，解は $x + y$ で記述されるすべてのベクトルであることを示せ．ここで，y は A の核の任意の要素である．
(2) A の核の直交部分空間に b が出現する場合，あるいはその場合のみに，システム (8.1) の問題で解を得ることができることを示せ．
(3) A は，次の形式でブロックに分解できるとする．

$$A = \begin{pmatrix} A_{11} & A_{12} \\ A_{21} & A_{22} \end{pmatrix}$$

ここで，$A_{21} = A_{12}^t$ である．ブロックによるガウスの分解を用いて，ブロック A_{11} が行列 A と同じランクで逆行列をもつ（正則行列である）場合，$A_{22} - A_{21}A_{11}^{-1}A_{12} = 0$ であることを示せ．
(4) A の核が次の形式のベクトルの集合であることを示せ．

$$\begin{pmatrix} -A_{11}^{-1}A_{12}x_2 \\ x_2 \end{pmatrix}$$

なお，I_2 は次元が核と同じ単位行列であるとき，次の関係

$$N = \begin{pmatrix} -A_{11}^{-1} A_{12} \\ I_2 \end{pmatrix}$$

を考慮し，システム (8.1) の解を得るための必要十分条件は $N^t b = 0$ である．

(5) 次の関係に注意する．

$$A^+ = \begin{pmatrix} A_{11}^{-1} & 0 \\ 0 & 0 \end{pmatrix}$$

b が A の像に出現する場合，システム (8.1) のすべての解は次のようになることを示せ．

$$A^+ b + N x_2$$

(6) A の分解において，行と列のピボット選択によりどのようにブロック A_{11} を決定するのかを説明せよ．

第9章　疎行列のLU分解法

　本章では，はじめに疎行列の分解について解説する．分解で生じるフィルイン[†1] (fill-in) について簡単に解説した後で，シンボリック分解と行列の方程式のリナンバリング（順序付け）について紹介する．さらに，より計算コストの低いシンボリック分解を行うために，消去木の基礎知識を紹介する．消去木により依存を解析でき，分解を並列化できる．また，効率的に並列化できるリナンバリング方法であるND法[†2] (nested dissection法) を解説する．そして最後に，並列化の観点から前進・後退代入について詳しく見てみる．

9.1　分解処理された行列の構造

　ガウス分解の第1ステップは，U の第1行と L の第1列を計算し，第2〜n 行のシュール補行列を計算することである．

```
l(1,1) = 1
u(1,1) = a(1,1)
for i = 2 to n
   l(i,1) = a(i,1)/u(1,1)
end for
for j = 2 to n
   u(1,j) = a(1,j)
end for
for j = 2 to n
   for i = 2 to n
      s(i,j) = a(i,j) - l(i,1) * u(1,j)
   end for
end for
```

[†1] 後で述べるが，（分解を行うことによって）行列の中で零成分であったところ（場所）に非零成分が発生すること．

[†2] 日本語訳はあまりなくND法がもっとも一般的なようである．「解剖法」という場合もある．空間を入れ子（構造）に分解し，順序付けすること．そのためNDオーダリングともいう．

したがって，初期の行列の第1列と第1行の零でない成分（非零成分）の場所に，Uの第1行とLの第1列の零でない成分が入る．初期行列の対称性によって，非零である$u(1,j)$の列$j>1$の添数の集合は，非零である$l(i,1)$の列$i>1$の添数の集合と同じである．この集合はC_1級であることに注意する．

シュール補行列の計算は，$l(i,1)$と$u(1,j)$が同時に非零である場合の成分(i,j)に対してのみ影響を及ぼす．つまり，iとjがともにC_1級の(i,j)項からなる部分行列である．この部分行列の成分に関して，次の二つの状況が起こり得る．

- 初期行列においてすでに成分が存在し，シュール補行列の計算で更新される．
- 初期行列においてすでに成分が存在せず，成分は生成される．

分解を行う際に，初期の疎行列では成分をもたない場所に非零成分が生じることで，初期の疎行列に比べて，分解後の行列において疎である部分の割合は減少する．この現象を「フィルイン (fill-in)」という．成分は更新あるいは生成されて部分行列を形成するので，フィルインによりシュール補行列の対称性は保存される．

図9.1において，Uの第1行目とLの第1列目に非零成分があり，右斜線の四角で表されている．分解の第1ステップでの行列成分のすべての位置は，Uの第1行とLの第1行の非零項の行と列に対応する．これらは実線枠の四角で表されている．それらの中で非零成分をすでにもつものは，左斜線の四角で表されている．

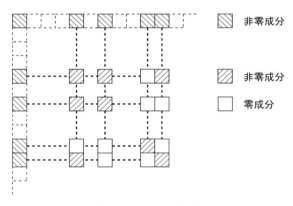

図 9.1　フィルイン前

図9.2において，シュール補行列の計算過程で更新される成分は右斜線の四角で表されている．これらのうち，すでに成分が存在するものは斜交線の四角で表されている．

ガウスのアルゴリズムの毎回の反復計算で，シュール補行列の第1行と第1列の分解を行うときに同じ現象が生じる．つまり，フィルインは繰り返し行われることにな

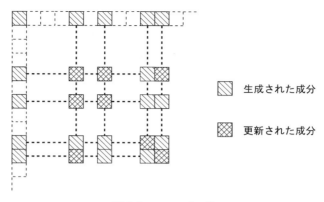

図 9.2 フィルイン後

る．したがって，反復計算が繰り返され，フィルインが生じるために，シュール補行列の行と列はますます疎ではなくなる．

グラフについて見ると，図 9.3 に示すように，分解の第 1 ステップで生じるシュール補行列のグラフは，初期の行列から 1 番の頂点が消去されるが，C_1 集合のあらゆる二つの頂点は辺によりつながれる．この完全に二つずつつながれる頂点の集合により構成される部分グラフを「クリーク (clique)」とよぶ．はじめは存在しないクリークの各辺は，シュール補行列で現れる 1 組の成分 (i,j) と (j,i) に対応する．

ガウス分解の第 $k+1$ ステップのシュール補行列のグラフは，同じ方法でアルゴリズムのはじめの k 回の反復シュール補行列のグラフより導き出される．

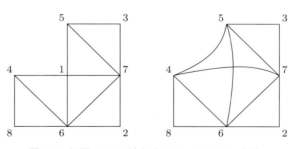

図 9.3 初期グラフ（左）とクリークの発生（右）

9.2 シンボリック分解とリナンバリング

分解の過程において，フィルインが生じるために行列のグラフは更新される．各ステップでデータの構造を変えずに行列の分解を行うために，まず，分解される行列の構造を決定しなければならない．しかし，本質的にはフィルインを簡単に計算することは不可能である．事実，フィルインは行列の非零成分の次元と数に一意的に依存するのではなく，それらの成分の位置にもよる．次の簡旦な例のように，未知数のリナンバリングにより改善できる．

$$\begin{pmatrix} * & * & * & * & * \\ * & * & 0 & 0 & 0 \\ * & 0 & * & 0 & 0 \\ * & 0 & 0 & * & 0 \\ * & 0 & 0 & 0 & * \end{pmatrix}, \begin{pmatrix} * & 0 & 0 & 0 & * \\ 0 & * & 0 & 0 & * \\ 0 & 0 & * & 0 & * \\ 0 & 0 & 0 & * & * \\ * & * & * & * & * \end{pmatrix}$$

左の行列の分解により密構造になる．最大から最小への逆順の方程式のリナンバリングにより，右の行列のような分解過程でフィルインの生じない構造を得ることができる．

効果的にフィルインを計算するためには，行列の『シンボリック分解 (symbolic factorization)』とよばれるステップへ進まなければならない．これは基本的に，分解で生じる新しい成分の数と位置を決定することにより行われる．この手続きにより，分解過程でシュール補行列のすべての成分，そして最終的には L と U の成分をもつことのできるデータ構造を構築できる．次に，『数値分解 (numeric factorization)』へ進み，L と U の成分を計算する．

本来，行列のシンボリック分解ではガウスのアルゴリズムのすべて反復計算を行い，シュール補行列の成分のリスト[†]を調べ，新しく生成される行列の構造に追加する必要がある．成分の計算を，シンボリック分解という前に存在していた成分についてテストすることで代替して行うことに帰着する．

方程式のリナンバリングは，算術演算の数と同じくデータ量の観点から，フィルインつまり分解の計算コストに関する必須の処理である．行列のシンボリック分解を行う前に，フィルインを少なくする方程式のリナンバリングを見つけるようにする．計算コストが次元に対して指数関数的に変化しない疎行列の最適なリナンバリングのアルゴリズムはない．リナンバリングの問題を『NP 完全問題 (NP-complete problem)』とよぶ．したがって，ヒューリスティクス（発見的）とよばれる，厳密ではないが計算コストを削減するためにある程度正しい解を与えるアルゴリズムで，その欠点を改

[†] インデックスリストともいう．

善できる．

　これらのアルゴリズムの中で，もっとも古典的なものの一つが「フロンタル (frontal)」とよばれるリナンバリングである．このリナンバリングは，初期行列の 1 番目の非零成分において，分解の過程で行列の上三角部の列に非零の項が現れないという原理に基づいている．実際，行列の第 1 行の j 列にある成分が零である場合，ガウスのアルゴリズムの 1 回目の反復ではその j 列は更新されない．帰納的にみて，はじめの $i_0(j)$ 個の列成分が零の場合，それらの成分は分解過程でのはじめの $i_0(j)$ 回の反復でも値は変わらない．分解される行列の対称性より，j 番目の行のはじめの $i_0(j)$ 個の成分についても同様である．各列に対して列の 1 番目の非零成分と対角成分の間にある行列の上三角部の領域を「プロファイル (profile)」とよぶ．もちろん，図 9.4 に示すように，下三角部のプロファイルは各行に対して行の 1 番目の非零成分と対角成分の間にある領域で，上三角部のプロファイルと対称である．

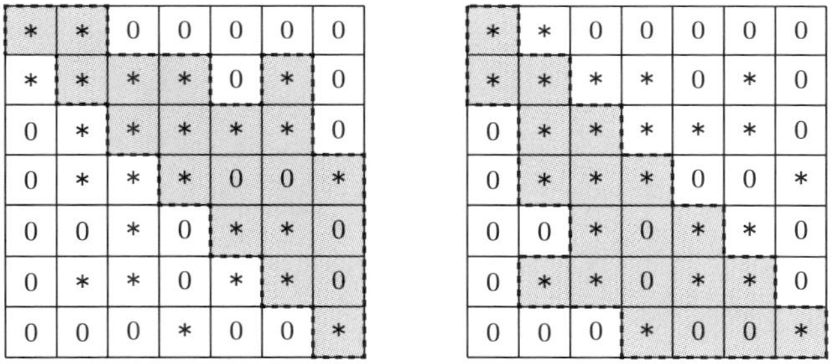

図 9.4　上三角部と下三角部のプロファイル

　プロファイルの面積が小さくなればなるほど，起こり得るフィルインは少なくなる．プロファイルを小さくするためには，行列のグラフ上でつながっている方程式の番号が互いに近くなければならない．これがフロンタルナンバリングの目的である．まずはじめに，任意の頂点からつながっている頂点にナンバリング（番号付け）を行い，その近隣，そして 2 番の頂点のまだナンバリングがされていない近隣の頂点というように，これを続けて，図 9.5 のようにナンバリングを行う．図 9.5 のように，このナンバリングにより前線 (front) が現れ，1 番目の前線は初期の頂点からなり，それぞれの前線は，その前の前線に続いてリナンバリングされた頂点の集合である．フロンタルナンバリングにより，行列のプロファイルは特徴付けられる．

定理 9.1　フロンタルナンバリングにより，分解の過程でフィルインされた単調なプロファイルが形成される．

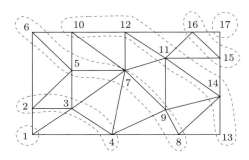

図 9.5　フロンタルナンバリング

証明　まずはじめに，プロファイルが単調であることを見てみる．つまり，j 列のある番号において，その列のはじめの非零成分の行の番号である関数 $i_{\text{first}}(j)$ が増加関数であることを見てみる．$i_{\text{first}}(j)$ はフロンタルナンバリングの過程でナンバリングされた j の近隣のはじめの頂点である．したがって，$i_{\text{first}}(j)$ のいまだナンバリングされていない近隣の頂点のナンバリングの際に j に番号が割り当てられる．つまり，$j_1 < j_2$ の場合，j_2 は j_1 の後でナンバリングされ，$i_{\text{first}}(j_1) \leqslant i_{\text{first}}(j_2)$ となる．

各行 i に対して，$i-1$ ステップの分解後，$j_{\text{final}}(i)$ をその行での最後の非零成分の番号とする．関数 j_{final} は増加関数であり，i から $j_{\text{final}}(i)$ の番号をとる列の U の i 行のすべての項は非零であることを示す．

プロファイルが単調であるために，第 1 行のはじめの $j_{\text{final}}(1)$ 個の成分は非零である．ガウス分解の第 1 ステップでのシュール補行列の計算により，1 から $j_{\text{final}}(1)$ の対角ブロックではフィルインが生じる．とくに，第 2 行では，分解された行列において，2 から $j_{\text{final}}(1)$ の列の番号のすべての成分は非零となる．したがって，$j_{\text{final}}(2) \geqslant j_{\text{final}}(1)$ である．$j_{\text{final}}(2) > j_{\text{final}}(1)$ の場合，プロファイルが単調であるため，第 2 行の $j_{\text{final}}(1)$ から $j_{\text{final}}(2)$ の列の番号のすべての成分は非零となる．よって，ガウス分解の第 1 ステップ後の第 2 行において，2 から $j_{\text{final}}(2)$ のすべての成分は非零であり，第 2 回目の反復で，シュール補行列の計算により 2 から $j_{\text{final}}(2)$ の対角ブロックは完全にフィルインされる．

証明は帰納的に示すことができる．第 $k+1$ 番の行において，ガウス分解のはじめの k 回の反復計算の結果，$k+1$ から $j_{\text{final}}(k)$ の列の番号のすべての成分は非零である．したがって，$j_{\text{final}}(k+1) \geqslant j_{\text{final}}(k)$ である．$j_{\text{final}}(k+1) > j_{\text{final}}(k)$ の場合，プロファイルの単調性により $j_{\text{final}}(k)$ から $j_{\text{final}}(k+1)$ の列の番号のすべての成分は非零である．ガウス分解の $k+1$ 回の反復のシュール補行列の計算により，$k+1$ から $j_{\text{final}}(k+1)$ の対角ブロックではフィルインが生じる．

図 9.6 は単調なプロファイルのフィルインのメカニズムを示す．破線で囲まれた灰

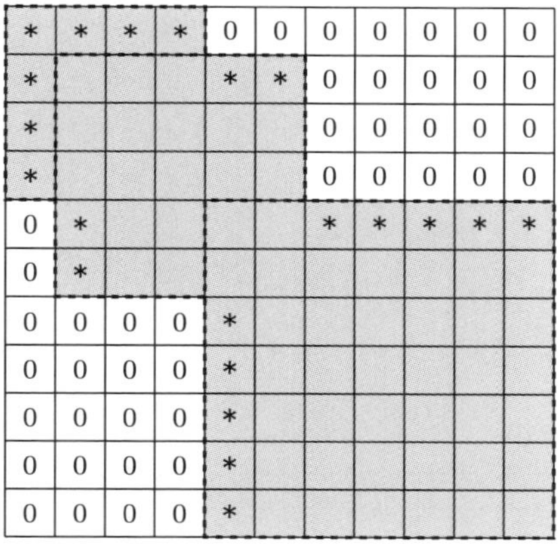

図 9.6 単調なプロファイルのフィルイン

色の四角は分解の異なるステップでフィルインされた領域を表す．アスタリスク $*$ は前の分解過程でフィルインが生じた領域の右に位置する非零成分の位置を示す． □

フロンタルナンバリングの場合，シンボリック分解は簡単である．プロファイルの計算をするだけで十分で，これは各方程式 j に対して，行列 $i_{\text{first}}(j)$ のグラフ上の j につながっている頂点でもっとも小さい番号を決定することを意味する．分解された行列はプロファイルの形式で格納される．つまり，上三角部に対して変数長の列の集合，そして下三角部に対して行の集合として，プロファイルの対称性より，これら二つは同じ構造をもつ．

9.3 消去木

フロンタルナンバリングよりフィルインの発生数が少ないアルゴリズムは存在する．これらのアルゴリズムを用いれば，分解においてフィルインが起きない単調でないプロファイルを生成できる．このアルゴリズムを用いるためには，行列のフィルインを管理し，疎行列として分解した行列を格納する必要がある．

この場合，シンボリック分解は非常に複雑になる．成分を計算する代わりに，既存の成分を調べて毎回行列の疎構造を連続的に更新しながら，ガウス分解のアルゴリズムのすべての反復処理を行う場合，シンボリック分解は数値分解と同様に計算コストが高くなる．しかし，これら二つの方法には本質的に異なるものがある．実際には，シンボリック分解過程で一度成分が生成され，たとえ数値分解において同じ成分の連続的な更新が行われても，次のステップで再び調べる必要はない．

問題は，どのようにして立て続けに行われる同じ成分の存在を調べるテストを回避できるかである．しかし，テストを行わないで成分が存在するかどうかはわからない．反対に，成分を後で再び調べられれば，可能性がある成分を後で生成できる．

たとえば，図 9.7 に示すように，第 1 行の消去によって生成あるいは更新されるすべての項は，破線の交差する位置の四角にある．つまり，第 1 行と第 1 列の非零成分である．5 番目の行と列において，3 種類の四角がある．左斜線のものは第 1 ステップ前の非零項に対応し，右斜線のものは第 1 ステップで生成される非零項に対応する．交斜線のものは第 1 ステップで更新される既存の成分である．

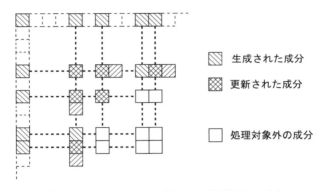

図 9.7 ステップ 1 で生成あるいは更新された成分

図 9.8 は，分解の第 5 ステップで生成あるいは更新される項の位置を示し，破線の交点に位置する四角は第 5 番目の行と列の非零成分を示している．下方の対角ブロックに位置する灰色の四角は分解の第 1 ステップに関するものである．シンボリック分解に対して，第 5 ステップで下方の対角ブロックで生じるフィルインを計算すればよい．

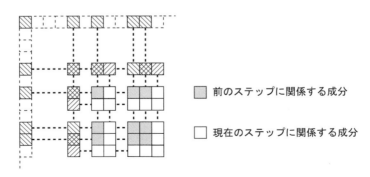

図 9.8 ステップ 5 で生成あるいは更新された成分

すべての行 i に対し, C_i は $u(i,j)$ と $l(j,i)$ の添数 $j > i$ の集合であり, 非零であることに注意する. この集合はシンボリック分解のはじめの $i-1$ ステップの結果より既知となる. 集合 C_i により, 分解後の行列の構造化が決定される. ガウス分解の第 i ステップでのシュール補行列の計算により, すべての成分 (k,l) が更新あるいは生成される. k と l は C_i 上に現れる. 図 9.8 に示されている連続的な更新のメカニズムを形式化するために, 次の補題を示す.

補題 9.2 i_1 が C_i の要素である場合, $\{j > i_1 / j \in C_i\} \subset C_{i_1}$ である.

証明 i_1 と j が C_i 上に現れる場合, 成分 $u(i, i_1)$ と $u(i, j)$, また $l(i_1, i)$ と $l(j, i)$ は非零である. したがって, $i_1 < j$ の場合, ガウス分解の i 番目のステップによりシュール補行列で成分 (i_1, i) と (j, i_1) が生成される, あるいはすでに存在する場合は更新される. □

これは分解の第 i ステップで生成される行列の上三角部の j 行と下三角行列の j 列の成分が, 第 i_1 ステップで新たに調べられることを意味する. つまり, 第 i ステップで j 行と j 列を調べなかった場合でも, これらの成分は第 i ステップで生成される. この考えの下, シンボリック分解の際, 第 i ステップにおいて第 i_1 番目の行と列で生じるフィルインだけを調べる. ここで, i_1 は C_i の最小の要素である.

そこで問題となるのは, この過程でいくつかの項が生成されることを忘れてはいけないのかどうかである. 実際, $j > i$ で j が C_i 上に現れる状況で, シンボリック分解の第 i ステップで j 番目の行と列に現れるべき項は, 実際には j が C_{i_1} の最小の要素である場合のみ, 第 i_1 ステップで生成される. C_{i_1} の最小の要素が $i_2 < j$ の場合, j 番目の行と列は, 第 i_1 ステップで調べられない.

じつのところは, これらの項は後で生成される. このことの証明は, 次の補題により示される.

補題 9.3 j が C_i の要素である場合, 次の序列（シークエンス）

$$i_0 = i < i_1 < \cdots < i_p = j$$

が成立し, 0 と $p-1$ の間の値をとるすべての p に対し, $j \in C_{i_k}$ と i_{k+1} は C_{i_k} の最小の要素である.

証明 補題 9.2 より, i_1 が C_i の最小の要素である場合, $j \in C_{i_1}$ である. 同様に, $j \in C_{i_k}$ で i_{k+1} が C_{i_k} の最小要素である場合, $j \in C_{i_{k+1}}$ である. 再帰的に, 次の二つの性質すなわち, $j \in C_{i_k}$ で i_{k+1} が C_{i_k} の最小要素であることを満たす増加列が存

在する．この序列は j によって制限され，有限である．i_{p-1} が最後の項である場合，$C_{i_{p-1}}$ の最小の要素である i_p は j に等しい． □

これにより，次の定理において，シンボリック分解を行ううえで計算コストを最小にする方法の定義が導き出される．

定理 9.4 分解の過程での行列のすべてのフィルインを計算するためには，シンボリック分解の第 i ステップで第 i_1 番目の行と列のフィルインを決定すればよい．ここで，i_1 は C_i の最小要素である．

証明 補題 9.3 で定義される序列を考える．補題 9.3 は，0 と $p-1$ の間の値をとるすべての k に対して，$\{j > i_k / j \in C_{i_{k-1}}\} \subset C_{i_k}$ であることを意味する．再帰的に，$\{j > i_{p-1} / j \in C_i\} \subset C_{i_{p-1}}$ であることが導かれる．したがって，第 i_{p-1} ステップで生じる第 j 番目の行と列のフィルインを計算しながら，普通ならば分解の第 i ステップで現れる成分を生成する． □

i_1 が C_i の最小要素である場合，一つ前のシンボリック分解の方法を定義できる組 (i, i_1) の集合は注目すべき性質をもつ．

定理 9.5 i_1 が C_i の最小要素であるとき，辺 (i, i_1) からなる分解された行列の無向部分グラフは極大木†である．つまり，$n-1$ の辺をもつ閉路や連結のないグラフである．

定義 9.1 i_1 が C_i の最小要素であるとき，辺 (i, i_1) からなる分解された行列の無向部分グラフを消去木（消去ツリー）という．

証明 $n-1$ の辺をもつ消去木の証明から始めよう．定義より，1 から $n-1$ の値をとるすべての i において，多くとも一つの $i < i_1$ である辺 (i, i_1) が存在する．実際に一つ存在することを示そう．連結な初期行列のグラフを考える．そうでなければ，分解において複数の独立したシステムをもつこととなり，またその分解の方法をそれらのシステムのうちの一つに適用することになる．図 9.3 で見たように，分解の各ステップで，頂点を減らして近隣のクリークを生成しながら行列のグラフは更新される．初期のグラフが連結である場合，新しいグラフも同様に連結である．再帰的に，シュール補行列のグラフはすべて連結である．$i-1$ ステップの分解を行ったときに，第 i 番目の行と列に必ず少なくとも非零の非対角項がある．したがって，すべての $i < n$ に

---

† スパニング木，全域木ともいう．

対して C_i は空集合ではない.

消去木は閉路ではない.実際,閉路が存在する場合,i_k が閉路の頂点の番号の最小となるようなすべての k に対して $i_p = i_0$ で辺 $(i_0, i_1), (i_1, i_2), \cdots, (i_{p-1}, i_p)$ であり,二つの辺 (i_{k-1}, i_k) と (i_k, i_{k+1}) により $i_k \neq i_{k+1}$, $(i_k < i_{k-1})$, $(i_k < i_{k+1})$ が成り立たないのは明らかである.なぜなら,$j > i_k$ で j へと向かう i_k の辺から始まるからである.

したがって,消去木は $n-1$ の辺をもち,閉路が存在しない.そして,消去木は必ず連結である.消去木が頂点 $n_1, n_2, \cdots, n_p$ をもつ p 個の連結要素をもっている場合,これらの要素のうち一つは少なくとも頂点の数と等しい辺の数をもつ.これは消去木が閉路をもたないという事実に反している.なぜなら,頂点の数より多いあるいは等しい辺の数をもつ連結グラフは必ず閉路であるからである.このようなグラフのフロンタルリナンバリングを行おう.1 番の点から始め,nv_1 個の辺により nv_1 個の近隣の点を連結する.同様に,まだリナンバリングされていない 2 番の点の nv_2 個の近隣は,nv_2 個の辺により連結される.よって,$nv_1 + nv_2$ 個の辺を用いて,$nv_1 + nv_2$ 個の頂点をはじめの頂点と連結できる.再帰的に,$n-1$ 個の辺を用いて,グラフの $n-1$ 個の頂点をはじめの頂点に連結できることを示せる.さらに,一つの辺がグラフにある場合,その辺は必ずすでにほかと連結している二つの頂点と連結し,閉路ができる. □

系 9.6 ガウス分解の第 i ステップでのシュール補行列の計算では,消去木において $i_k < i_{k+1}$ の辺 (i_k, i_{k+1}) で形成される i から j の道(パス)がある場合のみ,j 番目の行と列は更新される.

証明 この系は補題 9.3 の簡単な再定式化である.ガウス分解の第 i ステップでのシュール補行列の計算では,j が C_i 上の要素である場合のみ,j 番目の行と列は更新される.列 $i_0 = i < i_1 < \cdots < i_p = j$ は,消去木の $i_k < i_{k+1}$ の辺 (i_k, i_{k+1}) で形成される i から j の道を定義する.ここで,k は 0 から $p-1$ の間の値をとる. □

注記:これは必要条件であるが,十分条件ではない.分解の第 i ステップに関する消去木において,どれが i より低いところに位置する頂点かを知るためには,U の i 番目の行のすべての非零項がどれであるかを調べなければならない.

1 から $n-1$ の間の値をとるすべての i に対して,密行列と 3 列が対角である三重対角行列が辺 $(i, i+1)$ からなる同じ消去木をもつという事実もこの問題を露呈している.1 番目については,分解される行列のグラフは完全にクリークであり,2 番目については,グラフは消去木と同じである.再帰的に,密行列についてのガウスのアルゴリズムの各反復において,

三重対角行列について次の行と列のみ処理されるにもかかわらず，下位の対角ブロックのすべての行と列が更新される．

9.4 消去木と依存

系9.6は，疎行列のガウス分解の依存を調べる基本的な手段である．系9.6より，$i < j$ の二つの頂点が，$i_k < i_{k+1}$ の関係にある消去木の辺 (i_k, i_{k+1}) からなる経路によって結ばれていない場合，j 番目の行と列の成分の値はガウス分解の i 番目の反復に依存しない．これにより，少なくとも，i 番目と j 番目の反復の計算を並列で行うことができる．

より正確にいえば，グラフの頂点の複数の部分集合を分ける場合，$i_k < i_{k+1}$ の関係がある消去木の辺 (i_k, i_{k+1}) により構成される経路により互いにつながれていない2本の枝を形成しながら，図9.9に示すように異なる枝と関係する部分対角ブロックを並列に分解する．

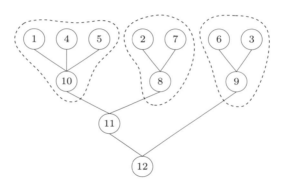

図 9.9 消去木と依存

反対に，異なるサブブロックのシュール補行列の計算により，消去木の下方に位置するいくつかの行と列が更新される．この更新による修正は何度も行われる．

したがって，並列度と粒度は本質的に消去木が大きく，また浅いほど高くなる．方程式のリナンバリングは，並列化を可能にするための基本的な役割を果たす．一方，この種のリナンバリングは，フィルインを少なくする利点ももつ．つまり，消去木を浅くし，フィルインのリスクを減らすことができる．なぜなら，行と列の消去の過程で，消去木の下方に位置する行と列においてのみフィルインが生じるからである．

消去木の枝を互いに独立にすることのできるリナンバリングのアルゴリズムに基づく並列化の方法は，マルチフロンタル法とよばれる．このような消去木を得るには，行列のグラフあるいはメッシュ上で遠く離れた点の方程式を同時にリナンバリングする

ことが重要であり，それらの点から始めてセパレータを形成する形で前方が合流するようにしてフロンタル法を進める．同様に，並列的に分解する過程では，行と列の消去はグラフの枝が下降するようにフロンタル法を進めていく．

9.5 入れ子分割法（ND 法）

最大の粒度で並列度 2 を得るために，図 9.10 に示すように，消去木において可能な限り少ない幹に可能な限り大きな二つの枝がつながるようにする．

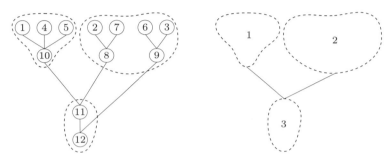

図 9.10 レベル 1 でのバイナリ木

消去木を用いて，分解された行列は，初期行列と同様に，ブロックごとに同じ構造をもつ．

$$\begin{pmatrix} A_{11} & 0 & A_{13} \\ 0 & A_{22} & A_{23} \\ A_{31} & A_{32} & A_{33} \end{pmatrix} = \begin{pmatrix} L_{11} & 0 & 0 \\ 0 & L_{22} & 0 \\ L_{31} & L_{32} & L_{33} \end{pmatrix} \begin{pmatrix} U_{11} & 0 & U_{13} \\ 0 & U_{22} & U_{23} \\ 0 & 0 & U_{33} \end{pmatrix} \quad (9.1)$$

ブロック 3 に関するシューア補行列の計算は，ブロック 1 と 2 が関係する．次式のように，任意に初期の下方の対角ブロックを分解しながら，合計の修正計算のフェーズを分けることができる．

$$A_{33} = A_{33}^{(1)} + A_{33}^{(2)}$$

ブロックによるガウス分解アルゴリズムを応用することにより，次の二つのフェーズが得られる．

はじめの二つの対角ブロックの部分分解のための並列度 2 のフェーズ：

$$\begin{aligned}
A_{11} &= L_{11}U_{11}, & A_{22} &= L_{22}U_{22} \\
L_{31} &= A_{31}U_{11}^{-1}, & L_{32} &= A_{32}U_{22}^{-1} \\
U_{13} &= L_{11}^{-1}A_{13}, & U_{23} &= L_{22}^{-1}A_{23} \\
S_{33}^{(1)} &= A_{33}^{(1)} - L_{31}U_{13}, & S_{33}^{(2)} &= A_{33}^{(2)} - L_{32}U_{23}
\end{aligned} \qquad (9.2)$$

シュール補行列のアセンブリ（組立て）と分解の非並列なフェーズ：

$$S_{33} = S_{33}^{(1)} + S_{33}^{(2)}$$

$$S_{33} = L_{33}U_{33}$$

図 9.10 のように，行列のグラフをセパレータ 3 とつながれている 1 と 2 の二つの部分集合に分割することにより，メッシュとしては対をなすものとなる．これは，図 9.11 に示すように，二つの部分空間でのメッシュによる空間の領域分割に相当し，境界により分けられている．

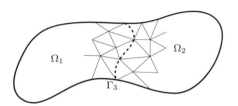

図 9.11 部分領域分割

メッシュのセルの集合を二つの部分集合に分割することは，すなわち頂点により三つのブロックに分けることであり，それらの頂点は一つ目の部分領域の内部の頂点，二つ目の頂点，そして部分領域間の境界に位置してセパレータとなる頂点である．負担を均一化するためには，セパレータが最小になるように注意し，アセンブリとシュール補行列の分解の非並列フェーズでできるだけ計算コストを抑えるようにしながら，部分領域ごとに同じ数の頂点が配分されるようにしなければならない．

メッシュによる分割のアプローチは，行列を形成する段階で自然に並列化が行えるという利点がある．さて，二つの異なるプロセスに，図 9.12 に示すような二つの部分領域に関する異なる部分メッシュを割り当てるとしよう．成分は空間積分により得られ，部分領域内の頂点に関連している基底関数の台が部分領域に含まれていることより，二つのプロセスにより計算される行列は次のようになる．

$$A_1 = \begin{pmatrix} A_{11} & 0 & A_{13} \\ 0 & 0 & 0 \\ A_{31} & 0 & A_{33}^{(1)} \end{pmatrix}, \quad A_2 = \begin{pmatrix} 0 & 0 & 0 \\ 0 & A_{22} & A_{23} \\ 0 & A_{32} & A_{33}^{(2)} \end{pmatrix} \qquad (9.3)$$

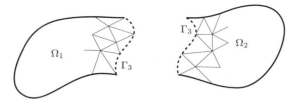

図 9.12 異なる部分領域のメッシュ

ブロック $A_{33}^{(1)}$ と $A_{33}^{(2)}$ は，部分領域ごとに計算される境界の頂点に関する基底関数間と相互関係のある成分を示す．これらの基底関数は，二つの部分領域それぞれに含まれる空でない二つの部分の結合である台をもつ．局所的に結合させることで，次式を満たす分割が可能である．

$$A_{33} = A_{33}^{(1)} + A_{33}^{(2)}$$

式 (9.2) の二つの対角ブロックの分解の並列フェーズが，零の行と列をなくすためにずらしてナンバリングした式 (9.3) の二つの行列 A_1 と A_2 の部分分解に相当することがわかる．すなわち，次のようになる．

$$\begin{pmatrix} A_{11} & A_{13} \\ A_{31} & A_{33}^{(1)} \end{pmatrix} = \begin{pmatrix} L_{11} & 0 \\ L_{31} & I \end{pmatrix} \begin{pmatrix} U_{11} & U_{13} \\ 0 & S_{33}^{(1)} \end{pmatrix}$$

$$\begin{pmatrix} A_{22} & A_{23} \\ A_{32} & A_{33}^{(2)} \end{pmatrix} = \begin{pmatrix} L_{22} & 0 \\ L_{32} & I \end{pmatrix} \begin{pmatrix} U_{22} & U_{23} \\ 0 & S_{33}^{(2)} \end{pmatrix}$$

2^p のオーダーの並列度を得るためには，図 9.13 に示すように繰り返し同じ分割方法を適用できる．この方法は「入れ子分割あるいは ND 法」による分割とよばれる．

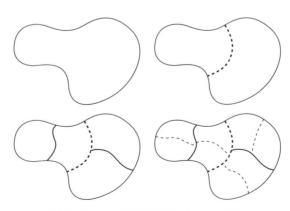

図 9.13 入れ子分割によるメッシュ分割

p 回の ND 法により得られた行列は，式(9.1)とよく似たブロック構造をもち，その二つの対角ブロックはそれ自身 $p-1$ 回の ND 法により得られた行列構造をもつ．図 9.13 の八つの部分領域への分割の場合，図 9.14 のレベル 3 の行列を与える．

図 9.15 に，最初の部分分解後の行列の構造を示す．p 回の 2^p 個のブロック消去で得られた行列の部分分解により，それ自身が図 9.14 のような $p-1$ 回の ND 法により得られた行列構造をもつシュール補行列を得ることができる．より高いレベルのブロックは，領域において 2^p 個の下位の頂点に相当するが，それらは疎である．部分領域のシュール補行列は密行列となるので，最初の部分分解の後にブロックは密になる．

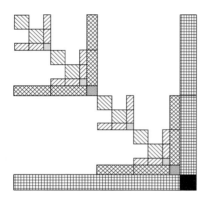
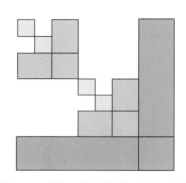

図 9.14 入れ子分割により得られた行列の構造　　**図 9.15** 最初の部分分解後の行列の構造

ブロックに基づく並列化が十分であれば，並列度は p 回の部分分解により 2^p から 1 へ減少する．このことは，ブロックが密になるほど問題となる．すなわち，2 分割される領域が大きくなるに従って，一つのセパレータが大きくなる．したがって，効率をよくするためには下方のブロックの分解を並列化しなければならない．さらに，それらのブロックは変化しやすく，メッシュが規則的でない場合に，異なる部分領域が同じ数の頂点を含んでいても，同じレベルのセパレータが同じ大きさになるという保証はない．したがって，多くのプロセッサを各ブロックに割り当てなければならない．

これらの手法は，非常に複雑なメッセージ通信のプログラミング環境で利用される．分割のレベルが高いほど，よりシンプルになる．2^p 回の各プロセスにより複数個あるうちの一つの部分領域が処理されて，局所的な行列が形成され，境界上のシュール補行列を計算するために部分領域内部の頂点の部分分解が実行される．このことが，図 9.13 が暗示するように，後に複雑になる．

シュール補行列により，下位のセパレータに関する行列の一部分の部分領域が計算される．さらに，異なるプロセッサに関するこれらの行列をサイズにより再分配し，前

章で解説した方法により分解を実行しなければならない．

この複雑さのため，疎行列に対する部分分解の方法で大きな拡張性を得るのは非常に難しい．

注記：疎行列分解の並列ライブラリがいくつかある．その中でとくに便利なのは「Pardiso」であり，これはインテル「MKL」の共有メモリマシンでのマルチスレッド型の並列処理を扱う数学ライブラリで使用できる．「MUMPS」はフランスで開発されたライブラリで，この分野ではよく利用されている．このライブラリは，分散メモリマシンでMPIを用いる計算を対象としているのが特徴である．

9.6 前進・後退代入法

前進・後退代入法による並列処理の解析は，分解のための方法，すなわち同時に行われる消去木の独立な2本の枝での逐次代入と同じ方法である．消去木の下方に位置する方程式の右辺の更新は，同期の並列化を必要とするリダクション演算である．

より正確に見るために，図9.10の2対の消去木を例にとる．関連する線型システムの前進代入

$$\begin{pmatrix} L_{11} & 0 & 0 \\ 0 & L_{22} & 0 \\ L_{31} & L_{32} & L_{33} \end{pmatrix} \begin{pmatrix} y_1 \\ y_2 \\ y_3 \end{pmatrix} = \begin{pmatrix} b_1 \\ b_2 \\ b_3 \end{pmatrix}$$

により，b_3 を二つの局所因子に分割するときに次の演算が必要となる．

- はじめの二つの対角ブロックの前進代入に対する並列度2の並列フェーズと右辺の3番目のブロックに寄与する修正計算

$$L_{11} y_1 = b_1, \qquad L_{22} y_2 = b_2$$
$$b_3^{(1)} = b_3^{(1)} - L_{31} y_1, \quad b_3^{(2)} = b_3^{(2)} - L_{32} y_2$$

- アセンブリの右辺の並列ではないフェーズと3番目の対角ブロックの前進代入，すなわち，

$$b_3 = b_3^{(1)} + b_3^{(2)}$$
$$L_{33} y_3 = b_3$$

ここで，これらの計算は分解フェーズと同じステップであることがわかる．

システムの後退代入に対しては，

$$\begin{pmatrix} U_{11} & 0 & U_{13} \\ 0 & U_{22} & U_{23} \\ 0 & 0 & U_{33} \end{pmatrix} \begin{pmatrix} x_1 \\ x_2 \\ x_3 \end{pmatrix} = \begin{pmatrix} y_1 \\ y_2 \\ y_3 \end{pmatrix}$$

で，前進代入の場合とは順序は逆ではあるが同じことである．

- 3番目の対角ブロックの後退代入の並列ではないフェーズ，すなわち，

$$U_{33} x_3 = y_3$$

- 右辺のはじめの二つのブロックに寄与する修正計算の並列度2の並列フェーズとはじめの二つの対角ブロックの後退代入，すなわち，

$$y_1 = y_1 - U_{13} x_3, \qquad y_2 = y_2 - U_{23} x_3$$
$$U_{11} x_1 = y_1, \qquad\quad U_{22} x_2 = y_2$$

実用上の問題は，関連する演算が単純な前進・後退代入あるいは行列 – ベクトル積であるため，異なるいくつかのフェーズで，対応する分解フェーズの粒度よりかなり粒度が小さくなることである．これらの演算は，メモリにある行列の成分による加算 – 乗算の組の演算しか行えない．したがって，疎行列からなる線型システムの前進・後退代入法の並列化の拡張性は，分解の拡張性より低い．また，密行列の場合よりも拡張性が低く，右辺が複数ある場合に異なる前進・後退代入を同時に実行しなければならない．

演習問題

9.1 ［スカイライン法によるクラウト分解］

(1) 下三角部のプロファイルにある成分のみ1次元の配列に格納できる，次元が n の行列クラウト分解を書け．
  なお，行列の成分を格納する配列上で，各行に対してアドレスを与える `mua` というポインタを用いる．たとえば，`mua(0) = 0` で，プロファイルにある i 行の成分は `mua(i) + 1` から `mua(i+1)` のアドレスに格納される．

(2) 行列のプロファイルが単調である，つまり，`index(i)` を i 行の非零項の最初の列とした場合に `index` は増加するとする．異なるプログラムを考え，ベクトル化を効率よく行える計算コードが得られる行列成分の格納方法を書け．

(3) 同様に，ベクトル化 – 並列化の最適化についても考えて書け．

9.2 ［帯行列（バンド行列）のブロックによる分解解法］
次元が lb の p 個の対角ブロックから構成される三重対角行列 A を考える．

$$A = \begin{pmatrix} A_{11} & A_{12} & 0 & \cdots & \cdots & \cdots & 0 \\ A_{21} & A_{22} & A_{22} & 0 & & & \vdots \\ 0 & A_{32} & \ddots & \ddots & \ddots & & \vdots \\ \vdots & 0 & \ddots & \ddots & \ddots & \ddots & \vdots \\ \vdots & & \ddots & \ddots & \ddots & \ddots & 0 \\ \vdots & & & \ddots & \ddots & \ddots & A_{p-1\,p} \\ 0 & \cdots & \cdots & \cdots & 0 & A_{p\,p-1} & A_{pp} \end{pmatrix}$$

帯の上方の対角ブロック A_{ii+1} は下三角行列の構造で，下方の対角ブロック $A_{i+1\,i}$ は上三角行列の構造である．もとの行列 A は帯行列（バンド行列）とよばれる．

(1) ブロック A_{11} に対して行列 A のガウス分解を適用せよ．その際にブロックによる分解アルゴリズムを考慮せよ．また，このアルゴリズムを使って，ガウス分解が帯構造を維持することを示せ．

(2) lb と p を関数とし，$(+, \star)$ のペア演算の数についてのブロックによる分解アルゴリズムの計算コストを決定せよ．また，1 より大きな非対角のいくつかの成分が零の場合，修正は可能であるか．

(3) アルゴリズムの各段階におけるデータの時間的および空間的局所性を調べよ．また，どの演算が実行可能であるかを決定し，並列処理の粒度について述べよ．

9.3 ［マルチフロンタルコレスキー分解］

次元が $N = N_1 + N_2$ で，次のようにブロックにより分解できる正値対称行列 K を考える．

$$K = \begin{pmatrix} K_{11} & K_{12} \\ K_{21} & K_{22} \end{pmatrix}$$

ここで，$K_{21} = K_{12}^t$ である．

(1) 行列のコレスキー分解 $K = LL^t$ が，次のように定義されることを示せ．

$$L^t = \begin{pmatrix} L_{11}^t & L_{12}^t \\ 0 & L_{22}^t \end{pmatrix}$$

ここで，$L_{11}L_{11}^t = K_{11}$，$L_{12} = L_{11}^{-1} K_{12}$，また，$L_{22}L_{22}^t = K_{22} - K_{21}K_{11}^{-1}K_{12}$ である．$K_{22} - K_{21}K_{11}^{-1}K_{12} = K_{22} - L_{12}^t L_{12}$ であることを示せ．

(2) 行列のグラフは $n \times n$ のノードをもつ格子（1 度の有限要素問題あるいは 2 次元メッシュに対するオーダーが 1 の有限差分問題の場合）であるとする．もし，辞書式順序でノードのナンバリングを行う場合，行列の形式はどのようになるか．コレスキー分解に対する半値幅はどのようになるか．

(3) メッシュ内の $(n-2) \times (n-2)$ 個のノードを辞書式順序でナンバリングし，$4(n-1)$ 個の淵にあるノードを内側にある近傍のより小さな番号が増加するようにナンバリングする．行列の形式はどのようになるか．

(4) (1) で書かれているブロックによる分解と (3) のリナンバリングを使って，行列のコレスキー分解の各段階で必要な演算数を決定せよ．

(5) $n \times n$ の格子を，$n/2$ のオーダーの p を用いて，匹つの $p \times p$ 部分格子に分割する．ブロック K_{11} がそれぞれの部分格子内部のノードに関するブロックであり，K_{22} が四つの部分格子間の境界にある $2n-1$ 個のノードに関するブロックであるとし，ブロックによる方法を用いて，行列の分解に必要な演算数を最小にするような，おのおのの部分格子の最適なリナンバリングを求めよ．また，この方法の計算コストを辞書的順序でリナンバリングする古典的な方法と比較せよ．

(6) 複数の入れ子分割による反復法を用いた分解の原理を説明せよ．なお，得られた行列を記述するために図で示してもよい．

9.4 ［三重対角行列による線型システムの解法］

次元が n の $Ax = y$ の線型システムを考える．ここで，A は三重対角行列である．このシステムの i 番目の方程式は次のように書ける．

$$f_{i-1} \star x_{i-1} + d_i \star x_i + e_i \star x_{i-1} = y_i$$

(1) 行列 A に関するグラフを決定し，A の LU 分解の消去木を構築せよ．さらに，n を関数とする算術演算の分解の計算コストを計算せよ．また，並列演算は可能であるか．

(2) 次に，$n = 2^p - 1$ を考える．「偶数-奇数」の方法はシステムの方程式のリナンバリングに基づく．たとえば，最初のナンバリングにおいて添数が奇数の方程式は，新規のナンバリングにおいて最初にナンバリングされる．リナンバリングされた $\tilde{A}$ のような行列の $\tilde{L}\tilde{U}$ 分解の消去木を構築せよ．また，算術演算の数やデータ量の点から計算コストを割り出すことは可能であるか．並列演算は可能であるか．

(3) 行列 A の最後から $2^p - 1$ 個の未知数についてリナンバリングを繰り返し適用する．$n = 2^p - 1$ に対して，計算コストはどうなるか．この方法で並列処理は可能か．

9.5 ［三重対角行列のマルチセクション分解法］

次元が n の三重対角行列 A を考える．

(1) 行列 A の LU 分解アルゴリズムを書け．次に消去木，行列 L と U の構造，算術演算についての計算コストを決定せよ．また，この分解は並列化が可能であるか述べよ．

(2) $n+1$ が p で割り切れ，$nb = (n+1)/p - 1$ である．未知数を $2p-1$ 個の部分ブロックに逐次的に分割する．奇数の部分ブロックは次元 nb で，偶数の部分ブロックは次元 1 である．次に，次元 nb の奇数の p 個の部分ブロックの未知数をリナンバリングし，続いて次元 1 の偶数の $p-1$ 個の部分ブロックの未知数をリナンバリングする

というようにして，未知数をリナンバリングする．この新しいナンバリングを用いた行列の消去木の形を決定せよ（$p=2$ の場合から始めよ）．

(3) 奇数のランクの未知数の部分ブロックに関する次元が nb の p 個の対角ブロックを並列的に分解できることを導け．また，分解の計算コストを求めよ．

(4) 未知数が p 個のブロックの消去法によるシュール補行列の計算のアルゴリズムを書け．さらに，必要のない演算を避けることに注意して，計算コストを求めよ．また，この計算は，部分的にでも並列化が可能であるか述べよ．

(5) 分解全体の計算コストはどのようであるか．また，このリナンバリングを行うことで追加されるフィルインについても述べよ．

9.6　[ブロックによるサイクリックリダクションによる分解]

第1部

行列のグラフは $n \times n$ のノードをもつ格子とする．グラフのノードを辞書的順序でリナンバリングする．行列 K の下三角部をバンド（帯）として格納する．

(1) 行列のバンドの大きさを計算せよ．
(2) 行列のコレスキー分解の計算に必要な算術演算数を決定せよ．
(3) 線型システム $Kx = b$ を前進・後退代入法で解くために必要な算術演算数を決定せよ．

第2部

引き続き $n \times n$ の正方格子の場合を考える．この格子を同じサイズ (n/p) の p 個のバンドに分解する．つねに n は p より大きいとする．パケットによりグラフのノードをナンバリングし，はじめのパケットは最初のバンドの内部のノードに相当する．2番目のパケットは最初の二つのバンドの境界にあるノードに相当し，3番目のパケットは2番目のバンドの内部にあるノードに相当し，その後も同じように続く．

(4) 行列 K が，ブロックにより三重対角行列の構造をとることを示せ．

$$K = \begin{pmatrix} K_{11} & K_{12} & 0 & 0 & \dots \\ K_{21} & K_{22} & K_{23} & 0 & \dots \\ 0 & K_{32} & K_{33} & K_{34} & \dots \\ 0 & 0 & K_{43} & K_{44} & \dots \\ \vdots & \vdots & \vdots & \vdots & \ddots \end{pmatrix}$$

ここで，$K_{ij} = K_{ji}^t$ である．

(5) システム $Kx = b$ において，バンド内ノードのパケットに関する未知数 $x_1, x_3, x_5, \dots$ を消去でき，境界上の未知数 $x_2, x_4, x_6, \dots$ のみに影響を及ぼすシステムを得られることを示せ．

(6) コンパクトにまとめられた（凝集された）システムも，ブロックにより三重対角行列の構造をもつことを示せ．また，凝集されたシステムの行列ブロックの次元と値を決定せよ．

(7) K_{11}, K_{33}, K_{55} のようなバンド内ノードに関する対角ブロックに対し，最適な辞書的順序によりナンバリングし，この凝集に必要な算術演算数を求めよ．

ここまで，p のオーダーのシステムについて $2p-1$ のオーダーのブロックによる三重対角行列のシステムのリダクションを見てきた．

(8) オーダーが $p/2$ である新たなブロックによる三重対角システムを得るために，同じ方法を適用できることを示せ．
(9) このシステムを凝集するために必要な算術演算の数を決定せよ．
(10) 次元 n の密な線型システムを得るまで，このリダクション方法を適用できることを示せ．また，算術演算数，および必要なメモリについて，このブロックによるサイクリックリダクションによる分解の全体の計算コストを決定せよ．さらに，設問 (1) と (2) で扱った古典的な方法と比較せよ．
(11) $p=8$ の場合の処理手順を詳細に説明し，図を用いて連続する演算の流れを示せ．
(12) サイクリックリダクションにより分解されるシステムの前進・後退代入法のアルゴリズムを記述し，その算術演算数についての計算コストを求めよ．さらに，設問 (3) で扱った古典的な方法と比較せよ．

第 3 部

この部では，$p=8$ の場合の並列化について考える．

(13) p 個のプロセッサをもつ分散メモリマシンでのサイクリックリダクションによる分解アルゴリズムの並列化を調べ，次に，関係する前進・後退代入による解法アルゴリズムについて調べよ．
(14) プロセッサに異なるいくつかのタスクを割り当てることと，計算の各段階で，プロセッサ間で行われるデータ転送について詳しく述べよ．
(15) 通信コストがないとする．n と p の関数として，並列処理の加速率を決定せよ．

9.7 ［複合システム］

次の複合システムを考える．

$$\begin{pmatrix} A & B \\ B^t & 0 \end{pmatrix} \begin{pmatrix} x \\ y \end{pmatrix} = \begin{pmatrix} b \\ 0 \end{pmatrix}$$

(1) 正則行列 A を考える．適当なブロックによる分解を使って，行列 $B^t A^{-1} B$ が逆行列をもつ場合，完全な複合行列が正則行列であることを示せ．
(2) 行列 A が正値対称行列であるとする．行列 $B^t A^{-1} B$ が正値対称行列であることを示せ．また，$B^t A^{-1} B$ の核が B の核と等しく，$B^t A^{-1} B$ の像が B の像と等しいことを示せ．

9.8 ［クラウト分解による直交化］

$1 \leqslant j \leqslant p$, $p \leqslant n$ のとき，次元 n の p 個のベクトル v_j のグループを用意し，それに直

交するグループを生成する．V が n 行 p 列の行列で，j 番目の列はベクトル v_j に等しい．また，$N = V^t V$ で N が次元 p の正方行列とする．

(1) N が正値対称行列であり，ベクトル v_j が線型独立であることを示せ．

(2) N が正値対称行列とする．そのクラウト分解は $N = LDL^t$ と書ける．V と L から $\mathrm{Vect}\{v_1, v_2, \cdots, v_p\}$ を生成することにより，直交ベクトルのグループを計算により求めよ（グラム – シュミットの直交化アルゴリズムは用いない）．

(3) ベクトル v_j のグループのランクが $r < p$ である場合，N の行と列を同時に置換することによって，次元 r の正値対称行列 N の主対角部分ブロックを構築できることを示せ．

(4) 対称なピボット選択（つまり，行列の対称性を確保しながら行と列の同時に置換すること）を用いて，N のクラウト分解より生成された直交グループの計算法を導け．

(5) この方法とグラム – シュミットの直交化法の計算コストを比較せよ．また，この方法の分散メモリマシンでの並列性を調べよ．

さらに理解するために

ここでは，読者にとって，よりよく学ぶうえで興味深い参考文献の内容を紹介し，解説する．

科学技術計算に関する文献

[28] R. Dautray and J.L. Lions. *Analyse Mathématique et Calcul Numérique pour les Sciences et Techniques.* Volume 1–9. Masson, 1984–1988.

この参考書籍は9巻のコレクションで，最初の6巻は英語に翻訳されている．科学技術計算の分野に携わる読者にとっては無視できない有益な文献となるであろう．また，多くのテーマを包括している複数の文献から構成されている．異なる研究者がそれぞれの文献執筆を担当している．

[5] J. Bastien and J.-N. Martin. *Introduction à l'Analyse Numérique : Applications sous Matlab.* Dunod, 2003.

この参考書籍は，Matlab を使った応用例を用いて数値解析の基本概念を解説している．また，演算や誤差の概念を導入解説している．非線型方程式や微分方程式の解法とともに，多項式補間の技術や積分，微分が続いて解説されている．応用例として，純粋な数学から技術者が直面しがちな実用上の問題まで網羅されている．

[27] I. Danaila, F. Hecht and O. Pironneau. *Simulation Numérique en C++.* Dunod, 2003.

この参考書籍は，差分方程式でモデル化される問題の数値シミュレーションの先端技術を紹介している．1次元から3次元までの問題を扱っている．数値計算のイントロダクションの後，アルゴリズムと先端技術，とくに有限要素法と積分法について解説している．自動メッシュ生成や反復法，ユーザーインターフェイスの可視化の実装やC++によるプログラミングが紹介されている．C++による偏微分方程式へ適用するクラスや三角形分割，一般関数が最後に紹介されている．

[56] B. Mohammadi and J.-H. Saiac. *Pratique de la Simulation Numérique.* Collection Technique et Ingénierie. Dunod, 2003.

この参考書籍は，スキームの選び方や適合メッシュの構築など，数値計算を実際に行ううえで有用な本である．そのため，高度な数学の知識を必要としないが，読者はこの本を読むことで一般的な素養を養うことができる．第1部は，数値計算の基礎と偏微分方程式，変分法のイントロダクションを，豊富な応用例とともに解説している．第2部では，複雑なシステムのモデリングやシミュレーションの最適化手法を取り扱っている．

行列を用いた数値解析に関する文献

[7] R. Bellman. *Introduction to Matrix Analysis*, 2nd edition. SIAM, 1997.

　この参考書籍は行列解析についての本であり，1970年に発行された本を再編集したものである．行列演算や行列理論，行列関数等に関する有益な教科書である．様々な難易度の演習や多くの参考文献，またオリジナルな内容も掲載されている．最大・最小の基礎知識が解説され，その後にベクトルや行列，対角化，行列のリダクションが解説されている．続いて，行列関数や不等式，巡回行列やマルコフ行列などが詳細に解説されている．

[3] G. Allaire and S.M. Kaber. *Introduction à Scilab — Exercices Pratiques Corrigés d'Algèbre Linéaire*. Mathématiques à l'Université (ex 2e cycle). Ellipses, 2002.

　Scilabは，1990年よりフランス国立情報学自動制御研究所 (INRIA: Institut National de Recherche en Informatique et en Automatique) で開発されている数値シミュレーションのソフトウェアである．このソフトウェアはWebサイト (http://www.scilab.org/) でダウンロードができる．Scilabは簡単に使えるソフトウェアで，とくに，数値計算を簡単に体験でき，教育現場でも有益である．Scilabは100種類以上もの関数をもち，CやC++，Fortranなどの多くのプログラミング言語から最新のプログラミング言語までの言語と相互的に使うこともできる．この書籍は，線型代数を例に挙げて簡潔に教育的にScilabを解説している．変数，定数，基本演算，そしてシーケンス命令のような条件命令の基礎知識を紹介している．その次に，入出力，ファイル，関数，反復，グラフィック表現を解説している．最後に，線型代数のScilabのライブラリについて詳しく述べている．Scilabを用いた豊富な演習と解答が記載されている．

[2] G. Allaire and S.M. Kaber. *Algèbre Linéaire Numérique. Cours et Exercices*. Mathématiques à l'Université (ex 2e cycle). Ellipses, 2002.

　この参考書籍は，数値線型代数，すなわち，線型代数の問題のコンピュータを用いた解法の理論と実践的なアルゴリズムについて解説している．Scilabを用いた数値計算ソフトウェアを用いることで，豊富な演習により線型代数の実験的なアプローチが示されている．線型代数の概説の後に，線型システムが紹介され，そのシステムの数値解法が示されている．線型システムの直接法，続いて反復法が紹介されている．行列の固有値や固有ベクトルも詳細に解説している．

直接法に関する文献

[57] MUMPS Team. *MUMPS: a MUltifrontal Massively Parallel sparse direct Solver*. CEC ESPRIT IV long term research project – No. 20160 (PARASOL), 2005.

　この本は，マルチフロンタル型ソルバー環境のために書かれたものである．重要な内容が書かれているが，中でも，成分が実数あるいは複素数である正値対称行列，非対称行列，一般行列を用いた大規模線型システムの解法は注目すべきである．一つあるいは複数のプロセッサを用いた線型システムの分解についても書かれている．前処理手法では，部分分解やシュール補行列の行列が必要となる．科学技術計算コードで使えるように，複数の行列形式，とく

に複合行列や基本行列が用いられている．この本のソースコードは Fortran 90 で書かれており，プロセッサ間の通信は MPI のライブラリに基づいている．ソースコードは，ライブラリ BLAS や BLACS, Scalapack を用いて最適化されている．

グラフ分割に関する文献

[42] G. Karypis et al.. *METIS: Serial Graph Partitioning and Fill-reducing Matrix Ordering*, University of Minnesota, since 1995.

METIS は米国ミネソタ大学の George Karypis の研究室で開発されたものである．METIS はプログラムを集めたものであり，これを用いることで非構造グラフの分割と分解で生じるフィルインを少なくするための行列の方程式のリナンバリングを行うことができる．分割は制約条件を満たすように実行され，オブジェクトを最適化する．制約条件が広範囲に影響を及ぼすほど，同じサイズの部分領域が生成されやすい．一方で，オブジェクトによりグラフ上で分割される辺の数は最小化される．METIS のアルゴリズムは，多階層グラフの分割アルゴリズムを基本とする．

[75] C. Walshaw. *JOSTLE: graph partitioning software*, The University of Greenwich, 1995–2006.

JOSTLE は英国のグリニッジ大学の Chris Walshaw によって開発されたものである．JOSTLE は有限要素や有限体積のメッシュのような非構造メッシュの分割を行うことのできるソフトウェアである．このソフトウェアの特長は，質の高い多階層分割ができることである．もともとは無料ソフトウェアであったが，2006 年からは NewWorks というところから商品として販売されている．

[51] F. Magoulès (editor). *Mesh Partitioning and Domain Decomposition Methods*, Saxe-Coburg Publications, 2007.

メッシュ分割法は，大規模問題の並列解法に有効な領域分割の数値解法の収束に強く影響を与える．この参考書籍は 13 章からなり，メッシュ分割法や領域分割を紹介している．各章では最新の精度の高いアルゴリズムが示されている．重要な参考文献は章末で紹介されている．基本的な知識として，グラフ分割の多段法，多重制約法や多重オブジェクト法，グラフ分割の可視化，シュール法，部分構造法，FETI 法，FETI-DP 法，FETI-H 法，加法シュワルツ法アルゴリズム，乗法シュワルツ法アルゴリズム，エイトケン‐シュワルツ法，シュワルツ最適化法，接合要素法（モルター），代数的多階層前処理法を取り扱っている．これらの方法は，流体力学や音響工学，構造工学で応用されている．

[62] C. Chevalier and F. Pellegrini. *SCOTCH : Logiciels et bibliothèques séquentiels et parallèles pour le partitionnement de graphes, le placement statique, et la renumérotation par blocs de matrices creuses, et le partitionnement séquentiel de maillages et d'hypergraphes*. LABRI et INRIA Bordeaux Sud-Ouest, 2008.

SCOTCH とその並列化バージョンである PT-SCOTCH は，グラフの分割と疎行列のリナンバリングのためにボルドーで開発されたライブラリである．無料のライセンスで使用す

ることができ，処理速度や結果のクオリティの点から見て高い性能をもつ．

[8] C.-E. Bichot and P. Siarry, *Partitionnement de graphe : optimisation et applications*. Série Informatique et systèmes d'information, IC2. Hermes Science, 2010.

　グラフ分割の最適化は，並列計算や分散計算への応用とかかわりの深い理論的な問題である．この場合，分解するグラフは 1000 から 100 万個に及ぶ頂点からなるサイズである．この参考書籍では，グラフ分割の問題を解くための方法やツールが紹介されている．複数の章から構成され，多段階法やメタヒューリスティクス，並列処置やハイパーグラフの分割などの様々なグラフ分解の最適化に関するアプローチが詳しく解説されている．線型システムの解法や画像のセグメンテーション，航空網，ソーシャルネットワークなどの多岐の応用が解説されている．

第 IV 部
反復法による解法

第10章 クリロフ空間の総論

本章では，次元が n の線型システムを反復法で解く解法を解説する．

$$Ax = b \tag{10.1}$$

ここで，A は正則な正方行列で，クリロフ (Krylov) 空間とよばれる特別な空間での射影を用いる．クリロフ空間は，行列 - ベクトル積のタイプの簡単な演算によって，式(10.1)の線型システムの近似解を得るために，アフィン部分空間のスカラー積あるいはベクトルの線型結合を生成できる．これから解説する方法は，実数あるいは複素数行列に適用できるが，簡単のために基本的に実数の場合を扱う．複素数の場合に適用することもそれほど難しくはない．

10.1 クリロフ空間

x_0 が式(10.1)を解くための初期の値であるとき，x_0 に関する残差ベクトルは $g_0 = Ax_0 b$ である．

定義 10.1 p のオーダーのクリロフ空間を $\mathcal{K}_p$ とし，g_0 により生成されるベクトル空間と，それら $p-1$ 個の A の反復による積は次のようになる．

$$\mathcal{K}_p = \text{Vect}\{g_0, Ag_0, A^2 g_0, \cdots, A^{p-1} g_0\}$$

最終的に，クリロフ空間は交差する部分空間のグループを生成する．$p_{\max}$ は与えられた x_0 に対するクリロフ空間の最大次元とする．

補題 10.1 $A^p g_0 \in \mathcal{K}_p$ の場合，$q > 0$ に対して $A^{p+q} g_0 \in \mathcal{K}_p$ である．

証明 証明は帰納的に行うことができる．$q \gg 0$ に対して $A^p g_0, A^{p+1} g_0, \cdots, A^{p+q} g_0 \in \mathcal{K}_p$ の場合，

$$A^{p+q} g_0 = \sum_{k=0}^{p-1} \alpha_k A^k g_0$$

であるので，次のようになる．

$$\begin{aligned}
A^{p+q+1}g_0 &= \sum_{k=0}^{p-2}\alpha_k A^{k+1}g_0 + \alpha_{p-1}A^p g_0 \\
&= \sum_{k=0}^{p-2}\alpha_k A^{k+1}g_0 + \alpha_{p-1}\sum_{k=0}^{p-1}\beta_k A^k g_0 \\
&= \sum_{k=0}^{p-1}\gamma_k A^k g_0 \qquad \square
\end{aligned}$$

補題 10.2 クリロフ空間 $\mathcal{K}_p$ の列は 1 から $p_{\max}$ までは単調増加し，$p = p_{\max}$ 以降は増加しない．

証明 序列が前の複数のベクトルに対して独立であり，$A^p g_0$ に対して p が最小な場合，ベクトル $(g_0, Ag_0, A^2 g_0, \cdots, A^{p-1}g_0)$ は線型独立であり，$q \ll p$ に対して，$\mathcal{K}_q$ は次元が q である．なお，$\mathcal{K}_p$ は次元が p である．

さらに，$A^p g_0 \in \mathcal{K}_p$ と補題 10.1 によれば，すべてのベクトル $A^{p+q}g_0$ は，$q > 0$ に対して $\mathcal{K}_p$ に属し，$q > 0$ に対して $\mathcal{K}_p = \mathcal{K}_{p+q}$ である．したがって，$q > 0$ に対して $\mathcal{K}_1 \subsetneq \cdots \subsetneq \mathcal{K}_p = \mathcal{K}_{p+q}$ となる．

さらに，$p_{\max}$ の定義より，$p = p_{\max}$ となる． $\square$

このことから，次の基本定理が導かれる．

定理 10.3 線型システム $Ax = b$ は，アフィン空間 $x_0 + \mathcal{K}_{p_{\max}}$ に属する．

証明 補題 10.1，10.2 より，ベクトル
$$(g_0, Ag_0, A^2 g_0, \cdots, A^{p_{\max}-1}g_0)$$
は線型独立，すなわち，
$$A^{p_{\max}}g_0 = \sum_{k=0}^{p_{\max}-1}\alpha_k A^k g_0 \qquad (10.2)$$
である．式(10.2)において，成分 α_0 は零ではなく，その式の二つの項と A^{-1} の積より次式を得る．
$$A^{p_{\max}-1}g_0 = \sum_{k=1}^{p_{\max}-1}\alpha_k A^{k-1}g_0$$
ただし，ベクトルの独立性を与えることはできない．式(10.2)の二つの項を α_0 によって分け，また，左辺を右辺へ移項して，次式を得る．

$$g_0 + \sum_{k=1}^{p_{\max}-1} \frac{\alpha_k}{\alpha_0} A^k g_0 - \frac{1}{\alpha_0} A^{p_{\max}} g_0 = 0 \Leftrightarrow$$

$$Ax_0 - b + \sum_{k=1}^{p_{\max}-1} \frac{\alpha_k}{\alpha_0} A^k g_0 - \frac{1}{\alpha_0} A^{p_{\max}} g_0 = 0 \Leftrightarrow$$

$$A\left(x_0 + \sum_{k=1}^{p_{\max}-1} \frac{\alpha_k}{\alpha_0} A^{k-1} g_0 - \frac{1}{\alpha_0} A^{p_{\max}-1} g_0\right) = b \qquad \square$$

注記:上記の関係は,互いに $x \in x_0 + \mathcal{K}_p$ でベクトル $(g_0, Ag_0, A^2 g_0, \cdots, A^p g_0)$ が線型独立であることを示す.補題 10.2 より,このことは一連の空間 $\mathcal{K}_p$ がよどみ点をもち,$\mathcal{K}_p = \mathcal{K}_{p_{\max}}$ であることを意味する.

10.2 アーノルディ基底の構築

実装する場合は,クリロフ空間が基底を決定する.標準基底[†1] $(g_0, Ag_0, A^2 g_0, \cdots, A^{p-1} g_0)$ は数値的な問題でいかなる場合も使えない.行列 A が対角化可能である場合,m 個の固有ベクトル $\lambda_1, \cdots, \lambda_m$ を用いて,次のようになる.

$$g_0 = \sum_{i=1}^m \alpha_i v_i \quad \text{かつ} \quad A^p g_0 = \sum_{i=1}^m \alpha_i \lambda_i^p v_i$$

$\lambda_{\max}$ が最大の固有値である場合,一連の $A^p g_0$ は $\alpha_{\max} \lambda_{\max}^p v_{\max}$ のように機能する.数値的には,要素 $(\alpha_{\max}/\alpha_i)(\lambda_{\max}/\lambda_i)^p$ が 10^r のオーダーを超えると,$\alpha_i \lambda_i^p v_i$ の項が完全に消える.ここで,r は実数表示の有効数字である.実際に,このことはすぐに生じる.固有ベクトルのうち 10 個のベクトルに対し,古典的表示で 64 bits の実数を表現するためには,16 回反復すればよい.ベクトル $A^p g_0$ はただちに数値的に共線[†2] となる.ジョルダンの形式を用いれば,どのような行列に対しても同じような現象が起こることを容易に示すことができる.一方,固有値のノルムが 1 より小さいか大きいかによって,$\alpha_i \lambda_i^p v_i$ の項が非常に小さく,あるいは非常に大きくなるかが左右される.

このクリロフ空間の標準基底の数値的変性を避けるための解決策は,直交化のプロセスにある.アーノルディ (Arnoldi) 基底は,ユークリッドスカラー積に対して,修正グラム-シュミットの直交化法を行列の一連の積によって得られたベクトルに適用することで構築される.修正グラム-シュミット法は次のように書ける.

[†1] 自然基底ともいう.
[†2] 同一直線上にあること.

10.2 アーノルディ基底の構築

アーノルディ基底の設定：

$g_0 = Ax_0 - b$
$v_1 = (1/\|g_0\|) g_0$

アーノルディ基底の $j+1$ 番目のベクトルの生成：

```
w = Av_j
for i = 1 to j
    α_i = (w, v_i)
    w = w - α_i v_i
end for
v_{j+1} = (1/‖w‖) w
```

h_{ij} が v_i に対する Av_j の直交化の成分で，h_{j+1j} が v_i に対する Av_j の直交化により得られるベクトル w のノルムであることに注意して，アーノルディ基底を構築する式は次のように書ける．

$$Av_j = \sum_{i=1}^{j+1} h_{ij} v_i \tag{10.3}$$

V_p が n 行 p 列の矩形行列で，列はアーノルディ基底のはじめの p 個のベクトルであるならば，ベクトルの正規直交化は行列を使って次のように書ける．

$$V_p^t V_p = I_p \tag{10.4}$$

同様に，式(10.3)により，アーノルディベクトルは次のように書ける．

$$AV_p = V_{p+1} H_{p+1p} \tag{10.5}$$

ここで，行列 H_{p+1p} は $p+1$ 個の行と p 個の列からなる行列で，その h_{ij} の成分は $i \leq j+1$ の場合の式(10.3)の正規直交化の成分である．その他の成分は零になる．

$$H_{p+1p} = \begin{pmatrix} h_{11} & h_{12} & \cdots & \cdots & h_{1j} & \cdots & h_{1p} \\ h_{21} & h_{22} & \cdots & \cdots & h_{2j} & \cdots & h_{2p} \\ 0 & h_{32} & \cdots & \cdots & h_{3j} & \cdots & h_{3p} \\ \vdots & \ddots & \ddots & & \vdots & & \vdots \\ \vdots & & \ddots & \ddots & \vdots & & \vdots \\ \vdots & & & \ddots & h_{j+1j} & \cdots & h_{j+1p} \\ \vdots & & & & & \ddots & \vdots \\ 0 & \cdots & \cdots & \cdots & \cdots & 0 & h_{p+1p} \end{pmatrix} \tag{10.6}$$

行列 H_{p+1p} の主対角ブロックは次元が p の正方行列であり，行列 H_p は，式(10.4)，(10.5)より，次のようになる．

$$H_p = V_p^t A V_p = \begin{pmatrix} h_{11} & h_{12} & \cdots & \cdots & \cdots & h_{1p} \\ h_{21} & h_{22} & \cdots & \cdots & \cdots & h_{2p} \\ 0 & h_{32} & \cdots & \cdots & \cdots & h_{3p} \\ \vdots & \ddots & \ddots & \cdots & \cdots & \vdots \\ \vdots & & \ddots & \ddots & & \vdots \\ 0 & \cdots & \cdots & 0 & h_{pp-1} & h_{pp} \end{pmatrix} \tag{10.7}$$

定義 10.2 1番目の下方の対角にある部分以外の下三角部が零であるような行列を，「上ヘッセンベルグ (Hessenberg) 型」という．

式(10.7)は，行列 H_p がアーノルディ基底において，クリロフ空間 $\mathcal{K}_p$ での行列 A に線型的に作用する射影行列であることを示す．

第11章 対称正値行列のための完全正規直交化法

　本章では，対称正値行列のための完全正規直交化を用いたクリロフ法を紹介する．このような行列に対して，アーノルディ基底を生成することで簡単な（短い）漸化式となり，ランチョス (Lanczos) 基底を生成するアルゴリズムを構築できる．ランチョス法について述べていくが，ランチョス法では簡単な漸化式で問題を解くことはできない．共役勾配法では，共役基底の生成を用いて簡単な漸化式で最適に問題を解くことができ，また，計算の収束判定が容易な勾配法により比較できる．本章の終わりでは，対称正値行列のための前処理法の原理について紹介し，その次に前処理付き勾配法について解説する．

11.1 対称行列のためのランチョス基底の構築

　行列 A が対称行列であるという特殊な場合，式(10.7)より行列 H_p も対称行列である．この行列が上ヘッセンベルグ型であるので，対称な三重対角行列であることが導かれる．$i < j-1$ の場合，成分 h_{ij} が零であり，また，成分 h_{i-1j} がその前に処理された h_{jj-1} と等しいので，アーノルディ基底を構築するアルゴリズムは大幅にシンプルになる．クリロフ空間の正規直交基底を構築するアルゴリズムは，ランチョス法（ランチョスアルゴリズム）という．

ランチョス基底の初期化：

$g_0 = Ax_0 - b$
$v_1 = (1/\|g_0\|)\, g_0$

ランチョス基底の $j+1$ 番目のベクトルの生成：

$w = Av_j$
$h_{j-1j} = h_{jj-1}$
$w = w - h_{j-1j}v_{j-1}$
$h_{jj} = (w, v_j)$
$w = w - h_{jj}v_j$
$h_{j+1j} = \|w\|$

$$v_{j+1} = (1/h_{j+1\,j})\,w$$

ランチョス法は，簡単な漸化式でクリロフ空間の正規直交基底を生成できるという注目すべき特長をもつ．v_{j+1} を計算するためにベクトル v_{j-1} と v_j を準備するだけでよく，計算コストは反復番号と独立である．

11.2　ランチョス法

反復 p のクリロフ空間 $\mathcal{K}_p$ において基底 V_p が一度決まれば，アフィン空間 $x_0 + \mathcal{K}_p$ のシステム (10.1) の x_p の解法を決定するのみである．なぜなら，V_p は $\mathcal{K}_p$ の基底であり，V_p は次元 p のベクトルで次のような関係にあるからである．

$$x_p = x_0 + V_p z_p \tag{11.1}$$

誤差ベクトルと残差ベクトルは次式のようになる．

$$e_p = x_p - x = x_0 - x + V_p z_p = e_0 + V_p z_p \tag{11.2}$$

$$g_p = A x_p - b = A e_p = A e_0 + A V_p z_p = g_0 + A V_p z_p \tag{11.3}$$

クリロフ法は，一方ではクリロフ空間の基底の生成アルゴリズムによって与えられ，他方では x_p の解法を決定するための選択される最適性基準によって与えられる．本質的には，用いられるノルムに対して誤差と残差を最小にすることが理想である．

行列 A が対称行列である場合，ランチョス法を選択することで行列 A に関するスカラー積の誤差のノルムを最小にすることができ，このことは誤差ベクトルと残差ベクトルのスカラー積を最小にすることに帰着する．したがって，次の二つの量を同時にコントロールすることになる．

$$\mathcal{E}(x_p) = \|x_p - x\|_A^2 = \big(A(x_p - x), (x_p - x)\big) = (g_p, e_p) \tag{11.4}$$

この解法は非常に興味深い性質をもつ．

定理 11.1　ランチョス法の x_p の解法は，A に関するスカラー積に対する $x_0 + \mathcal{K}_p$ における x の射影である．

証明　式 (11.4) によれば，x_p は $x_0 + \mathcal{K}_p$ の要素であり，そこでは A に関するスカラー積に対して x との距離が最小である．　□

系 11.2　ランチョス法の残差ベクトル $g_p = Ax_p - b$ は $\mathcal{K}_p$ に対して直交である.

証明　アフィン空間における射影の性質として, 次の関係が挙げられる.

$$\bigl(A(x_p - x), w_p\bigr) = 0, \quad \forall w_p \in \mathcal{K}_p \qquad \square$$

さて, 実際の x_p の計算を示してみる. 式(11.2), (11.3)より,

$$\begin{aligned}
\mathcal{E}(x_p) &= \bigl(A(e_0 + V_p z_p), (e_0 + V_p z_p)\bigr) \\
&= (AV_p z_p, V_p z_p) + 2(g_0, V_p z_p) + (g_0, e_0)
\end{aligned} \qquad (11.5)$$

となる. したがって, $\mathcal{E}(x_p)$ を最小にするためには, 式(11.5)において z_p に依存する数を最小にすればよい. つまり, 次のように書ける.

$$\begin{aligned}
(AV_p z_p, V_p z_p) + 2(g_0, V_p z_p) &= (V_p^t AV_p z_p, z_p) + 2(V_p^t g_0, z_p) \\
&= 2\left(\frac{1}{2}(V_p^t AV_p z_p, z_p) + (V_p^t g_0, z_p)\right)
\end{aligned} \qquad (11.6)$$

最終的に, 問題は次に示すようにその数を最小にすることに帰着する.

$$\begin{aligned}
\mathcal{J}_p(z_p) &= \frac{1}{2}(V_p^t AV_p z_p, z_p) + (V_p^t g_0, z_p) \\
&= \frac{1}{2}(T_p z_p, z_p) - (y_p, z_p)
\end{aligned} \qquad (11.7)$$

ここで, $T_p = H_p$ はランチョス基底 V_p を用いて正規直交化した成分の対称な三重対角行列であり, y_p は次元が p で i 番目の成分がスカラー積 (v_i, g_0) に等しいベクトルである.

この問題は, 一意的な解が存在するという結果を求める古典的な有限次元の最小化問題に帰着する.

補題 11.3　A が正値対称行列である場合, 2次関数

$$\mathcal{J}(x) = \frac{1}{2}(Ax, x) - (b, x)$$

は凸関数である.

証明　$\alpha x + (1-\alpha)y$ における2次関数は,

$$\begin{aligned}
\mathcal{J}\bigl(\alpha x + (1-\alpha)y\bigr) &= \frac{1}{2}\alpha^2(Ax, x) + \alpha(1-\alpha)(Ax, y) \\
&\quad + \frac{1}{2}(1-\alpha)^2(Ay, y) - \alpha(b, x) - (1-\alpha)(b, y)
\end{aligned}$$

$$= \alpha \mathcal{J}(x) + (1-\alpha)\mathcal{J}(y)$$
$$+ \frac{1}{2}\{(\alpha^2 - \alpha)(Ax,x) + 2\alpha(1-\alpha)(Ax,y)$$
$$+ [(1-\alpha)^2 - (1-\alpha)](Ay,y)\}$$
$$= \alpha \mathcal{J}(x) + (1-\alpha)\mathcal{J}(y)$$
$$+ \frac{1}{2}\alpha(\alpha-1)\big[(Ax,x) - 2(Ax,y) + (Ay,y)\big]$$

A は正値なので,$x \neq y$ の場合,
$$(Ax,x) - 2(Ax,y) + (Ay,y) = \big(A(x-y),(x-y)\big) > 0$$
となる.$\alpha \in]0,1[$ の場合,$\alpha(\alpha-1) < 0$ なので,次のようになる.
$$\frac{1}{2}\alpha(\alpha-1)\big[(Ax,x) - 2(Ax,y) + (Ay,y)\big] < 0 \qquad \square$$

定理 11.4 関数
$$\mathcal{J}(x) = \frac{1}{2}(Ax,x) - (b,x)$$
は,$Ax = b$ を満たす x において絶対最小である.

証明 $\|x\| \to +\infty$ のとき $\mathcal{J} \to +\infty$ なので,$\mathcal{J}$ は凸関数で下限がある.微分可能であり,
$$\big(D\mathcal{J}(x),y\big) = (Ax,y) - (b,y) = \big((Ax - b),y\big) \tag{11.8}$$
である.したがって,この関数は微分した値が 0 となる一意的に絶対最小値をもつ.つまり,$(Ax - b)$ が 0 になる. $\square$

注記:式(11.8)は,x における $\mathcal{J}$ の勾配が次のようになることを示す.
$$\nabla \mathcal{J}(x) = Ax - b \tag{11.9}$$

このことはベクトル $Ax_p - b$ に対する g_0 が線型システム(10.1)の行列に関する $\mathcal{J}$ の勾配であることを示し,この後で勾配ベクトルとよばれるものである.

系 11.5 式(11.5)で定義される $\mathcal{E}(x_p)$ の値は $x_p = x_0 + V_p z_p$ において最小となり,z_p は次のシステムの解である.
$$T_p z_p = y_p \tag{11.10}$$

証明 定理 11.4 と式 (11.6), (11.7) より,行列 T_p が正値であることを示せば十分で,これは,A も正値で V_p の列がベクトルのグループを形成することからただちに導かれる.つまり,次のようになる.

$$(T_p z_p, z_p) = (A V_p z_p, V_p z_p) \geqslant \alpha \|V_p z_p\|^2 \geqslant \alpha\beta \|z_p\|^2 \qquad \Box$$

行列 V_p は,正値で対称な三重対角行列であるので,非常に簡単に分解できる.とくに,$T_p = L_p D_p L_p^t$ の形式のクラウト分解を行うことができる.ここで,L_p は対角成分が 1 の二重下三角行列である.さらに,T_{p-1} は T_p の主対角ブロックなので,T_p の分解は T_{p-1} からただちに計算できる.

$$T_p = \begin{pmatrix} & T_{p-1} & & \begin{pmatrix} 0 \\ \vdots \\ 0 \\ t_{p-1\,p} \end{pmatrix} \\ \begin{pmatrix} 0 & \cdots & 0 & t_{p\,p-1} \end{pmatrix} & & t_{pp} \end{pmatrix}$$

$$= \begin{pmatrix} & L_{p-1} & & \begin{pmatrix} 0 \\ \vdots \\ 0 \\ 0 \end{pmatrix} \\ \begin{pmatrix} 0 & \cdots & 0 & l_{p\,p-1} \end{pmatrix} & & 1 \end{pmatrix} \begin{pmatrix} & D_{p-1} L_{p-1}^t & & \begin{pmatrix} 0 \\ \vdots \\ 0 \\ u_{p-1\,p} \end{pmatrix} \\ \begin{pmatrix} 0 & \cdots & 0 & 0 \end{pmatrix} & & d_p \end{pmatrix}$$

一致性より,$u_{p-1\,p} = t_{p-1\,p}$,$l_{p\,p-1} = t_{p\,p-1}/d_{p-1}$,$d_p = t_{pp} - l_{p\,p-1} u_{p-1\,p}$ である.同様に,ベクトル y_p の更新のときは,最後の構成要素 $y_p(p) = -(v_p, g_0)$ のみが必要で,$p-1$ 番まではベクトル y_{p-1} の構成要素と同じである.

最終的に,ランチョス法の p 回の反復によりベクトル y_p の最後の構成要素を決定することができ,新たなベクトル v_{p+1} を計算でき,そして次のアルゴリズムにより,T_{p-1} の分解から T_p のクラウト分解を行うことができる.

$$y_p(p) = -(v_p, g_0)$$
$$w = A v_p$$
$$w = w - t_{p\,p-1} v_{p-1}$$
$$t_{pp} = (w, v_p)$$
$$w = w - t_{pp} v_p$$
$$t_{p+1\,p} = \|w\|$$
$$v_{p+1} = (1/t_{p+1\,p})\, w$$

$$l_{pp-1} = t_{pp-1}/d_{p-1}$$
$$d_p = t_{pp} - l_{pp-1} t_{pp-1}$$

x_p の解法を決定するためには，T_p のクラウト分解を用いて式(11.10)の線型システムを解いて，式(11.1)により x_p を計算すればよい．

式(11.4)の $\mathcal{E}(x_p)$ を最適に選択することにより，対称な三重対角行列 T_p に関する線型システムを解く解法を容易に決定できる．しかし，この方法には重大な欠点がある．ランチョス基底のベクトルは簡単な漸化式で計算され，解法における計算ではすべての基底ベクトルを保存する必要がある．データ量や算術演算数という点からいえば，反復ごとの計算コストは反復数に従って線型的に増大する．

11.3 共役勾配法：CG 法

解いていく中で，簡単な漸化式で更新することができれば，ランチョス法はより興味深いものとなる．つまり，z_p のはじめの構成要素は z_{p-1} の構成要素と独立でなければならず，次の形式で書ける．

$$x_p = x_{p-1} + \alpha_p v_p$$

そのためには，射影行列 $W_p^t A W_p$ に対するクリロフ空間 $\mathcal{K}_p$ の基底 W_p が対角でなければならない．したがって，次に示すオーダーが p の最適化問題の解の $p-1$ 番までの構成要素は，オーダーが $p-1$ の構成要素と独立である．

$$W_p^t A W_p x_p = y_p \tag{11.11}$$

一方で，初期の誤差 e_0 が未知であるので，$\mathcal{E}(x_p)$ を計算することはできない．収束をコントロールする唯一の方法は，勾配 $g_p = A x_p - b$ のノルムを計算することである．この解法では，反復計算を停止する基準は残差であり，

$$\frac{\|A x_p - b\|}{\|b\|} < \epsilon \tag{11.12}$$

となる．いずれにせよ，勾配は連続的に計算される．しかし，式(11.3)によると，ベクトル g_0 は $\mathcal{K}_{p+1}$ に属し，系 11.2 においてベクトル g_0 が $\mathcal{K}_p^\perp$ にあることを示した．$\mathcal{K}_{p+1}$ における $\mathcal{K}_p$ の直交補空間は v_{p+1} により作られる直線であり，したがって $g_p = \delta v_{p+1}$ である．ベクトル v_p の正規直交基底よりもむしろ，連続的な勾配ベクトルの直交基底を用いる．これらの勾配ベクトルは 0 になるように進むが，反復計算は表示の問題が発生する前に，式(11.2)により停止される．

G_p が，列が p 個の勾配ベクトル $(g_0, g_0, \cdots, g_p)$ である n 行 p 列の矩形行列とする．これまで見てきたように，$G_p = V_p \Delta_p$ で，Δ_p は対角行列である．基底 G_p での射影行列も同様に対称な正値三重対角で，次のようになる．

$$G_p^t A G_p = \Delta_p^t V_p^t A V_p \Delta_p = \Delta_p^t T_p \Delta_p = \tilde{T}_p \tag{11.13}$$

これによりクラウト分解 $\tilde{T}_p = \tilde{L}_p \tilde{D}_p \tilde{L}_p^t$ ができて，次式のようになる．

$$G_p^t A G_p = \tilde{L}_p \tilde{D}_p \tilde{L}_p^t \Leftrightarrow \tilde{L}_p^{-1} G_p^t A G_p \tilde{L}_p^{-t} = \tilde{D}_p \tag{11.14}$$

式(11.14)は，その行列の列ベクトルが次の関係にあることを意味する．

$$W_p = G_p \tilde{L}_p^{-t} \tag{11.15}$$

この式は G_p の列ベクトルの線型結合で，A に関するスカラー積に対する直交グループを形成する．したがって，W_p は $\mathcal{K}_p$ の A-直交基底である．

射影行列 $W_p^t A W_p$ は対角行列なので，式(11.4)の最適化問題を解くことができるように W_p は特別な基底を与える．さらに，式(11.5)は，W_p のベクトルが G_p のベクトルによる簡単な漸化式により計算されることを示す．なぜなら，次の関係が成り立つからである．

$$W_p \tilde{L}_p^t = G_p \tag{11.16}$$

実際，添数のある程度の一貫性を保つために，W_p の列ベクトルが $(w_0, w_1, \cdots, w_{p-1})$ と行列 $\tilde{L}_p$ の下方の対角成分が $(-\gamma_0, -\gamma_1, \cdots)$ であることに注意し，式(11.16)は次の関係を意味する．

$$w_0 = g_0 \quad \text{かつ} \quad -\gamma_{j-1} w_{j-1} + w_j = g_j, \quad \forall j > 0 \tag{11.17}$$

ベクトル x_p と g_p，w_p 間の関係が既知であることにより，最終的にランチョスのベクトルの計算や射影行列 $\tilde{T}_p$ のクラウト分解を行うことをせずに，直接新しい方法を記述できる．x_0 を選択すると，式(11.17)より必然的に次式を得る．

$$g_0 = Ax_0 - b \quad \text{かつ} \quad w_0 = g_0$$

基底 W_p の性質より，

$$x_p = x_{p-1} + \rho_{p-1} w_{p-1} \Leftrightarrow g_p = g_{p-1} + \rho_{p-1} A w_{p-1} \tag{11.18}$$

となる．g_p が $\mathcal{K}_p$ に対して直交であり，したがって w_{p-1} に対しても直交であることがわかる．この直交関係と式(11.18)より，一意的に成分 ρ_{p-1} が定義される．

$$(g_p, w_{p-1}) = (g_{p-1}, w_{p-1}) + \rho_{p-1}(Aw_{p-1}, w_{p-1}) = 0 \Leftrightarrow \rho_{p-1} = -\frac{(g_{p-1}, w_{p-1})}{(Aw_{p-1}, w_{p-1})}$$
(11.19)

式(11.17)より，新しいベクトル w_p は w_{p-1} と g_p によって計算される．すなわち，

$$w_p = g_p + \gamma_{p-1} w_{p-1}$$

となる．成分 γ_{p-1} はそれ自身が W_p と $\mathcal{K}_p$，とりわけ w_p と w_{p-1} 間の A-直交化の関係により一意的に決定され，次のようになる．

$$(w_p, Aw_{p-1}) = (g_p, Aw_{p-1}) + \gamma_{p-1}(w_{p-1}, Aw_{p-1}) = 0 \Leftrightarrow \gamma_{p-1} = -\frac{(g_p, Aw_{p-1})}{(Aw_{p-1}, w_{p-1})}$$
(11.20)

このように定義される方法は「共役勾配法」とよばれ，これはベクトル w_p が勾配ベクトルの A-直交化を意味する共役によって構築されることから由来する．

共役勾配の初期化：

$g_0 = Ax_0 - b$
$w_0 = g_0$

共役勾配の p 回目の反復：

$v = Aw_{p-1}$
$\rho_{p-1} = -(g_{p-1}, w_{p-1})/(v, w_{p-1})$
$x_p = x_{p-1} + \rho_{p-1} w_{p-1}$
$g_p = g_{p-1} + \rho_{p-1} v$
`if` $(g_p, g_p)/(b, b) < \epsilon^2$ `then`
    `Fin`
`end if`
$\gamma_{p-1} = -(g_p, v)/(v, w_{p-1})$
$w_p = g_p + \gamma_{p-1} w_{p-1}$

反復ごとに，行列-ベクトル積 $v = Aw_{p-1}$ と四つのスカラー積 (g_{p-1}, w_{p-1}), (v, w_{p-1}), (g_p, g_p), (g_p, v), そして三つのベクトルの線型結合 $x_p = x_{p-1} + \rho_{p-1} w_{p-1}$, $g_p = g_{p-1} + \rho_{p-1} v$, $w_p = g_p - \gamma_{p-1} w_{p-1}$ の計算をすればよい．

共役勾配のアルゴリズムは，異なるベクトルが簡単な漸化式で計算され，また反復計算のコストが一定であるという意味で最適である．

本質的に，行列 A による p 個の積のみが使用され，一般的に $x_0 + \mathcal{K}_p$ よりよい近似空間を生成することはなく，この方法によって計算された解 x_p は，解 x のアフィ

ン空間において，A に関するスカラー積という意味ではもっとも近い点である．

注記：共役勾配のアルゴリズムは，クリロフ空間 $\mathcal{K}_p$ の二つの基底を構築する．勾配ベクトル $(g_0, g_1, \cdots, g_{p-1})$ の基底は直交であり，ベクトル $(w_0, w_1, \cdots, w_{p-1})$ の基底は「降下（前進）」方向を規定する共役，つまり A-直交である．構築によって，g_p は $\mathcal{K}_p$ に対して直交であり，w_p は $\mathcal{K}_p$ に対して A-直交である．

11.4 勾配法の比較

勾配法は，関数 $\mathcal{J}(x) = (Ax, x)/2 - (b, x)$ の最小化に応用される最適化方法である．ある状態 x_{p-1} から w_{p-1} の方向に沿って，アフィン直線上の $\mathcal{J}$ を最小にする点 $x_p = x_{p-1} + \rho_{p-1} w_{p-1}$ を探す．関数 $f(\rho) = \mathcal{J}(x_{p-1} + \rho w_{p-1})$ はアフィン関数と凸関数の結合で，下限で微分可能であり，微分が 0 となる点で最小となる．その微分は，次のようになる．

$$\begin{aligned}
f'(\rho) &= \bigl(D\mathcal{J}(x_{p-1} + \rho w_{p-1}), w_{p-1}\bigr) \\
&= \bigl(\nabla \mathcal{J}(x_{p-1} + \rho w_{p-1}), w_{p-1}\bigr) \\
&= \bigl((Ax_{p-1} + \rho A w_{p-1} - b), w_{p-1}\bigr) \\
&= \bigl((g_{p-1} + \rho A w_{p-1}), w_{p-1}\bigr) \\
&= (g_{p-1}, w_{p-1}) + \rho (A w_{p-1}, w_{p-1})
\end{aligned}$$

したがって，f の最小値は点 ρ_{p-1} で，次のように定義される．

$$f'(\rho_{p-1}) = 0 \Leftrightarrow \rho_{p-1} = -\frac{(g_{p-1}, w_{p-1})}{(A w_{p-1}, w_{p-1})}$$

式 (11.19) の共役勾配に対しても同じ式が求められ，勾配の成分が w_{p-1} の方向に対して直交するという定義と，あるいは，x_p に対して勾配の成分がアフィン直線上で x_{p-1} と方向 w_{p-1} により $\mathcal{J}$ を最小にするという定義の，ρ_{p-1} の等価な二つの定義が与えられる．

ここで，方向 w_{p-1} を選択する方法の定義が残っている．目的は，できるだけ速く $\mathcal{J}(x)$ を減少させることである．式 (11.8) の $\mathcal{J}$ の微分の定義より，点 x_{p-1} から始まる $\mathcal{J}$ の変数の方向は，この点の勾配の方向である．すなわち，$g_{p-1} = A x_{p-1} - b$ である．

勾配法は，どのように降下の方向 $w_{p-1} = g_{p-1}$ を選ぶかに本質がある．勾配法は共役勾配法より遅い．なぜなら，勾配法は A-直交方向と比較して最適化を行いながら，

一連の方向により生成される全空間における最小値を計算するためである．勾配法では，この最適化は方向ごとにのみ実行され，ある意味では前の反復は反映されない．

勾配法において，式(11.4)で定義されている A に関するスカラー積に対する x から x_p の距離の自乗に対して，幾何学的な収束が保証されていることは簡単に示される．勾配法に対して，

$$x_p = x_{p-1} + \rho_{p-1} g_{p-1}, \quad \rho_{p-1} = -\frac{(g_{p-1}, g_{p-1})}{(Ag_{p-1}, g_{p-1})}$$

であり，一連の誤差ベクトルと勾配ベクトルは次の関係を満たす．

$$x_p - x = x_{p-1} - x + \rho_{p-1} g_{p-1} \Leftrightarrow g_p = g_{p-1} + \rho_{p-1} A g_{p-1}$$

以上より，次のようになる．

$$\begin{aligned}
\mathcal{E}(x_p) &= \left(A(x_p - x), (x_p - x)\right) = (g_p, A^{-1} g_p) \\
&= (g_{p-1}, A^{-1} g_{p-1}) + 2\rho_{p-1}(g_{p-1}, g_{p-1}) + \rho_{p-1}^2 (Ag_{p-1}, g_{p-1}) \\
&= (g_{p-1}, A^{-1} g_{p-1}) - \frac{(g_{p-1}, g_{p-1})}{(Ag_{p-1}, g_{p-1})} (g_{p-1}, g_{p-1}) \\
&= (g_{p-1}, A^{-1} g_{p-1}) \left(1 - \frac{(g_{p-1}, g_{p-1})}{(Ag_{p-1}, g_{p-1})} \frac{(g_{p-1}, g_{p-1})}{(g_{p-1}, A^{-1} g_{p-1})}\right) \\
&= \mathcal{E}(x_{p-1}) \left(1 - \frac{(g_{p-1}, g_{p-1})}{(Ag_{p-1}, g_{p-1})} \frac{(g_{p-1}, g_{p-1})}{(g_{p-1}, A^{-1} g_{p-1})}\right)
\end{aligned} \quad (11.21)$$

式(11.21)の最終行の右側の項の影響を増大させるためには，次の形で値を大きくする．

$$\frac{(Av, v)}{(v, v)} \leqslant \frac{\|Av\| \|v\|}{\|v\|^2} \leqslant \frac{\|Av\|}{\|v\|} \leqslant \|A\|$$

式(11.21)により，最終的に次の方法で大きくさせることができる．

$$\mathcal{E}(x_p) \leqslant \mathcal{E}(x_{p-1}) \left(1 - \frac{1}{\|A\| \|A^{-1}\|}\right)$$

したがって，再帰的に次の関係を得る．

$$\mathcal{E}(x_p) \leqslant \mathcal{E}(x_0) \left(1 - \frac{1}{\|A\| \|A^{-1}\|}\right)^p$$

$\|A\| \|A^{-1}\| = \kappa(A)$ という値は行列 A の条件数である．以前に見たように，正値対称行列に対し，$\|A\| = \lambda_{\max}$ で，$\lambda_{\max}$ は固有値の最大値であり，$\kappa(A) = \lambda_{\max}/\lambda_{\min}$ である．

勾配アルゴリズムの収束率の見積りは，ほかのある反復における $\mathcal{E}(x_p)$ を展開することで行われる．なぜなら，近似解 x_p はその前の反復計算から得られる状態 x_{p-1} に

のみ依存するからである．これは，$\mathcal{E}(x_p)$ が全 $x_0 + \mathcal{K}_p$ 空間で最小値である共役勾配法とは異なる．より詳しくいうと，

$$x_p = x_0 + P_{p-1}(A)g_0 \tag{11.22}$$

となる．ここで，最小となる $\mathcal{E}(x_p)$ に対する P_{p-1} は $p-1$ 次の多項式である．

チェビシェフ (Chebyshev) 多項式という特殊な多項式を使いながら，共役勾配の収束速度についての次の結果を証明できる．

定理 11.6 共役勾配法では，$\mathcal{E}(x_p)$ が収束率 $(1 - 1/\sqrt{\kappa(A)})^2$ で幾何学的に収束する．

この結果は，次節で証明されるが，十分に技法的であり，共役勾配法の最適な多項式の構築というように解釈できる．本書で行ってきたアーノルディ基底や直交化の方法を構築することで，解法はよりシンプルになる．上記で得られた結果は，共役勾配法を用いる方が，勾配法を用いるよりかなり速く収束させられることを意味する．

11.5　正値対称行列のための前処理法の原理

定理 11.6 の証明に必要なおもな要素は，p 回目の反復計算の近似解により，式 (11.22) により与えられる形で表されるベクトル間で x_p と x の距離が最小化されることである．ほかのクリロフ法に対しても共役勾配と同じタイプの収束の結果が得られる．行列の前処理は，クリロフ法の収束速度に対して基本的な役割を果たす．

線型システムの前処理は，より速く収束するように，より小さな前処理行列と等価なシステムにとって代わられる．基本的な原理は，システム (10.1) を，次のシステムに代替することである．

$$MAx = Mb \tag{11.23}$$

ここで，M は A^{-1} の近似である．さて，左辺の前処理について見てみる．右辺の前処理についても同様に見ることができ，

$$AM\tilde{x} = b \tag{11.24}$$

である．ここで，$x = M\tilde{x}$ である．

行列 A が正値対称行列である場合，前処理行列 M も同様に正値対称行列でなければならない．しかし，このことは特殊な問題を引き起こす．実際，行列 MA は本質的に対称ではない．なぜなら，A と M が置換できるようにする場合を除いては

$(MA)^t = AM$ であるからであり，実際には A の多項式として M を構築する以外には A と M が置換できないからである．したがって，共役勾配のアルゴリズムを前処置システム (11.23), (11.24) に適用することはできない．

システムの対称性を保存するために，ほかのアプローチを用いる．M が LL^t の分解を行うことができる場合，MA と L^tAL の固有値は同じである．実際，λ と v がそれぞれ MA の固有値と固有ベクトルである場合，

$$MAv = \lambda v \Leftrightarrow LL^t Av = \lambda v \Leftrightarrow L^t AL(L^{-1}v) = \lambda(L^{-1}v)$$

となる．システム (11.23) の解よりもむしろ，$x = L\tilde{x}$ を用いて次のように解く．

$$L^t AL\tilde{x} = L^t b \tag{11.25}$$

となる．システム (11.25) の近似解 $\tilde{x}_p$ は $x_p = L\tilde{x}_p$ の関係があり，初期のシステム (10.1) の近似解 x_p に対応する．同様に，$\tilde{x}_p$ と x_p に関するそれぞれの勾配は次の関係を満たす．

$$\tilde{g}_p = L^t AL\tilde{x}_p - L^t b = L^t(Ax_p - b) = L^t g_p \tag{11.26}$$

システム (11.25) における共役勾配の p 回目の反復計算でのベクトル $\tilde{x}_p$ と $\tilde{g}_p$ の計算は，次の演算を必要とする．

$$\begin{aligned}\tilde{x}_p &= \tilde{x}_{p-1} + \rho_{p-1}\tilde{w}_{p-1} & \Leftrightarrow\quad x_p &= x_{p-1} + \rho_{p-1}L\tilde{w}_{p-1} \\ \tilde{g}_p &= \tilde{g}_{p-1} + \rho_{p-1}L^t AL\tilde{w}_{p-1} & \Leftrightarrow\quad g_p &= g_{p-1} + \rho_{p-1}AL\tilde{w}_{p-1}\end{aligned}$$

係数 ρ_{p-1} は次のように定義される．

$$\rho_{p-1} = -\frac{(\tilde{g}_{p-1}, \tilde{w}_{p-1})}{(L^t AL\tilde{w}_{p-1}, \tilde{w}_{p-1})} = -\frac{(L^t g_{p-1}, \tilde{w}_{p-1})}{(L^t AL\tilde{w}_{p-1}, \tilde{w}_{p-1})} = -\frac{(g_{p-1}, L\tilde{w}_{p-1})}{(AL\tilde{w}_{p-1}, L\tilde{w}_{p-1})} \tag{11.27}$$

式 (11.5) と式 (11.27) は，共役勾配アルゴリズムの p 回目の反復計算において，システム (11.25) で実行された最適化のフェーズが，$w_{p-1} = L\tilde{w}_{p-1}$ の方向で点 x_{p-1} から始まる初期のシステム (10.1) での最適化フェーズを表すことを示す．

同様に，システム (11.25) に対する新たな降下の方向は，次の形式で計算される．

$$\begin{aligned}\tilde{w}_p &= \tilde{g}_p + \gamma_{p-1}\tilde{w}_{p-1} \Leftrightarrow L\tilde{w}_p = LL^t g_p - \gamma_{p-1}L\tilde{w}_{p-1} \\ &\qquad\qquad\Leftrightarrow\quad w_p = Mg_p + \gamma_{p-1}w_{p-1}\end{aligned} \tag{11.28}$$

共役の係数 γ_{p-1} は，次のように与えられる．

$$\gamma_{p-1} = -\frac{(\tilde{g}_p, L^t A L \tilde{w}_{p-1})}{(\tilde{w}_{p-1}, L^t A L \tilde{w}_{p-1})} = -\frac{(LL^t g_p, AL\tilde{w}_{p-1})}{(L\tilde{w}_{p-1}, AL\tilde{w}_{p-1})} = -\frac{(Mg_p, Aw_{p-1})}{(w_{p-1}, Aw_{p-1})} \quad (11.29)$$

システム (11.25) に対する勾配の共役のステップは，システム (10.1) の降下方向 $w_{p-1} = L\tilde{w}_{p-1}$ と $w_p = L\tilde{w}_p$ の「前処理勾配」Mg_p の共役と解釈できる．初期の降下方向は次の関係を満たす．

$$w_0 = L\tilde{w}_0 = L\tilde{g}_0 = LL^t g_0 = Mg_0 \quad (11.30)$$

最終的に，システム (11.25) に関する共役勾配の反復計算は，前処理した共役勾配 Mg_p によって作られる降下方向を用いた初期のシステム (10.1) の最適化の反復計算に帰着する．したがって，前処理行列の LL^t の分解を行う必要はない．なぜなら，前処理付き共役勾配（PCG 法）とよばれる新しいアルゴリズムに実装するためには，M による積の計算をするだけで十分だからである．

前処理付き共役勾配の初期化：

$g_0 = Ax_0 - b$
$w_0 = Mg_0$

前処理付き共役勾配の p 回目の反復計算：

$v = Aw_{p-1}$
$\rho_{p-1} = -(g_{p-1}, w_{p-1})/(v, w_{p-1})$
$x_p = x_{p-1} + \rho_{p-1} w_{p-1}$
$g_p = g_{p-1} + \rho_{p-1} v$
`if` $(g_p, g_p)/(b, b) < \epsilon^2$ `then`
   `Fin`
`end if`
$d = Mg_p$
$\gamma_{p-1} = -(d, v)/(v, w_{p-1})$
$w_p = d + \gamma_{p-1} w_{p-1}$

収束速度は行列 MA の前処理に依存する．

演習問題

11.1 [特異システムの共役勾配]

正値対称であるが正則でない行列 A を考える．システム $Ax = b$ に適用できる共役勾配アルゴリズムを示せ．ここで，b は像 A に属し，$x_0 = 0$ より始まり，像 A に属するシステムのただ一つの解に収束する．

11.2 [完全直交化を用いたクリロフ法の最適なリスタート]

次元 n の線型システム $Ax = b$ を考える．ここで，p 個のベクトル v_i を用意し，$1 \leqslant i \leqslant p$，$p \leqslant n$ の関係がある．また，それらと行列 A の積 Av_i は，$1 \leqslant i \leqslant p$ の下で，$i \neq j$ の場合，$(Av_i, Av_j) = 0$ である．

(1) x_0 の任意の値に対して，$\|Ax_p - b\|$ を最小にする空間 $x_0 + \text{Vect}\{v_1, v_2, \cdots, v_p\}$ におけるシステム $Ax = b$ の近似解 x_p を決定せよ．

(2) ベクトル Av_i が直交しない場合，行列 A の積の計算を必要としない直交化の手順により，$i \neq j$ の場合に $(Aw_i, Aw_j) = 0$ であるような p 個のベクトル w_i を生成できることを示せ．

(3) 最初の設問 (1) で決定されるベクトル x_p を考える．$e_p = x_p - x$ が空間 $\text{Vect}\{v_1, v_2, \cdots, v_p\}$ に対して $A^t A$-直交であることを示せ．また，同じ性質を満たすすべてのベクトル $x_p + \rho w$ に対して，どのような条件が降下方法 w を満足するか．

(4) 開始点として x_p をとる ORTHODIR 法でのすべての反復計算において，性質を保存できる前処理の手順を書け．

第12章 任意行列のための完全直交化法

本章では，アーノルディ基底に基づきながら，任意の行列のための完全な直交化を用いた反復法を解説する．はじめに，一般化最小残差法（GMRES法）について述べ，その次にGMRES(m)法のリスタートを用いたバリエーションについて述べる．GMRES法を対称行列に適用することにより，正値でない行列に対する最小残差法（MINRES法）となる．ORTHODIR法はGMRES法より簡単に近似解を計算できる方法であるが，各反復での計算コストは高くなる．非対称行列のための前処理方法は，章の最後で紹介する．

12.1　一般化最小残差法：GMRES法

任意の行列 A の場合，式(10.7)の行列 H_p は三重行列ではない．クリロフ空間 $\mathcal{K}_p$ の直交基底を構築するための簡単な漸化式を得ることは期待できない．一方で，A によりスカラー積を定義することはできず，式(11.4)の最適化の基準 $\mathcal{E}(x_p)$ を用いることはもはや適切ではない．誤差ベクトルとは反する残差ベクトルのノルムの自乗を最小にするということは理にかなった選択肢であり，実際，計算可能である．

$$\begin{aligned}
\mathcal{R}(x_p) &= \bigl(A(x_p - x), A(x_p - x)\bigr) \\
&= (g_p, g_p) \\
&= \|x_p - x\|_A^2 \\
&= \bigl(A^t A(x_p - x), (x_p - x)\bigr) \quad (12.1)
\end{aligned}$$

$\mathcal{R}(x_p)$ を最小にする近似解に対する定理11.1とその系11.2の間に，似た性質を見ることができる．

定理 12.1 　$x_0 + \mathcal{K}_p$ 空間において $\mathcal{R}(x_p)$ を最小にする近似解は，$A^t A$ に関するスカラー積に対する x の射影である．

証明 　式(12.1)によれば，x_p は距離 x が $A^t A$ に関するスカラー積に対して最小である $x_0 + \mathcal{K}_p$ の要素である．　□

系 12.2
残差ベクトル $g_p = Ax_p - b$ は,$A\mathcal{K}_p$ に対して直交である.

証明 アフィン空間における射影の性質は,次の関係を意味する.

$$\left(A^t A(x_p - x), w_p\right) = \left(A(x_p - x), Aw_p\right) = (g_p, Aw_p) = 0, \quad \forall w_p \in \mathcal{K}_p \qquad \square$$

A が正則行列の場合に,正値対称な $A^t A$ に関するスカラー積を導入したことは自然な流れである.前処理と同じようなアプローチで,式(10.1)で与えられるシステムが「正規方程式」とよばれる正値対称行列に関する等価なシステムにとって代わられることは妥当であろう.

$$A^t A x = A^t b \tag{12.2}$$

共役勾配法がこのシステムに適用できるということは興味深いことである.しかし,残念ながらこの考えは妙案ではない.実際,行列 $A^t A$ の前処理は行列 A の前処理の自乗に等しくなることもある.とくに,対称行列の場合はそうである.したがって,行列 A の前処理がうまく行われていない場合,アルゴリズムの収束は遅くなる.

$x_0 + \mathcal{K}_p$ での x_p を計算するために,式(10.1)により与えられる初期のシステムに対し,アーノルディの直交化された基底 V_p を用いる.x_p と g_p はそれぞれ式(11.1)と式(11.3)を満たす.アーノルディ基底の性質と式(10.5)より,

$$g_p = Ax_p - b = g_0 + AV_p z_p = g_0 + V_{p+1} H_{p+1 p} z_p \tag{12.3}$$

となる.さて,アーノルディ基底のはじめのベクトルは $\|g_0\|v_1 = g_0$ を満たし,これと式(12.3)を考慮することにより,最適化基準(12.1)は別の書き方ができる.

$$\mathcal{R}(x_p) = (g_p, g_p) = \left\|V_{p+1}\left(\|g_0\|e_{p+1}^1 + H_{p+1 p} z_p\right)\right\|^2$$

ここで,e_{p+1}^1 は次元 $p+1$ のカノニカルな基底の最初のベクトルであり,z_p は次元 p のベクトルである.V_{p+1} の列は正規直交グループを形成するので,次のようになる.

$$\mathcal{R}(x_p) = \left\|\|g_0\|e_{p+1}^1 + H_{p+1 p} z_p\right\|^2 \tag{12.4}$$

これは,次元 p において新たな古典的な最適化の問題をもたらす.正確にいうと,「最小自乗法」であり,z_p の p 個の成分を知るために,コントロールパラメータの数より少ない数しか使えないのに,$p+1$ の次元の値のノルムを最小にしたいのである.

この最小自乗の問題を解くために適用できる方法は,問題の次元の削減と行列 $H_{p+1 p}$ を考慮したギブンス (Givens) の「QR 法」であり,平面の回転行列を用いて次のような直交行列 Q_{p+1} を構築することに基礎を置く.

$$Q_{p+1} H_{p+1p} = \begin{pmatrix} R_p \\ (0 \cdots 0) \end{pmatrix}$$

ここで,R_p は上三角行列である.一度分解が実行されれば,最小化の問題は直接解かれる.行列 Q_{p+1} は直交であるので,

$$\| \|g_0\| e_{p+1}^1 + H_{p+1p} z_p \| = \| \|g_0\| Q_{p+1} e_{p+1}^1 + Q_{p+1} H_{p+1p} z_p \|$$

となる.ここで,

$$y_{p+1} = -\|g_0\| Q_{p+1} e_{p+1}^1$$

に注意して,次式を得る.

$$\|g_0\| Q_{p+1} e_{p+1}^1 + Q_{p+1} H_{p+1p} z_p = \begin{pmatrix} \begin{pmatrix} -y_{p+1}(1) \\ \vdots \\ -y_{p+1}(p) \end{pmatrix} + R_p z_p \\ -y_{p+1}(p+1) + 0 \end{pmatrix} \quad (12.5)$$

式(12.5)により,はじめの p 個の要素が 0 になるとき,最小値に達することは明白である.すなわち,システムの解 z_p に対して,

$$R_p z_p = \tilde{y}_p = \begin{pmatrix} y_{p+1}(1) \\ \vdots \\ y_{p+1}(p) \end{pmatrix} \quad (12.6)$$

となる.さらに,最小値は既知であり,システム(12.5)を解く必要はなく,$|y_{p+1}(p+1)|$ となる.$x_p = x_0 + V_p z_p$ に対して,$|y_{p+1}(p+1)|$ は $g_p = A x_p - b$ のノルムの値となる.なお,z_p はシステム(12.5)の解である.

ここで,「GMRES (General Minimum RESidual) 法」とよばれる,この新しいクリロフの方法を定義するために,行列 Q_{p+1} の計算技法を明示しなければいけない.

ギブンス回転の行列は,カノニカル基底の二つのベクトルにより定義される平面上の回転行列である.GMRES 法に対し,これらの回転行列のみがカノニカル基底の連続する二つのベクトルにより定義される平面上での回転を行い,次のような形式をとる.

$$G^{\theta_k} = \begin{pmatrix} I_{k-1} & 0 & 0 \\ 0 & \begin{pmatrix} \cos\theta_k & -\sin\theta_k \\ \sin\theta_k & \cos\theta_k \end{pmatrix} & 0 \\ 0 & 0 & I_{n-k-1} \end{pmatrix}$$

G^{θ_k} の k と $k+1$ 行だけが行列 I と異なるので，行列 $N = G^{\theta_k} M$ の k と $k+1$ 行でない行は，A の対応する行と同じである．k と $k+1$ 行の項についていえば，それらは列ごとに角度 θ_k の回転による積の結果となる．すなわち，

$$\begin{pmatrix} n_{kj} \\ n_{k+1j} \end{pmatrix} = \begin{pmatrix} \cos\theta_k & -\sin\theta_k \\ \sin\theta_k & \cos\theta_k \end{pmatrix} \begin{pmatrix} m_{kj} \\ m_{k+1j} \end{pmatrix}$$

$$= \begin{pmatrix} \cos\theta_k \cdot m_{kj} - \sin\theta_k \cdot m_{k+1j} \\ \sin\theta_k \cdot m_{kj} + \cos\theta_k \cdot m_{k+1j} \end{pmatrix}$$

となる．式(10.6)の行列 H_{p+1p} の最初の二つの行を考慮する．下方の対角成分の項を消すギブンスの回転 G^{θ_1}，つまり，次のようなものを探す．

$$\begin{pmatrix} \cos\theta_1 & -\sin\theta_1 \\ \sin\theta_1 & \cos\theta_1 \end{pmatrix} \begin{pmatrix} h_{11} \\ h_{21} \end{pmatrix} = \begin{pmatrix} r_{11} \\ 0 \end{pmatrix}$$

実際には，θ_1 を計算するのには役立たないが，$\cos\theta_1$ と $\sin\theta_1$ を計算することはでき，c_1 と s_1 とし，次の関係が成り立つ．

$$\begin{aligned} c_1^2 + s_1^2 &= 1 \\ s_1 h_{11} + c_1 h_{21} &= 0 \end{aligned} \tag{12.7}$$

式(12.7)より，その $\sin$ によって異なる二つの組の解を得ることができる．行列 $G^{\theta_1} H_{p+1p}$ は最初の二つの行だけ H_{p+1p} とは異なる．したがって，行列 $G^{\theta_1} H_{p+1p}$ は同じ構造であるが，成分 (2, 1) は零である．

行列 Q_{p+1} は，反復計算により構築される．$j-1$ 列の下方の対角の項を消去すれば，次の形の行列を得る．

$$\tilde{H}_{p+1p} = \begin{pmatrix} r_{11} & r_{12} & \cdots & r_{1j-1} & r_{1j} & \cdots & r_{1p} \\ 0 & r_{22} & \cdots & r_{2j-1} & r_{2j} & \cdots & r_{2p} \\ 0 & 0 & \cdots & r_{3j-1} & r_{3j} & \cdots & r_{3p} \\ \vdots & \ddots & \ddots & \vdots & \vdots & \cdots & \vdots \\ \vdots & & \ddots & 0 & \tilde{h}_{jj} & \cdots & \tilde{h}_{jp} \\ \vdots & & & 0 & h_{j+1j} & \cdots & h_{j+1p} \\ \vdots & & & & & \ddots & \vdots \\ 0 & \cdots & \cdots & \cdots & 0 & & h_{p+1p} \end{pmatrix} \tag{12.8}$$

成分 h_{j+1j} を消すためには，式(12.8)の行列の左からギブンス回転の行列 G^{θ_j} を掛ければよく，次式を満たす要素 c_j と s_j によって定義される．

$$\begin{aligned} c_j^2 + s_j^2 &= 1 \\ s_j \tilde{h}_{jj} + c_j h_{j+1j} &= 0 \end{aligned} \qquad (12.9)$$

この変換により，行列の行 j と行 $j+1$ のみが更新される．したがって，1 から j までの行はその後の変換の影響を受けず，式(12.8)ではじめから $j-1$ 個のギブンス回転の行列に由来する行列 H_{p+1p} に対して用いた表記を満足する．つまり，はじめから $j-1$ の行の成分は QR 分解の行列 R の成分であり，$j+1$ から $p+1$ の行の成分もまた，初期の行列 H_{p+1p} の成分である．j 番目の行の成分のみが初期と異なる値となるが，ギブンス回転 G^{θ_j} の影響を受ける．とくに，

$$\begin{pmatrix} c_j & -s_j \\ s_j & c_j \end{pmatrix} \begin{pmatrix} \tilde{h}_{jj} \\ h_{jj+1} \end{pmatrix} = \begin{pmatrix} r_{jj} \\ 0 \end{pmatrix}$$

となる．行列 H_{p+1p} は，p 回目の反復計算で列を行列 H_{pp-1} に加えることによって得られる．その結果，行列 H_{pp-1} の QR 分解により，行列 H_{p+1p} の部分 QR 分解が得られる．実際，行列 H_{pp-1} の QR 分解が次のように書けるとする．

$$G_p^{\theta_p} \cdots G_p^{\theta_1} H_{pp-1} = \begin{pmatrix} R_{p-1} \\ \begin{pmatrix} 0 & \cdots & 0 \end{pmatrix} \end{pmatrix}$$

ここで，行列 $G_p^{\theta_k}$ は次元が p のギブンス回転行列であり，次の関係を得る．

$$G_{p+1}^{\theta_{p-1}} \cdots G_{p+1}^{\theta_1} H_{p+1p} = \begin{pmatrix} R_{p-1} & \begin{matrix} r_{1p} \\ \vdots \\ r_{p-1p} \\ \tilde{h}_{pp} \end{matrix} \\ \begin{pmatrix} 0 & \cdots & 0 \end{pmatrix} & h_{p+1p} \end{pmatrix}$$

したがって，行列 H_{p+1p} の QR 分解を完成するには，経験的に前の $p-1$ のギブンス回転を p 番目の列に適用して，次のように二つの係数 c_p と s_p を決定しながらギブンス回転 G^{θ_p} を計算する．

$$\begin{aligned} c_p^2 + s_p^2 &= 1 \\ s_p \tilde{h}_{pp} + c_p h_{p+1p} &= 0 \end{aligned} \qquad (12.10)$$

同様に，ベクトル $y_{p+1} = -\|g_0\| Q_{p+1} e_{p+1}^1$ の $p-1$ 個の成分は，ベクトル $y_p = -\|g_0\| Q_p e_p^1$ の $p-1$ 個の成分と同じである．この二つの成分は，単純に角度 θ_p の回転を適用することで計算できる．すなわち，次のようになる．

$$\begin{pmatrix} y_{p+1}(p) \\ y_{p+1}(p+1) \end{pmatrix} = \begin{pmatrix} c_p & -s_p \\ s_p & c_p \end{pmatrix} \begin{pmatrix} y_p(p) \\ 0 \end{pmatrix}$$

最終的に，GMRES 法のアルゴリズムは，反復的にクリロフ空間のアーノルディ基底，行列 H の QR 分解，そしてベクトル y を計算することになる．前に見たように，$|y_{p+1}(p+1)|$ は $\|g_p\|$ に等しい．そのため，各反復計算で近似解を計算するのには役に立たないが，たった一度で収束する．

これで，GMRES 法のアルゴリズムを実装について詳細に明らかにすることができる．なお，(β_p) はベクトル $\tilde{y}_p$ の最後の成分で $y_{p+1}(p)$ に等しく，r_{p+1} は絶対値が残差のノルムに等しい成分 $y_{p+1}(p+1)$ である．

実装の段階では，行列 H を保存することは役に立たない．なぜなら，最終列だけが機能を果たし，有用なベクトルに一時的にしか格納できない．下記のようなアルゴリズムにおいて，α で書かれるベクトルは R の p 列の成分の計算の実行に携わり，はじめから $p-1$ 個のギブンス回転 α_p と α_{p+1} による積の結果は，それぞれ $\tilde{h}_{pp}$ と h_{p+1p} である．一方，行列 R の上三角部のみを格納する必要がある．

GMRES 法の初期化：

$g_0 = Ax_0 - b$
$r_1 = -\|g_0\|$
$v_1 = (1/\|g_0\|)\, g_0$

アーノルディ基底の $p+1$ 番目のベクトルの生成：

```
w = Av_p
for i = 1 to p
    α_i = (w, v_i)
    w = w - α_i v_i
end for
α_{p+1} = ‖w‖
v_{j+1} = (1/α_{p+1}) w
```

行列 H の p 番目の列と最初から $p-1$ までのギブンス回転の積の計算：

```
for i = 1 to p - 1
```
$$\begin{pmatrix} r_{ip} \\ \alpha_{i+1} \end{pmatrix} = \begin{pmatrix} c_i & -s_i \\ s_i & c_i \end{pmatrix} \begin{pmatrix} \alpha_i \\ \alpha_{i+1} \end{pmatrix}$$
```
end for
```

新規のギブンス回転の計算と R とベクトル y の最終行の更新：

$c_p = 1/\sqrt{1 + (\alpha_{p+1}/\alpha_p)^2}$
$s_p = -c_p\, (\alpha_{p+1}/\alpha_p)$

$$\begin{pmatrix} r_{pp} \\ 0 \end{pmatrix} = \begin{pmatrix} c_p & -s_p \\ s_p & c_p \end{pmatrix} \begin{pmatrix} \alpha_p \\ \alpha_{p+1} \end{pmatrix}$$

$$\begin{pmatrix} \beta_p \\ r_{p+1} \end{pmatrix} = \begin{pmatrix} c_p & -s_p \\ s_p & c_p \end{pmatrix} \begin{pmatrix} r_p \\ 0 \end{pmatrix}$$

反復停止：

```
if |r_{p+1}|/||b|| < ε then
    Fin
end if
```

反復停止は，上記のアルゴリズムで，$y_{p+1}(i) = \beta_i$ を用いてシステム (12.6) を満足するときのみ行われる．したがって，近似解 $x_p = x_0 + V_p z_p$ を計算することができる．

この方法で注意することは，次元が p のクリロフ空間における最適解を求めるために，$p+1$ 個のアーノルディベクトルを計算しなければいけないことである．ORTHODIR 法（12.3 節参照）とよばれる方法を見てみると，そのようなギャップを露呈しないが，その代償として基底ベクトルと行列の積を格納しなければいけない．

GMRES 法のおもな問題は，簡単な漸化式でアーノルディ基底ベクトルを計算できない点であり，解を収束させる計算と同じように，前のベクトルと比較しながら新しいベクトルを最適化するためにすべてを保存しなければいけない．しかし，それは計算コストとしてのメモリ容量の問題でほとんど不可能であり，ある値 m の回数以上の反復計算は実行できない．m 回の反復計算で収束しない場合，そのときの近似解 x_m を求め，この x_m を初期値として計算をリスタート（リスタート）させる．この方法は文献等で「GMRES(m) 法」とよばれている．GMRES 法とは異なり，この GMRES(m) 法は m が十分に大きくなければ収束させることができない．

12.2 対称行列の場合：MINRES 法

行列 A が対称行列の場合，行列 H_{p+1p} は三重対角行列であり，ここでは T_{p+1p} と表記する．アーノルディ過程は簡単な漸化式となり，ランチョス過程となる．ギブンス回転は連続する二つの行の結合で演算されるので，T_{p+1p} の QR 分解の上三角行列 R_p が次のように書けることは容易にわかる．

$$R_p = \begin{pmatrix} r_{11} & r_{12} & r_{13} & 0 & \cdots & \cdots & 0 \\ 0 & \ddots & \ddots & \ddots & \ddots & & \vdots \\ \vdots & \ddots & \ddots & \ddots & \ddots & & \vdots \\ \vdots & & \ddots & \ddots & \ddots & & 0 \\ \vdots & & & \ddots & r_{p-2p-2} & r_{p-2p-1} & r_{p-2p} \\ \vdots & & & & \ddots & r_{p-1p-1} & r_{p-1p} \\ 0 & \cdots & \cdots & \cdots & \cdots & 0 & r_{pp} \end{pmatrix} \quad (12.11)$$

この性質は実用的で非常に重要である.なぜなら,この性質により近似解を簡単な漸化式で再度求めることができるからである.$r(z_p)$ の最小化問題の解は次式で与えられる.

$$R_p z_p = \tilde{y}_p \quad (12.12)$$

ここで,$\tilde{y}_p$ はベクトル $-\|g_0\|Q_{p+1}e_{p+1}^1$ の最初の p 個の成分であり,Q_{p+1} は直交行列であり,ギブンス回転の積は次のようになる.

$$Q_{p+1}T_{p+1p} = \begin{pmatrix} R_p \\ (0 \cdots 0) \end{pmatrix}$$

したがって,p 回目の反復計算での近似解のベクトルは次のようになる.

$$x_p = x_0 + V_p R_p^{-1} \tilde{y}_p = x_0 + W_p \tilde{y}_p$$

$W_p = V_p R_p^{-1}$ の列ベクトルにより,クリロフ空間 $\mathcal{K}_p$ の新しい基底が定義される.

ベクトル $-\|g_0\|Q_{p+1}e_{p+1}^1$ の最初から $p-1$ 個の成分は,ベクトル $-\|g_0\|Q_p e_p^1$ の成分とは独立である.最後の二つの成分は,前に見てきたように,角度 θ_p のギブンス回転を単純に適用することで計算でき,次のようになる.

$$\begin{pmatrix} y_{p+1}(p) \\ y_{p+1}(p+1) \end{pmatrix} = \begin{pmatrix} c_p & -s_p \\ s_p & c_p \end{pmatrix} \begin{pmatrix} y_p(p) \\ 0 \end{pmatrix}$$

これは,一連の近似解が新しい基底 W_p において計算されることを意味する.すなわち,

$$x_p = x_0 + W_p \tilde{y}_p = x_0 + W_{p-1}\tilde{y}_{p-1} + y_{p+1}(p)w_p = x_{p-1} + \beta_p w_p$$

となる.$W_p R_p = V_p$ の関係は,どのように新しい基底のベクトルがランチョス基底のベクトルから計算されるかを示す.行列 R_p の三重対角構造は,この関係が簡単な漸化式であることを意味する.すなわち,

$$v_p = r_{p-2p}w_{p-2} + r_{p-1p}w_{p-1} + r_{pp}w_p \Leftrightarrow w_p = \frac{1}{r_{pp}}(v_p - r_{p-2p}w_{p-2} - r_{p-1p}w_{p-1})$$

である．一般的な場合について同じような基底変換を行えるが，このことはあまり意味のないことである．なぜかといえば，GMRES 法の行列 R_p の上三角部が密であるからである．したがって，ベクトル V_p と W_p の関係は，この場合，簡単な漸化式ではない．

行列 R_{p-1} から行列 R_p へ進めるためには，新しいギブンスの回転を計算する前に，ギブンス回転を T_{p+1p} の p 番目の列に適用すればよい．しかし，この列は非零項を二つしかもたず，それらは p と $p+1$ 行にある．したがって，ギブンス回転の最後の二つの項のみが必要である．

最後に，「MINRES (MINimal RESisual) 法」とよばれる方法について解説する．この方法は次のように書ける．

MINRES 法の初期化：

$g_0 = Ax_0 - b$
$r_1 = -\|g_0\|$
$v_1 = (1/\|g_0\|)\, g_0$

ランチョス基底の $p+1$ 番目のベクトルの生成：

$w = Av_p$
$t_{p-1p} = t_{pp-1}$
$w = w - t_{p-1p}v_{p-1}$
$t_{pp} = (w, v_p)$
$w = w - t_{pp}v_p$
$t_{p+1p} = \|w\|$
$v_{p+1} = (1/t_{p+1p})\, w$

ギブンス回転の最後二つの項の T_{p+1p} の p 番目の列への適用：

$$\begin{pmatrix} r_{p-2p} \\ \alpha_{p-1} \end{pmatrix} = \begin{pmatrix} c_{p-2} & -s_{p-2} \\ s_{p-2} & c_{p-2} \end{pmatrix} \begin{pmatrix} 0 \\ t_{p-1p} \end{pmatrix}$$

$$\begin{pmatrix} r_{p-1p} \\ \alpha_p \end{pmatrix} = \begin{pmatrix} c_{p-1} & -s_{p-1} \\ s_{p-1} & c_{p-1} \end{pmatrix} \begin{pmatrix} \alpha_{p-1} \\ t_{pp} \end{pmatrix}$$

新規のギブンス回転と R とベクトル y の p 列の更新の計算：

$c_p = 1/\sqrt{1 + (t_{p+1p}/\alpha_p)^2}$
$s_p = -c_p\,(t_{p+1p}/\alpha_p)$

$$\begin{pmatrix} r_{pp} \\ 0 \end{pmatrix} = \begin{pmatrix} c_p & -s_p \\ s_p & c_p \end{pmatrix} \begin{pmatrix} \alpha_p \\ t_{p+1 p} \end{pmatrix}$$

$$\begin{pmatrix} \beta_p \\ r_{p+1} \end{pmatrix} = \begin{pmatrix} c_p & -s_p \\ s_p & c_p \end{pmatrix} \begin{pmatrix} r_p \\ 0 \end{pmatrix}$$

新規のベクトル w_p と近似解の計算:

$$w_p = (v_p - r_{p-2 p} w_{p-2} - r_{p-1 p} w_{p-1})/r_{pp}$$
$$x_p = x_{p-1} + \beta_p w_p$$

読みやすくするために，上記のアルゴリズムでは行列 T と R の添数は保たれる．実際には，これらの行列の中の処理されている列の三つの非零成分のみが使えるため，配列内の一連の成分を格納する必要はない．同じようなことが，成分 α_i と β_i にもいえる．

注記：MINRES 法は，正値対称行列に対する勾配共役法のように，任意のノルムに対して厳密解と近似解の距離を厳密に最小にすることができる．差は共役勾配法における最小化された誤差の A-ノルムであり，MINRES 法では残差のノルムである．

したがって，MINRES 法は非正値の対称行列のシステムを解くのにもっとも適切な方法である．

12.3　ORTHODIR 法

各反復計算で体系的に近似解 x_p を決定する必要がある場合，簡単な漸化式では計算できないため，GMRES 法はうまく適用できない．定理 12.1 より，$W_p^t A^t A W_p$ を対角化するためには，$\mathcal{K}_p$, W_p の $A^t A$-直交基底を用意しなければいけない．行列 $H_{p+1 p}$ の構造を考えれば，$H_{p+1 p}^t H_{p+1 p}$ は密行列である．W_p を計算するためにアーノルディ基底を用いても利点はない．$\mathcal{K}_p$ の $A^t A$-直交基底を構築するためには，$A^t A$ に関するスカラー積に対し，修正グラム–シュミットの直交化法の手続きを，一連の行列積により得られたベクトルに適用すればよい．したがって，反復計算により行列–ベクトルの積のみを計算する場合において，次のアルゴリズムが得られる．これは単にベクトル w_i だけではなく，それらの Aw_i で記述される積を格納するために必須である．

g_0 の $A^t A$-直交化の初期化：

$$g_0 = Ax_0 - b$$
$$w = g_0$$
$$v = Aw$$
$$w_1 = (1/\|v\|)\, w$$
$$Aw_1 = (1/\|v\|)\, v$$

A^tA-正規直交基底の p 番目のベクトルの生成：

```
w = Aw_{p-1}
v = Aw
for i = 1 to p-1
    α_i = (v, Aw_i)
    w = w - α_i v
    v = v - α_i Aw_i
end for
w_p = (1/‖v‖) w
Aw_p = (1/‖v‖) v
```

ベクトル w_i により，行列 A^tA に関するスカラー積に対する正規直交グループが形成されるので，式(12.1)で定義されている $\mathcal{R}(x_p)$ を最小にする近似解 x_p とベクトル g_p は，次のように計算される．

$$x_p = x_{p-1} + \rho_p w_p$$
$$g_p = g_{p-1} + \rho_p Aw_p$$

部分空間 $A\mathcal{K}_p$ でのベクトル g_p の直交性は系 12.2 を示し，行列 A^tA に関するスカラー積に対してベクトル w_p のノルムが 1 に等しいという事実により，係数 ρ_p の計算が簡単になる．すなわち，

$$(g_p, Aw_p) = 0 \Leftrightarrow (g_{p-1}, Aw_p) + \rho_p(Aw_p, Aw_p) = 0 \Leftrightarrow \rho_p = -(g_{p-1}, Aw_p)$$

となる．クリロフ法は「ORTHODIR 法」とよばれる方法を定義する．ORTHODIR 法は，GMRES 法と同じ近似解をもたらす．

注記：ORTHODIR 法により，GMRES 法と同様に，$p+1$ 番目の反復計算で基底ベクトルを計算しなくても，p 番目の反復計算での近似解のベクトルと残差を計算することができる．しかし，ORTHODIR 法ではベクトル Aw_i を計算し保存する必要があるため，より多くの格納と演算が必要となる．

12.4 非対称行列のための前処理の原理

非対称行列に対しては，もちろん前処理による対称性の保存の問題は生じない．したがって，A^{-1} の近似である行列 M を用いてシステム $Ax = b$ に前処理を行うことは可能であり，次の左からの前処理のシステムに置き換えられる．

$$MAx = Mb$$

または，$x = M\tilde{x}$ を用いて，次の右からの前処理のシステムに置き換えられる．

$$AM\tilde{x} = b$$

1番目の場合，行列 MA にクリロフ法を適用できる．2番目の場合は，行列 AM にクリロフ法を適用できる．行列 – ベクトル積が必要なたびに，これら二つの積を連続して実行する．

ところが，収束の点で効果は同じであれば，左あるいは右からの前処理が行えるが，実用的には右からの前処理（右前処理）が望ましい．そのおもな理由は，右前処理問題での残差が初期の問題の残差と同じであることである．すなわち，$x_p = M\tilde{x}_p$ を用いて，次のようになる．

$$\|AM\tilde{x}_p - b\| = \|Ax_p - b\|$$

しかし，左からの前処理問題（左前処理）での残差は異なる性質を示す．すなわち，

$$\|MAx_p - Mb\| = \|M(Ax_p - b)\| \neq \|Ax_p - b\|$$

となる．したがって，左からの前処理を実際に行う場合には，収束を正しく制御するために前処理を行っていない勾配の計算が必要となる．

さらに，ORTHODIR 法のようないくつかの方法では，右前処理を行うことで，反復計算を実行する際に，可変な前処理行列を用いることができる．実際，ベクトル $\tilde{w}_i$ からの $(AM)^t(AM)$-直交基底の生成方法は，$w_i = M\tilde{w}_i$ を用いたベクトル w_i からの A^tA-直交基底の生成に帰着する．手続きは前処理行列が変化するときと同じで，ベクトル $w_i = M\tilde{w}_i$ にどれだけ適用できるかということである．

ベクトル $w_i = M\tilde{w}_i$ を保存することによって，GMRES 法を可変な右前処理を行う場合に拡張できる．単純化された近似問題の解を前処理として計算するのに反復法を用いる場合，前処理行列は可変である．もちろん，解くべき問題が厳密な問題の近似ではないので，正確に収束させるのには役に立たない．したがって，前処理で適用される演算子は，反復停止基準が大きいことと同じくらい変化に富む．

演習問題

12.1 ［正値対称な前処理行列を用いた GMRES 法と MINRES 法］

線型システム $Ax = b$ を考える．正値対称な前処理行列 M を使うとする．$M = CC^t$ の下で，M はいくつかの方法で記述できる．$\tilde{b} = C^tb$ の関係の下，システム $C^tAC\tilde{x} = \tilde{b}$ を考える．このシステムの解は $C\tilde{x} = x$ を満足する．A が対称行列の場合，C^tAC も対称である

が，MA あるいは AM は本質的に対称ではない．

(1) C^tAC と MA の固有値は同じであることを示せ．また，この二つの行列の固有ベクトル間の関係はどのようなものであるか．

(2) 問題 $C^tAC\tilde{x} = \tilde{b}$ に対するアーノルディ基底の計算手続きを示せ．その手続きが，前処理問題 $MAx = Mb$ のクリロフ空間の M^{-1}-直交基底の生成に帰着することを示せ．

(3) この基底の計算手続きを，スカラー積で線型結合である行列 M と A の積だけを用いて，直接記述できることを示せ．

(4) A が対称行列の場合の，この基底を計算するための漸化式を導け．

(5) 問題 $C^tAC\tilde{x} = \tilde{b}$ に対する GMRES 法について書け．この際に，行列 H_{p+1p} の QR 分解に帰着しないことを示せ．また，前処理問題 $MAx = Mb$ に対するクリロフ空間の M^{-1}-直交基底を使って，問題 $Ax = b$ の近似解の計算法を導け．

(6) A が対称行列の場合，前処理問題 $MAx = Mb$ に対する MINRES 型の漸化式の解法を導け．

12.2 ［完全直交化と固有値を用いたクリロフ法］

次元 n の線型システム $Ax = b$ を GMRES 法あるいは ORTHODIR 法の共役勾配型の完全直交化を用いたクリロフ法により解く．行列は対角化可能で，e_i を固有ベクトルの基底とする．また，λ_i はそれに対応する固有値とする．この基底において，初期の勾配は次のように書ける．

$$g^0 = Ax^0 - b = \sum_{i=1}^{n} \beta_i e_i$$

(1) $p \leqslant n$ である p の集合 Λ_p を考える．ここで p は，非零な係数 β_i に関する固有値 λ_i によってとられる異なる値である．クリロフ法が p 回以上の反復計算で収束することを導きながら，g^0 に関するクリロフ空間の最大次元が p に等しいことを示せ．

(2) 正値対称行列 A を考える．したがって，固有ベクトル e_i は正規直交である．Λ を i 番目の対角成分が λ_i に等しい対角行列とする．$\max(\Lambda_p)/\min(\Lambda_p)$ の関数である共役勾配法の収束速度を導き，基底変換により共役勾配アルゴリズムをシステム $Ax = b$ あるいは $x = \sum_{i=1}^{n} \alpha_i e_i$ の関係であるシステム $\Lambda\alpha = \beta$ に適用しながら，各反復計算で同じ残差が得られることを示せ．

(3) $x^0 = \sum_{i=1}^{n} \alpha_i^0 e_i$ とする．いくつかの添数 i に対して $\alpha_i^0 = \beta_i/\lambda_i$ の場合，共役勾配アルゴリズムはどのようなものであるか述べよ．

第13章 非対称行列のための双直交化法

　非対称行列の場合，簡単な漸化式で行える厳密な直交化法はない．本章では，ランチョス双直交基底の生成から非対称ランチョス法までを紹介する．双共役勾配法（BiCG法）は簡単な漸化式で実行できるものであるが，非対称ランチョス法より構築され，ランチョス法に基づく共役勾配法と似たような方法である．最後には，BiCG法の古典的な2種類の安定化法について解説する．

13.1　非対称行列のためのランチョス双直交基底

　行列 A が非対称行列の場合，対称ランチョス法に対する場合のように，反復計算を少なくするために，どのようにして三重対角である AV_p と V_{p+1} の相関行列を見つけられるだろうか．V_p がある一つの性質を満たすクリロフ空間の正規直交基底の場合，

$$V_p^t A V_p = T_p$$

の関係を得る．ここで，T_p は三重対角行列であり，同時に転置により次の関係をもつ．

$$V_p^t A^t V_p = T_p^t \tag{13.1}$$

式(13.1)は $A^t V_p$ と V_{p+1} の相関行列も三重対角行列であることを意味する．しかし，実際にはこれは起こりえない．なぜなら，ベクトル間の直交性の関係と AV_p と V_{p+1} の近い相関制約により，V_p を定義できるからである．もし，行列 A が非対称行列の場合，$A^t V_p$ と V_{p+1} 間の相関も近いという理由はないため，不可能となる．したがって，制約が多すぎることとなる．

　すべての制約を満足するには，一つだけではなく二つのベクトルのグループ V_p と $\widetilde{V}_p$ が必要となり，これらのベクトルのグループ一方で双直交関係を満たす．つまり，

$$\widetilde{V}_p^t V_p = I_p \tag{13.2}$$

となる．もう一方で，次のような AV_p と V_{p+1}，$A\widetilde{V}_p$ と $\widetilde{V}_{p+1}$ の関係を満たす．

$$\widetilde{V}_p^t A V_p = T_p$$
$$V_p^t A^t \widetilde{V}_p = T_p^t \tag{13.3}$$

これらの関係は，ノルム化された V_p のベクトルに適用することで満たされる．

双直交基底の構築は次のように行われる．

$$g_0 = Ax_0 - b$$
$$v_1 = (1/\|g_0\|)\, g_0$$
$$\widetilde{v}_1 = (1/(g_0, v_1))\, g_0$$

この構築により，$\|v_1\| = 1$ と $(\widetilde{v}_1, v_1) = 1$ の関係を得る．次に，式(13.3)の相関関係を満たすためには，次の関係が満たされるように v_2 と $\widetilde{v}_2$ を定義しなければいけない．

$$\begin{aligned} Av_1 &= \alpha_1 v_1 + \beta_1 v_2 \\ A^t \widetilde{v}_1 &= \widetilde{\alpha}_1 \widetilde{v}_1 + \widetilde{\beta}_1 \widetilde{v}_2 \\ (\widetilde{v}_1, v_2) &= 0 \\ (\widetilde{v}_2, v_1) &= 0 \\ \|v_2\| &= 1 \\ (\widetilde{v}_2, v_2) &= 1 \end{aligned} \qquad (13.4)$$

式(13.4)の関係より，次のようになる．

$$(\widetilde{v}_1, Av_1) = \alpha_1 = (A^t \widetilde{v}_1, v_1) = \widetilde{\alpha}_1$$

条件 $\|v_2\| = 1$ により，以後 γ_1 と表す $\widetilde{\beta}_1$ が $(\widetilde{v}_2, v_2) = 1$ の関係により与えられるときに，条件 $\|v_2\| = 1$ により β_1 を決定する．したがって，最初の非対称のランチョス双直交基底を生成するアルゴリズムの反復計算は，次のように書ける．

$$\begin{aligned} w &= Av_1 \\ \alpha_1 &= (\widetilde{v}_1, Av_1) \\ w &= w - \alpha_1 v_1 \\ \beta_1 &= \|w\| \\ v_2 &= (1/\beta_1)\, w \\ \widetilde{w} &= A^t \widetilde{v}_1 \\ \widetilde{w} &= \widetilde{w} - \alpha_1 \widetilde{v}_1 \\ \gamma_1 &= (\widetilde{w}, v_2) \\ \widetilde{v}_2 &= (1/\gamma_1)\, \widetilde{w} \end{aligned}$$

このアルゴリズムを作成してみれば，V_p と $\widetilde{V}_p$ のベクトルのグループを互いに独立にすることが不可能であることがよくわかる．行列 A が対称行列であるということを除けば，上記の生成されたベクトル w と $\widetilde{w}$ が共直線であるという理由はない．行列 T_p は式(13.3)により定義され，次の形式で表される．

$$T_p = \begin{pmatrix} \alpha_1 & \gamma_1 & 0 & \cdots & \cdots & 0 \\ \beta_1 & \alpha_2 & \gamma_2 & \ddots & & \vdots \\ 0 & \beta_2 & \ddots & \ddots & \ddots & \vdots \\ \vdots & \ddots & \ddots & \ddots & \ddots & 0 \\ \vdots & & \ddots & \ddots & \ddots & \gamma_{p-1} \\ 0 & \cdots & \cdots & 0 & \beta_{p-1} & \alpha_p \end{pmatrix}$$

同様に，p 回目の反復計算において，次の関係を満たすベクトル v_{p+1} と $\widetilde{v}_{p+1}$ を生成する．

$$\begin{aligned} Av_p &= \gamma_{p-1}v_{p-1} + \alpha_p v_p + \beta_p v_{p+1} \\ A^t\widetilde{v}_p &= \beta_{p-1}\widetilde{v}_{p-1} + \alpha_p \widetilde{v}_p + \gamma_p \widetilde{v}_{p+1} \\ (\widetilde{v}_p, v_{p+1}) &= 0 \\ (\widetilde{v}_{p+1}, v_p) &= 0 \\ \|v_{p+1}\| &= 1 \\ (\widetilde{v}_{p+1}, v_{p+1}) &= 1 \end{aligned}$$

非対称のランチョス双直交基底を生成するアルゴリズムの p 回目の反復計算は，

$w = Av_p$
$\alpha_p = (\widetilde{v}_p, Av_p)$
$w = w - \gamma_{p-1}v_{p-1} - \alpha_p v_p \quad (\Rightarrow (w, \widetilde{v}_p) = 0)$
$\beta_p = \|w\|$
$v_{p+1} = (1/\beta_p)\, w$
$\widetilde{w} = A^t \widetilde{v}_p$
$\widetilde{w} = \widetilde{w} - \beta_{p-1}\widetilde{v}_{p-1} - \alpha_p \widetilde{v}_p \quad (\Rightarrow (\widetilde{w}, v_p) = 0)$
$\gamma_p = (\widetilde{w}, v_{p+1})$
$\widetilde{v}_{p+1} = (1/\gamma_p)\, \widetilde{w}$

と書ける．V_p と $\widetilde{V}_p$ が n 行 p 列の矩形行列で，それらの列はそれぞれはじめから p 個のベクトル v_j と $\widetilde{v}_j$ であるとき，二つの基底の性質に次の定理により与えられる．

定理 13.1　ベクトル v_j と $\widetilde{v}_j$ の二つのグループは正規双直交である．すなわち，

$$\widetilde{V}_p^t V_p = I_p$$

であり，次の性質を満たす．

$$\widetilde{V}_p^t A V_p = T_p$$

さらに，ベクトル v_j は正規化されている．

証明 ベクトル v_j は生成過程で正規化されている．さらに，一連のベクトルは次の漸化式を満たす．

$$\begin{aligned} A v_p &= \gamma_{p-1} v_{p-1} + \alpha_p v_p + \beta_p v_{p+1} \\ A^t \widetilde{v}_p &= \beta_{p-1} \widetilde{v}_{p-1} + \alpha_p \widetilde{v}_p + \gamma_p \widetilde{v}_{p+1} \end{aligned} \quad (13.5)$$

これにより，(13.2) の双直交性が満たされることが示される．しかし，係数 α_p, β_p, γ_p は次の関係が満たされるように選ばれる．

$$\begin{aligned} \|v_{p+1}\| &= 1 \\ (\widetilde{v}_p, v_{p+1}) &= 0 \\ (\widetilde{v}_{p+1}, v_p) &= 0 \\ (\widetilde{v}_{p+1}, v_{p+1}) &= 1 \end{aligned}$$

したがって，p について再帰的に，$j < p$ の場合に $(\widetilde{v}_j, v_{p+1}) = (v_j, \widetilde{v}_{p+1})$ であることを示せばよい．しかし，式 (13.5) の関係とベクトルの双直交性についての再帰の仮定より，次の関係式を得る．

$$\begin{aligned} (\widetilde{v}_j, \beta_p v_{p+1}) &= (\widetilde{v}_j, A v_p) - (\widetilde{v}_j, \gamma_{p-1} v_{p-1}) - (\widetilde{v}_j, \alpha_p v_p) \\ &= (A^t \widetilde{v}_j, v_p) - (\widetilde{v}_j, \gamma_{p-1} v_{p-1}) \\ &= [\beta_{j-1} \widetilde{v}_{j-1} + \alpha_j \widetilde{v}_j + (\gamma_j \widetilde{v}_{j+1}, v_p)] - (\widetilde{v}_j, \gamma_{p-1} v_{p-1}) \\ &= \gamma_j (\widetilde{v}_{j+1}, v_p) - \gamma_{p-1} (\widetilde{v}_j, v_{p-1}) \end{aligned}$$

$j < p-1$ の場合，二つのスカラー積は零のままであり，$j = p-1$ の場合，最終行は

$$\gamma_{p-1}(\widetilde{v}_p, v_p) - \gamma_{p-1}(\widetilde{v}_{p-1}, v_{p-1}) = \gamma_{p-1} - \gamma_{p-1} = 0$$

と書ける．同様にして，次のようになる．

$$\begin{aligned} (v_j, \gamma_p \widetilde{v}_{p+1}) &= (v_j, A^t \widetilde{v}_p) - (v_j, \beta_{p-1} \widetilde{v}_{p-1}) - (v_j, \alpha_p \widetilde{v}_p) \\ &= (A v_j, \widetilde{v}_p) - (v_j, \beta_{p-1} \widetilde{v}_{p-1}) \\ &= [\gamma_{j-1} v_{j-1} + \alpha_j v_j + (\beta_j v_{j+1}, \widetilde{v}_p)] - (v_j, \gamma_{p-1} \widetilde{v}_{p-1}) \\ &= \beta_j (v_{j+1}, \widetilde{v}_p) - \beta_{p-1} (v_j, \widetilde{v}_{p-1}) \end{aligned}$$

$j < p-1$ の場合，二つのスカラー積は零のままであり，$j = p-1$ の場合，最終行は

$$\beta_{p-1}(v_p, \tilde{v}_p) - \beta_{p-1}(v_{p-1}, \tilde{v}_{p-1}) = \beta_{p-1} - \beta_{p-1} = 0$$

と書ける．以上より，証明された． □

注記：ベクトル $Av_p - \gamma_{p-1}v_{p-1} - \alpha_p v_p$ が零，あるいは係数 γ_p が 0 の場合に，非対称のランチョス双直交基底を生成するアルゴリズムで間違いに陥りやすい．ベクトル $A^t\tilde{v}_p - \beta_{p-1}\tilde{v}_{p-1} - \alpha_p\tilde{v}_p$ が零，あるいは係数 β_p が 0 の場合も同様である．クリロフ空間 $\tilde{\mathcal{K}}_p = \mathrm{Vect}\{g_0, A^t g_0, (A^t)^2 g_0, \cdots, (A^t)^{p-1} g_0\}$ がその最大の次元に達する場合，クリロフ空間 $\mathcal{K}_p = \mathrm{Vect}\{g_0, Ag_0, A^2 g_0, \cdots, A^{p-1} g_0\}$ に対するものではなくなる可能性がある．この問題を回避し，反復計算を継続するテクニックが存在する．

13.2 非対称ランチョス法

　非対称ランチョス法は，アフィン空間 $x_0 + \mathcal{K}_p$ において近似解を求めることを基本としている．V_p は $\mathcal{K}_p$ の基底であるので，z_p が次元 p のベクトルであるときに，x_p は次の形式で記述できる．

$$x_p = x_0 + V_p z_p$$

また，勾配は次により与えられる．

$$g_p = Ax_p - b = g_0 + AV_p z_p$$

V_p のみが $\mathcal{K}_p$ の正規直交基底を定義できない．z_p の係数は双直交性により決定される．すなわち，次のようになる．

$$\tilde{V}_p^t g_p = 0 \Leftrightarrow \tilde{V}_p^t A V_p z_p = -\tilde{V}_p^t g_0$$

したがって，係数 z_p は三重対角行列のシステムの解となり，次のようになる．

$$T_p z_p = -\tilde{V}_p^t g_0$$

これは，三重対角行列 T_p のガウス分解により簡単に解けるシステムである．
　しかし，この方法は，対称ランチョス法のように，一連の近似解双直交基底ベクトルに反して，簡単な漸化式の計算を用いて構築されないという不都合な点もある．したがって，この方法にはすべてのベクトル v_j を保存しなければならず，格納するための計算という点から計算コストがかかるという問題がある．
　対称ランチョス法に対して行ったように，簡単な漸化式により一連の近似解を計算することのできる新たな基底を求めたい．

13.3 双共役勾配法：BiCG 法

ランチョス法により得られた解の勾配を定義する次の二つの関係がある．

$$g_p = g_0 + AV_p z_p$$
$$\widetilde{V}_p^t g_p = 0$$

g_p は $v_p + 1$ に対して共直線性である．したがって，双直交性と AG_p と G_{p+1} 間の相関行列の三重対角の性質を維持しながら，V_p の基底ベクトルと行列 G_p を定義するベクトル $(g_0, g_1, \cdots, g_{p-1})$ と入れ替えることができる．これらの性質は，行列形式で次のように書ける．

$$\widetilde{V}_p^t G_p = D_p$$
$$\widetilde{V}_p^t AG_p = T_p$$

ここで，D_p は対角行列で，T_p は三重対角行列である．

同様に，双直交性と $A^t \widetilde{G}_p$ と $\widetilde{G}_p$ 間の相関行列の三重対角の性質を維持しながら，ベクトル $\widetilde{V}_p$ を互いに共直線性の関係があるベクトル $(\tilde{g}_0, \tilde{g}_1, \cdots, \tilde{g}_{p-1})$ と入れ替えることができる．D_p を $\widetilde{G}_p$ と $\widetilde{V}_p$ 間の相関対角行列とするとき，次の関係を得る．

$$\widetilde{G}_p = \widetilde{V}_p D_p$$
$$\widetilde{G}_p^t AG_p = D_p \widetilde{V}_p^t AG_p$$

T_p と D_p がそれぞれ三重対角行列と対角行列である場合，これらの積は

$$D_p T_p = \begin{pmatrix} d_1 a_1 & d_1 c_1 & 0 & \cdots & \cdots & 0 \\ d_2 b_1 & d_2 a_2 & d_2 c_2 & \ddots & & \vdots \\ 0 & d_3 b_2 & \ddots & \ddots & \ddots & \vdots \\ \vdots & \ddots & \ddots & \ddots & \ddots & 0 \\ \vdots & & \ddots & \ddots & d_{p-1} b_{p-1} & d_{p-1} c_{p-1} \\ 0 & \cdots & \cdots & 0 & d_p b_{p-1} & d_p a_p \end{pmatrix}$$

となる．d_1 をどのように選んだとしても，$\tilde{g}_0 = d_1 \tilde{v}_0$ であり，対称な積の行列になるように成分 (d_i) を選択することができる．そのためには，成分 (d_i) が次の反復の関係を満たせばよい．

$$d_i b_{i-1} = d_{i-1} c_{i-1}$$

決定される二つの基底 G_p と $\tilde{G}_p$ は次の関係を満たす.

$$\tilde{G}_p^t G_p = D_p$$
$$\tilde{G}_p^t A G_p = T_p$$

ここで, D_p は対角行列であり, T_p は対称な三重対角行列である.

行列 T_p の対称性より, 基底 G_p と $\tilde{G}_p$ の計算は V_p と $\tilde{V}_p$ の計算はより簡単になる. この性質は, 一方でベクトル AG_p と G_{p+1} が, 他方でベクトル $A^t \tilde{G}_p$ と $\tilde{G}_p$ が, 同じ係数でそれぞれ簡単な漸化式により互いに関連付けられていることを意味する. しかし, この性質は, ランチョス法の一連の解を計算するうえで, つねに簡単な漸化式で済むとは限らない. 簡単な漸化式で済むようにするためには, 行列 $\tilde{W}_p^t A W_p$ を対角行列にする必要があり, 新たな基底 W_p と $\tilde{W}_p$ を G_p と $\tilde{G}_p$ から構築しなければならない. 共役勾配法の場合のように, 行列 T_p のクラウト分解を用いる. すなわち,

$$\tilde{G}_p^t A G_p = L_p D_p L_p^t \Leftrightarrow L_p^{-1} \tilde{G}_p^t A G_p L_p^{-t} = D_p$$

である. 行列 W_p を与えるベクトル $(w_0, w_1, \cdots, w_{p-1})$ と行列 $\tilde{W}_p$ を与えるベクトル $(\tilde{w}_0, \tilde{w}_1, \cdots, \tilde{w}_{p-1})$ の二つの新たなグループを定義し, それぞれが $W_p L_p^t = G_p$ と $\tilde{W}_p L_p^t = \tilde{G}_p$ の関係より求められる G_p と $\tilde{G}_p$ から構築される場合, 次の関係を得る.

$$\tilde{W}_p^t A W_p = D_p \tag{13.6}$$

すると, 次のように新しい基底 W_p で表現される.

$$x_p = x_0 + W_p z_p$$
$$g_p = g_0 + A W_p z_p$$

双直交性により次の関係を得る.

$$\tilde{W}_p^t g_p = 0 \Leftrightarrow \tilde{W}_p^t A W_p z_p = -\tilde{W}_p^t g_0$$

定義されるランチョス法の p 回目の反復計算での近似解のベクトルは, 対角システムの解により決定される. すなわち,

$$D_p z_p = -\tilde{W}_p^t g_0$$

となる. 一連の近似解のベクトルが, 次の関係を満たすことが導かれる.

$$x_{p+1} = x_p + \rho_p w_p$$

G_p, $\tilde{G}_p$, W_p, $\tilde{W}_p$ のベクトルのグループ間の関係により, 次式のようにまとめられる.

13.3 双共役勾配法：BiCG 法

$$\begin{aligned}
x_p &= x_{p-1} + \rho_{p-1} w_{p-1} \\
g_p &= g_{p-1} + \rho_{p-1} A w_{p-1} \\
\widetilde{g}_p &= \widetilde{g}_{p-1} + \rho_{p-1} A^t \widetilde{w}_{p-1} \\
w_p &= g_p + \gamma_{p-1} w_{p-1} \\
\widetilde{w}_p &= \widetilde{g}_p + \gamma_{p-1} \widetilde{w}_{p-1}
\end{aligned} \tag{13.7}$$

行列 T_p の対称性と行列 L_p^t が上二重対角なユニタリー行列であるという事実により，ベクトル G_p と AG_p, W_p が，そして他方で $\widetilde{G}_p$ と $A^t \widetilde{G}_p$, $\widetilde{W}_p$ が，式(13.7)において簡単な漸化式の関係で関連付けられている．さて，この方法を定義するためには，二つの係数 ρ_p と γ_p を定義し，そのためにベクトル G_p と $\widetilde{G}_p$, W_p と $\widetilde{W}_p$ が互いに満足する双直交性の関係を用いればよい．実際，W_p と $\widetilde{W}_p$ が式(13.6)により双共役基底を形成するのに対し，G_p と $\widetilde{G}_p$ は $\mathcal{K}_p$ と $\widetilde{\mathcal{K}}_p$ の二つの双直交基底を形成する．したがって，次の関係が導かれる．

$$\begin{aligned}
(g_p, \widetilde{w}_{p-1}) = 0 &\Leftrightarrow \rho_{p-1} = -\frac{(g_{p-1}, \widetilde{w}_{p-1})}{(A w_{p-1}, \widetilde{w}_{p-1})} \\
(w_p, A^t \widetilde{w}_{p-1}) = 0 &\Leftrightarrow \gamma_{p-1} = -\frac{(g_p, A^t \widetilde{w}_{p-1})}{(A w_{p-1}, \widetilde{w}_{p-1})}
\end{aligned} \tag{13.8}$$

式(13.7), (13.8)により新しいアルゴリズムが定義され，そのアルゴリズムは双共役勾配法 (Biconjugate Gradien 法)，あるいは BiCG 法とよばれる．

双共役勾配の初期化：

$g_0 = A x_0 - b$
$w_0 = g_0$
$\widetilde{g}_0 = g_0$
$\widetilde{w}_0 = \widetilde{g}_0$

双共役勾配の p 回目の反復計算：

$v = A w_{p-1}$
$\widetilde{v} = A^t \widetilde{w}_{p-1}$
$\rho_{p-1} = -(g_{p-1}, \widetilde{w}_{p-1})/(v, \widetilde{w}_{p-1})$
$x_p = x_{p-1} + \rho_{p-1} w_{p-1}$
$g_p = g_{p-1} + \rho_{p-1} v$
$\widetilde{g}_p = \widetilde{g}_{p-1} + \rho_{p-1} \widetilde{v}$
  `if` $(g_p, g_p)/(b, b) < \epsilon^2$ `then`
    `Fin`

```
end if
```
$\gamma_{p-1} = -(g_p, \tilde{v})/(v, \tilde{w}_{p-1})$
$w_p = g_p + \gamma_{p-1} w_{p-1}$
$\tilde{w}_p = \tilde{g}_p + \gamma_{p-1} \tilde{w}_{p-1}$

各反復計算では，二つの行列-ベクトル積の計算，すなわち $v = Aw_{p-1}$ と $\tilde{v} = A^t \tilde{w}_{p-1}$，四つのスカラー積の計算，すなわち $(g_{p-1}, \tilde{w}_{p-1})$, $(v, \tilde{w}_{p-1})$, (g_p, g_p), $(g_p, \tilde{v})$，五つのベクトルの線型結合の計算，すなわち $x_p = x_{p-1} + \rho_{p-1} w_{p-1}$, $g_p = g_{p-1} + \rho_{p-1} v$, $\tilde{g}_p = \tilde{g}_{p-1} + \rho_{p-1} \tilde{v}$, $w_p = g_p + \gamma_{p-1} w_{p-1}$, $\tilde{w}_p = \tilde{g}_p + \gamma_{p-1} \tilde{w}_{p-1}$ を実行すればよい．

注記：双共役勾配法のアルゴリズムは，双共役ランチョス法を実装するのによい方法である．しかし，$\mathcal{K}_p$ と $\tilde{\mathcal{K}}_p$ の双直交基底を生成するうえでの手続きのブロックが原因，あるいは行列 T_p が可逆行列ではない，またはピボット選択なしで分解できないために，上手くいかないことがある．ただし，このような状況でもうまく進める方法がある．

13.4　準最小残差法：QMR 法

BiCG 法の不便さは，行列が正値対称行列であり，共役勾配法に帰着できる場合を除いては，p 回目の反復計算において計算される近似解により残差ベクトル g_p のノルムが最小化されないことである．近似解を定義する双直交性の関係により $\|g_p\|$ の強い振動が生じ，この方法が不安定になる．さらに，前述の注記の最後で述べたように，行列 T_p が可逆行列ではない場合，うまくいかないことがある．

非対称のランチョス基底の構築に帰着すると，次の関係を得る．

$$AV_p = V_{p+1} T_{p+1 p}$$

$p+1$ 行 p 列の矩形行列 $T_{p+1 p}$ は，次のようになる．

$$T_{p+1 p} = \begin{pmatrix} \alpha_1 & \gamma_1 & 0 & \cdots & \cdots & 0 \\ \beta_1 & \alpha_2 & \gamma_2 & \ddots & & \vdots \\ 0 & \beta_2 & \ddots & \ddots & \ddots & \vdots \\ \vdots & \ddots & \ddots & \ddots & \ddots & 0 \\ \vdots & & \ddots & \ddots & \ddots & \gamma_{p-1} \\ \vdots & & & \ddots & \beta_{p-1} & \alpha_p \\ 0 & \cdots & \cdots & \cdots & 0 & \beta_p \end{pmatrix}$$

$x_p = x_0 + V_p z_p$ 上の近似解により，次の残差ベクトルが与えられる．

$$g_p = Ax_p - b = g_0 + V_{p+1}T_{p+1p}z_p = V_{p+1}\bigl(\|g_0\|e^1_{p+1} + T_{p+1p}z_p\bigr) \qquad (13.9)$$

ここで，e^1_{p+1} は 1 番目の次元 $p+1$ の標準基底ベクトルである．

V_{p+1} のベクトルは正規直交基底を形成しないが，すべてのノルムが 1 に等しい．ここで，z_p を次の値を最小にするベクトルとする．

$$r(z_p) = \bigl\|\|g_0\|e^1_{p+1} + T_{p+1p}z_p\bigr\|^2 \qquad (13.10)$$

この方法により得られた残差のノルムの正確な値を，たとえば GMRES 法を適用した場合に得られる $x_0 + \mathcal{K}_p$ における最適な残差のノルム g^{opt}_p の関数として見積もることができるであろうか．そこで，矩形行列 V とベクトル $y = Vx$ を考える．

$$(y, y) = (Vx, Vx) = (V^t Vx, x) \qquad (13.11)$$

行列 $V^t V$ は正値対称行列である．この行列により，固有ベクトルの正規直交基底と固有値が正となる．これらの固有値の平方根を V の特異値という．行列が対称な正値で正方な場合，特異値は V の固有値に対して独立である．V の列が正規直交なベクトルのグループを形成する場合，$V^t V = I$ と V のすべての特異値が 1 となる．式(13.11)より，次の関係を得る．

$$\sigma_{\min}\|x\| \leqslant \|y\| \leqslant \sigma_{\max}\|x\|$$

ここで，$\sigma_{\min}$ と $\sigma_{\max}$ はそれぞれ最小と最大の V の特異値である．$\kappa(V) = \sigma_{\max}/\sigma_{\min}$ は V の条件数である．g_p を式(13.10)で定義される $r(z_p)$ を最小にする z_p に対して得られる残差ベクトルとする．

定理 13.2 次が成り立つ．

$$\|g_p\| \leqslant \sqrt{p+1}\sqrt{r(z_p)} \quad \text{かつ} \quad \|g_p\| \leqslant \kappa(V_{p+1})\|g^{\text{opt}}_p\|$$

証明 式(13.9)より，

$$\|g_p\| \leqslant \sigma_{\max}\sqrt{r(z_p)}$$

である．ここで，$\sigma_{\max}$ は V_{p+1} の特異値である．V_{p+1} のベクトルは，ノルムが 1 に等しく，行列 $V^t_{p+1}V_{p+1}$ のすべての対角成分も 1 である．この行列のトレースは $p+1$ に等しい．したがって，最大の固有値は $p+1$ 以下で，$\sigma_{\max} = \sqrt{p+1}$ である．

最適な残差ベクトルは，必然的に次のように書ける．

$$g^{\text{opt}}_p = V_{p+1}\bigl(\|g_0\|e^1_{p+1} + T_{p+1p}z'_p\bigr)$$

したがって，次のように $\|g_p^{\text{opt}}\|$ を低く見積もることができる．

$$\|g_p^{\text{opt}}\| \geqslant \sigma_{\min}\|\|g_0\|e_{p+1}^1 + H_{p+1p}z_p'\| \geqslant \sigma_{\min}\sqrt{r(z_p)}$$

$\|g_p\| \leqslant \sigma_{\max}\sqrt{r(z_p)}$ の関係とともに上式を考慮すると，上の定理は証明される． □

この定理より，$r(z_p)$ を最小にすることは，g_p をコントロールするうえで理にかなっていることがわかる．しかし，$\sigma_{\min}$ が非常に小さいため，V_{p+1} の条件数は大きくならない．

これまで紹介してきた方法は，準最小残差法または QMR 法とよばれる．実装の方法は MINRES 法とよく似ている．とくに，$r(z_p)$ の最小化のような最小自乗法は，ギブンス回転を用いて QR 法により解くことができる．さらに，非対称ランチョス法の性質により，たとえ行列 A が対称でなくとも行列 T_{p+1p} は三重対角である．ギブンス回転が連続する二つの行についてのみ演算されるので，T_{p+1p} の QR 分解の上三角行列 R_p が，次の形式で記述できることは容易にわかる．

$$R_p = \begin{pmatrix} r_{11} & r_{12} & r_{13} & 0 & \cdots & & & 0 \\ 0 & \ddots & \ddots & \ddots & \ddots & & & \vdots \\ \vdots & & \ddots & \ddots & \ddots & \ddots & & \vdots \\ \vdots & & & \ddots & \ddots & \ddots & & 0 \\ \vdots & & & & \ddots & r_{p-2p-2} & r_{p-2p-1} & r_{p-2p} \\ \vdots & & & & & \ddots & r_{p-1p-1} & r_{p-1p} \\ 0 & \cdots & \cdots & \cdots & \cdots & 0 & r_{pp} \end{pmatrix}$$

MINRES 法の場合のように，この特徴により簡単な漸化式で近似解を得ることができる．$r(z_p)$ の最小化問題の解は，次式で与えられる．

$$R_p z_p = \tilde{y}_p \tag{13.12}$$

ここで，$\tilde{y}_p$ はベクトル $-\|g_0\|Q_{p+1}e_{p+1}^1$ のはじめから p 番までの成分のベクトルであり，Q_{p+1} は直交行列である．ギブンス回転の積は次のようになる．

$$Q_{p+1}T_{p+1p} = \begin{pmatrix} R_p \\ (\,0 \,\cdots\, 0\,) \end{pmatrix}$$

ベクトルの最後の成分 r_{p+1} は $r(z_p)$ の最小値を与える．より正確にいうと，z_p がシステム (13.12) の解である場合，次のようになる．

$$r_{p+1} = \pm\sqrt{r(z_p)}$$

z_p により定義される近似解は次のように書ける．

$$x_p = x_0 + V_p R_p^{-1} \tilde{y}_p = x_0 + W_p \tilde{y}_p$$

$W_p = V_p R_p^{-1}$ の列ベクトルにより，クリロフ空間 $\mathcal{K}_p$ の新しい基底が定義される．

ベクトル $-\|g_0\| Q_{p+1} e_{p+1}^1$ のはじめから $p-1$ 番までの成分は，ベクトル $-\|g_0\| Q_p e_p^1$ の成分に対して独立である．最後の二つの成分は，単に角度 θ_p のギブンスの回転を p と $p+1$ 行に適用することで計算できる．すなわち，

$$\begin{pmatrix} \tilde{y}_p(p) \\ r_{p+1} \end{pmatrix} = \begin{pmatrix} c_p & -s_p \\ s_p & c_p \end{pmatrix} \begin{pmatrix} r_p \\ 0 \end{pmatrix}$$

となる．これは一連の近似解が，新しい基底 W_p において簡単な漸化式により計算されることを意味する．

$$x_p = x_0 + W_p \tilde{y}_p = x_0 + W_{p-1} \tilde{y}_{p-1} + \tilde{y}_p(p) w_p = x_{p-1} + \tilde{y}_p(p) w_p$$

$W_p R_p = V_p$ の関係は，ランチョス基底ベクトルから新しい基底ベクトルがどのように計算されるかを示している．行列 R_p の非零な三つの対角の上にある上三角構造は，この関係も簡単な漸化式であることを意味する．すなわち，

$$v_p = r_{p-2p} w_{p-2} + r_{p-1p} w_{p-1} + r_{pp} w_p \Leftrightarrow w_p = \frac{1}{r_{pp}} (v_p - r_{p-2p} w_{p-2} - r_{p-1p} w_{p-1})$$

である．MINRES 法の場合のように，T_{p+1p} の p 番目の列は p 行と $p+1$ 行に位置する二つの非零項のみをもつ．したがって，ギブンス回転の最後の二つの項だけが必要となる．

最終的に，QMR 法のアルゴリズムは次のように書ける．
QMR 法の初期化：

$g_0 = Ax_0 - b$
$r_1 = -\|g_0\|$
$v_1 = (1/\|g_0\|) g_0$
$\widetilde{v}_1 = (1/(g_0, v_1)) g_0$

非対称ランチョス双共役基底の $p+1$ のベクトルの構築：

$w = A v_p$
$w = w - \gamma_{p-1} v_{p-1}$
$\alpha_p = (\widetilde{v}_p, w)$
$w = w - \alpha_p v_p$
$\beta_p = \|w\|$
$v_{p+1} = (1/\beta_p) w$

$$\widetilde{w} = A^t \widetilde{v}_p$$
$$\widetilde{w} = \widetilde{w} - \beta_{p-1} \widetilde{v}_{p-1} - \alpha_p \widetilde{v}_p$$
$$\gamma_p = (\widetilde{w}, v_{p+1})$$
$$\widetilde{v}_{p+1} = (1/\gamma_p)\, \widetilde{w}$$

ギブンス回転の最後の二つの項の，T_{p+1p} の p 番目の列への適用：

$$\begin{pmatrix} r_{p-2p} \\ \delta_1 \end{pmatrix} = \begin{pmatrix} c_{p-2} & -s_{p-2} \\ s_{p-2} & c_{p-2} \end{pmatrix} \begin{pmatrix} 0 \\ \gamma_{p-1} \end{pmatrix}$$

$$\begin{pmatrix} r_{p-1p} \\ \delta_2 \end{pmatrix} = \begin{pmatrix} c_{p-1} & -s_{p-1} \\ s_{p-1} & c_{p-1} \end{pmatrix} \begin{pmatrix} \delta_1 \\ \alpha_p \end{pmatrix}$$

新規のギブンス回転の計算と R とベクトル y の p 番目の列の更新：

$$c_p = 1/\sqrt{1 + (\beta_p/\delta_2)^2}$$
$$s_p = -c_p\, (\beta_p/\delta_2)$$
$$\begin{pmatrix} r_{pp} \\ 0 \end{pmatrix} = \begin{pmatrix} c_p & -s_p \\ s_p & c_p \end{pmatrix} \begin{pmatrix} \delta_2 \\ \beta_p \end{pmatrix}$$
$$\begin{pmatrix} \rho_p \\ r_{p+1} \end{pmatrix} = \begin{pmatrix} c_p & -s_p \\ s_p & c_p \end{pmatrix} \begin{pmatrix} r_p \\ 0 \end{pmatrix}$$

新規のベクトル w_p と近似解の計算：

$$w_p = (v_p - r_{p-2p} w_{p-2} - r_{p-1p} w_{p-1})/r_{pp}$$
$$x_p = x_{p-1} + \rho_p w_p$$

注記：QMR 法は，簡単な漸化式を維持しながら BiCG 法を安定にするという二つの利点があり，行列 T_p が特異な場合でもエラーを起こさない．なぜなら，ギブンス回転の方法による $r(z_p)$ の最小化問題の解は，T_{p+1p} のランクが p のときのみ存在するからである．

13.5　安定化双共役勾配法：BiCGSTAB 法

ほかにも，BiCG 法を安定にする古典的な方法があり，その方法は GMRES 法や ORTHODIR 法の場合のように，BiCG 法の二つの反復計算の間に厳密に最小化するステップを挟む．これらすべての方法が，残差ベクトルを，g_0 に適用される A の最適な多項式のように決定することに基礎を置くので，代数変換により計算が行え，BiCGSTAB 法は最小化と双直交化の相互的な漸化式として表現できる．

より正確にいえば，BiCG 法において，勾配ベクトルと降下方向により，クリロフ空間 $\mathcal{K}_p$ と $\widetilde{\mathcal{K}}_p$ の双直交基底と双共役基底が形成される．それらは次のように書ける．

13.5 安定化双共役勾配法：BiCGSTAB法

$$g_p = \phi_p(A)g_0, \qquad w_p = \theta_p(A)g_0$$
$$\widetilde{g}_p = \phi_p(A^t)\widetilde{g}_0, \qquad \widetilde{w}_p = \theta_p(A^t)\widetilde{g}_0 \tag{13.13}$$

ここで，ϕ_p と θ_p は次数が p の多項式である．

BiCG法を定義する式(13.7)により，多項式 ϕ と θ の間の次の漸化式が得られる．

$$\phi_0(A) = I, \qquad\qquad \theta_0(A) = I$$
$$\phi_p(A) = \phi_{p-1}(A) + \rho_{p-1}A\theta_{p-1}(A), \qquad \theta_p(A) = \phi_p(A) + \gamma_{p-1}\theta_{p-1}(A) \tag{13.14}$$

一方，GMRES法やORTHODIR法のような厳密な最小化アルゴリズムの最初の反復計算は，新しい基底が最小になるように初期の残差と共直線な降下方向から近似解を計算することに基づいている．すなわち，次のようになる．

$$x_1 = x_0 + \omega g_0$$

線型性より，一連の勾配ベクトル間の次のような関係を導くことができる．

$$g_1 = g_0 + \omega A g_0 = (I + \omega A)g_0$$

ここで，ω は $\|g_1\|$ が最小になるように計算される．次の漸化式を満たす多項式 φ のグループを決定することで，最小化と双共役を交互に行うことができる．

$$\varphi_0(A) = I$$
$$\varphi_p(A) = (I + \omega_{p-1}A)\varphi_{p-1}(A) \tag{13.15}$$

各反復計算において，係数 ω は勾配ベクトルと修正した降下方向の二つの新たなグループを決定する解法の残差を最小にするように計算される．

$$r_p = \varphi_p(A)\phi_p(A)g_0, \quad d_p = \varphi_p(A)\theta_p(A)g_0 \tag{13.16}$$

行列を A の多項式がそれら多項式の間で互換するように書けるので，式(13.16)で交互に行われる最小化と双直交化に起因する多項式の項は再グループ化できる．

式(13.14)，(13.15)を用いて，互換に関する同様の議論により，ベクトル r と p に関する次の漸化式を書くことができる．

$$\begin{aligned}
r_p &= \varphi_p(A)\phi_p(A)g_0 \\
&= (I + \omega_{p-1}A)\varphi_{p-1}(A)\big(\phi_{p-1}(A) + \rho_{p-1}A\theta_{p-1}(A)\big)g_0 \\
&= (I + \omega_{p-1}A)\big(\varphi_{p-1}(A)\phi_{p-1}(A)g_0 + \rho_{p-1}A\varphi_{p-1}(A)\theta_{p-1}(A)\big)g_0 \\
&= (I + \omega_{p-1}A)(r_{p-1} + \rho_{p-1}Ad_{p-1}) \\
&= r_{p-1} + A\big(\rho_{p-1}d_{p-1} + \omega_{p-1}(r_{p-1} + \rho_{p-1}Ad_{p-1})\big)
\end{aligned}$$

$$
\begin{aligned}
d_p &= \varphi_p(A)\theta_p(A)g_0 \\
&= \varphi_p(A)\bigl(\phi_p(A) + \gamma_{p-1}\theta_{p-1}(A)\bigr)g_0 \\
&= \varphi_p(A)\phi_p(A)g_0 + \gamma_{p-1}\phi_p(A)\theta_{p-1}(A)g_0 \\
&= \varphi_p(A)\phi_p(A)g_0 + \gamma_{p-1}(I+\omega_{p-1}A)\varphi_{p-1}(A)\theta_{p-1}(A)g_0 \\
&= r_p + \gamma_{p-1}(I+\omega_{p-1}A)d_{p-1}
\end{aligned}
$$

最終的に，BiCG 法により得られる勾配ベクトル $q_p = r_p + \rho_p A d_p$ を導入することにより，漸化式は次のように書ける．

$$r_p = r_{p-1} + A(\rho_{p-1}d_{p-1} + \omega_{p-1}q_{p-1}) \tag{13.17}$$

$$d_p = r_p + \gamma_{p-1}(d_{p-1} + \omega_{p-1}Ad_{p-1}) \tag{13.18}$$

上記の式に現れる修正勾配 r_p の定義により，p 回目の反復計算で計算される近似解のベクトルは，次の漸化式の関係を満たす．

$$x_p = x_{p-1} + \rho_{p-1}d_{p-1} + \omega_{p-1}q_{p-1}$$

さて，残るのは三つの係数 ω_{p-1} と ρ_{p-1}，γ_{p-1} の決定である．

係数 ω_{p-1} に関しては，その値が残差 $\|r_p\|$ を最小にしなければならない．ところで，式 (13.17) は

$$r_p = q_{p-1} + \omega_{p-1}Aq_{p-1}$$

を与え，したがって，次の関係を得る．

$$\|r_p\|^2 = \|q_{p-1}\|^2 + 2\omega_{p-1}(Aq_{p-1}, q_{p-1}) + \omega_{p-1}^2\|Aq_{p-1}\|^2$$

関数 $f(\omega) = \|q_{p-1}\|^2 + 2\omega(Aq_{p-1}, q_{p-1}) + \omega^2\|Aq_{p-1}\|^2$ は凸関数である．その最小値は微分が 0 になる点である．したがって，ただちに ω_{p-1} を定義する式を導くことができる．すなわち，次のようになる．

$$\omega_{p-1} = -\frac{(Aq_{p-1}, q_{p-1})}{\|Aq_{p-1}\|^2}$$

この式は，A^tA に関するスカラー積に対しての q_{p-1} の方向で，q_{p-1} において最小にする式である．

係数 ρ_{p-1} と γ_{p-1} に関しては，それらは BiCG 法の直交性により決定される．この直交性とは，降下の方向は双共役のグループを形成するが，勾配が双直交のグループを形成することである．式 (13.16) での多項式の表現により，$i \neq j$ の場合のすべての添数 (i,j) の組に対して，これらの性質は次のように書ける．

$$
\begin{aligned}
(g_i, \widetilde{g}_j) &= \bigl(\phi_i(A)g_0, \phi_j(A^t)\widetilde{g}_0\bigr) = \bigl(\phi_j(A)\phi_i(A)g_0, \widetilde{g}_0\bigr) = 0 \\
(Aw_i, \widetilde{w}_j) &= \bigl(A\theta_i(A)g_0, \theta_j(A^t)\widetilde{g}_0\bigr) = \bigl(A\theta_j(A)\theta_i(A)g_0, \widetilde{g}_0\bigr) = 0
\end{aligned}
\tag{13.19}
$$

次数 i の多項式 ϕ_i と θ_i の漸化式(13.14)が導かれる.したがって,これらの多項式は多項式の集合の基底を形成する.最終的に,式(13.19)によりすべての添数 $j \leqslant i-1$ に対して,次の直交関係が得られる.

$$
\begin{aligned}
\bigl(A^j \phi_i(A)g_0, \widetilde{g}_0\bigr) &= 0 \\
\bigl(A^{j+1} \theta_i(A)g_0, \widetilde{g}_0\bigr) &= 0
\end{aligned}
$$

漸化式(13.14)を考慮して,多項式 ϕ_i と θ_i の次数 i の単項式は,係数として $\alpha_i = \prod_{j=0}^{i-1} \rho_j$ をもつ.同様にして,漸化式(13.15)より,多項式 φ_i は次数が i で,次数 i の単項式は,係数として $\beta_i = \prod_{j=0}^{i-1} \omega_j$ をもつ.

これらの関係を用いて,多項式 ϕ と θ を使っていくつかのスカラー積を再定義しながら,BiCG 法(13.8)における係数 ρ_{p-1} を再び計算できる.すなわち,

$$
\begin{aligned}
(g_{p-1}, \widetilde{w}_{p-1}) &= \bigl(\phi_{p-1}(A)g_0, \theta_{p-1}(A^t)\widetilde{g}_0\bigr) \\
&= \bigl(\theta_{p-1}(A)\phi_{p-1}(A)g_0, \widetilde{g}_0\bigr) \\
&= \alpha_{p-1}\bigl(A^{p-1}\phi_{p-1}(A)g_0, \widetilde{g}_0\bigr) \\
(Aw_{p-1}, \widetilde{w}_{p-1}) &= \bigl(A\theta_{p-1}(A)g_0, \theta_{p-1}(A^t)\widetilde{g}_0\bigr) \\
&= \bigl(A\theta_{p-1}(A)\theta_{p-1}(A)g_0, \widetilde{g}_0\bigr) \\
&= \alpha_{p-1}\bigl(A^p \theta_{p-1}(A)g_0, \widetilde{g}_0\bigr)
\end{aligned}
\tag{13.20}
$$

となる.BiCGSTAB 法の修正ベクトルを用いて,上記のスカラー積の値を求めることができる.すなわち,次のようになる.

$$
\begin{aligned}
(r_{p-1}, \widetilde{g}_0) &= \bigl(\varphi_{p-1}(A)\phi_{p-1}(A)g_0, \widetilde{g}_0\bigr) \\
&= \beta_{p-1}\bigl(A^{p-1}\phi_{p-1}(A)g_0, \widetilde{g}_0\bigr) \\
(Ad_{p-1}, \widetilde{g}_0) &= \bigl(A\varphi_{p-1}(A)\theta_{p-1}(A)g_0, \widetilde{g}_0\bigr) \\
&= \beta_{p-1}\bigl(A^p \theta_{p-1}(A)g_0, \widetilde{g}_0\bigr)
\end{aligned}
\tag{13.21}
$$

式(13.20), (13.21)よりただちに,修正ベクトルを用いて,次のように ρ_{p-1} を計算できる.

$$
\rho_{p-1} = -\frac{(g_{p-1}, \widetilde{w}_{p-1})}{(Aw_{p-1}, \widetilde{w}_{p-1})} = -\frac{(A^{p-1}\phi_{p-1}(A)g_0, \widetilde{g}_0)}{(A^p \theta_{p-1}(A)g_0, \widetilde{g}_0)} = -\frac{(r_{p-1}, \widetilde{g}_0)}{(Ad_{p-1}, \widetilde{g}_0)}
$$

したがって,BiCGSTAB 法により,修正ベクトル間のスカラー積を用いて係数 ω_{p-1} と ρ_{p-1} を計算できる.これにより,新しい修正勾配 r_p と同様な方法で係数 γ_{p-1} を計算できる.

BiCG 法において，次のスカラー積の計算が必要となる．

$$\begin{aligned}(g_p, A^t \widetilde{w}_{p-1}) &= (A\phi_p(A)g_0, \theta_{p-1}(A^t)\widetilde{g}_0) \\ &= (A\theta_{p-1}(A)\phi_p(A)g_0, \widetilde{g}_0) \\ &= \alpha_{p-1}(A^p \phi_p(A)g_0, \widetilde{g}_0)\end{aligned} \quad (13.22)$$

BiCGSTAB 法の修正ベクトルを用いて，

$$\begin{aligned}(r_p, \widetilde{g}_0) &= (\varphi_p(A)\phi_p(A)g_0, \widetilde{g}_0)) \\ &= \beta_p (A^p \phi_p(A)g_0, \widetilde{g}_0)\end{aligned} \quad (13.23)$$

となる．式 (13.22)，(13.23) は式 (13.20)，(13.21) に加えられ，修正ベクトルを用いて γ_{p-1} が計算される．すなわち，次のようになる．

$$\gamma_{p-1} = -\frac{(g_p, A^t \widetilde{w}_{p-1})}{(Aw_{p-1}, \widetilde{w}_{p-1})} = -\frac{(A^p \phi_p(A)g_0, \widetilde{g}_0)}{(A^p \theta_{p-1}(A)g_0, \widetilde{g}_0)} = -\frac{1}{\omega_{p-1}} \frac{(r_p, \widetilde{g}_0)}{(Ad_{p-1}, \widetilde{g}_0)}$$

最終的に，次の BiCGSTAB 法のアルゴリズムにたどり着く．

初期化：

$g_0 = Ax_0 - b$
$d_0 = g_0$
$\widetilde{g}_0 = g_0$
$r_0 = g_0$

p 回目の反復計算：

$v = Ad_{p-1}$
$\rho_{p-1} = -(r_{p-1}, \widetilde{g}_0)/(v, \widetilde{g}_0)$
$q_{p-1} = r_{p-1} + \rho_{p-1} v$
$w = Aq_{p-1}$
$\omega_{p-1} = -(w, q_{p-1})/\|w\|^2$
$r_p = q_{p-1} + \omega_{p-1} w$
$x_p = x_{p-1} + \rho_{p-1} d_{p-1} + \omega_{p-1} q_{p-1}$
```
if  (r_p, r_p)/(b, b) < ε² then
    Fin
end if
```
$\gamma_{p-1} = -(1/\omega_{p-1})(r_p, \widetilde{g}_0)/(v, \widetilde{g}_0)$
$d_p = r_p + \gamma_{p-1}(d_{p-1} + \omega_{p-1} v)$

ここで,この方法が A^t による積を必要としないことに注意されたい.逆に,反復計算で二つの A の積が必要となる.反復ごとの計算コストは BiCG 法と同じで,反復ごとに厳密最小化が実行されるため,本質的により速く,より安定である.

注記:多項式を用いた定式化は,すべてのクリロフ法に対して用いることができる.定式化により最適な収束結果を見出すことができる.また,非対称ランチョス法のアルゴリズムに起因してブロックが発生する場合に,それを回避して続行するための戦略を決定できる.

第14章 クリロフ法の並列化

クリロフ法では，三つの種類の演算が必要となり，それらは行列 – ベクトル積，スカラー積，ベクトル線型結合である．これらの演算の並列化を行うためには，行列やベクトルの分割部分に対してプロセスを割り当てる必要がある．方程式の集合を分割することは，ベクトルや行列を行の部分集合ごとに分割することであり，これは行列の行のブロックに分割することを意味する．

線型結合をどのように並列化するかは自明である．すなわち，各プロセスは割り当てられた部分ベクトル上で計算される．スカラー積に対しては，各プロセスが部分ベクトルの項（寄与）と標準的なリダクション演算である個々の項（寄与）のアセンブリングを担う．

しかし，もっとも重要なことが残っている．それは行列 – ベクトル積である．この点については本章で，とりわけ疎行列に対する部分構造法における行列 – ベクトル積について詳しく述べる．

14.1 密な行列 – ベクトル積の並列化

方程式の集合を分割することにより，各プロセスで処理されるベクトルの一部分に相当する行ブロックを得ることができる．図14.1ではこれらの要素は黒色で示されている．しかし，行ブロックのための行列 – ベクトル積 $y = Ax$ を実行するプロセスは，基本的にはベクトル x に相当する要素のみをもち，これらも図14.1では黒色で示されている．この積を実行するために，プロセスはベクトル x のすべての要素を必要とする．図14.1において灰色で示されている不足の要素を入手する必要がある．

すべてのプロセスに対して同様なので，分配されたベクトルの一部分を用いて，至る部分で完全なベクトル x を再構築しなければならない．グループ通信の方法が重要であり，ここでは一度に送信と受信が行われる．MPIの構文は次のとおりである．

```
MPI_Allgather(array_local, number_of_data_send,
              type_of_data_send, array_complete, number_of_data_receive,
              type_of_data_receive, communicator)
```

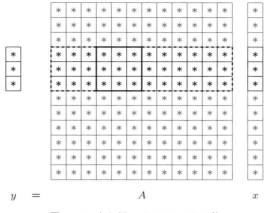

図 14.1 密な行のブロックによる積

パラメータ number_of_data_send, type_of_data_send と number_of_data_receive, および type_of_data_receive は冗長性である．すなわち，それぞれ各プロセスでの局所ベクトル x のサイズと型を記述している．つまり，発信プロセスと，ほかのプロセスから受信するデータのサイズと型のことである．array_complete は，各プロセスにおいて，同じサイズの局所的な配列をもち，プロセス番号に従って配列されている．したがって，局所ベクトル x のサイズは一様で，最初のプロセスは最初の部分ベクトルを処理し，2番目のプロセスは2番目の部分ベクトルを処理するというように，わかりやすい処理となる．

MPIでは，プロセス番号とは異なる順序で配置した可変長の局所ベクトルを用いて，もとの全体配列を再構築する同じ種類の演算を行える．この関数は MPI_Allgatherv とよばれ，v は可変 (varible) を意味する．そして，全体のパラメータ number_of_data_receive はプロセス数と等しい次元の二つの全体配列に取って替わられる．

number_of_data_receive, および delay_of_data_receive は，各プロセスにおける受信データの変数の数と受信配列内で配置された位置を示す．

14.2 点集合による疎な行列-ベクトル積の並列化

疎行列に対して同じ手続きを適用する場合，あるプロセスは行列の行の集合を処理して，自身の疎な矩形ブロックによる積を行わなければならない．基本的に，使用可能な行列の行に対応する部分ベクトルのみを使いながら，積 $y = Ax$ の計算に関与するために，非零成分をもつ局所行列の列のすべての添数に対して，ベクトル x の値が必要となる．図 14.2 において，これらの項（成分）は黒色で示されている．灰色の項は

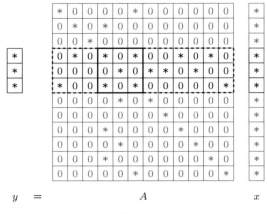

図 14.2 疎な行のブロックによる積

とくに必須ではない．この並列化の方法により，安定した十分な並列度を得ることができる．そのためには，異なるプロセスへほぼ同じ数の非零成分を含む同じサイズの行ブロックを割り当てればよい．しかし，分散メモリのシステムに実装するには，粒度が大きいという問題に阻まれる．実際，疎な局所行列による積の計算を行うための演算の組 $(+, \star)$ の数は，n が行列の次元，p がプロセッサの数，C が行ごとの非零成分の平均の数である場合，Cn/p のオーダーである．図 14.2 に示すように，積の計算を行う前のベクトル x の成分の総数は，局所行列がほぼすべての列で非零成分をもつ場合，$(p-1)n/p$ であろう．したがって，通信データ量は，行列の積を実行するうえで必要な x 以外の成分の数を劇的に制限する方法がある場合を除いて，算術演算数に比べて小さくないことは間違いない．

最良のアプローチは，疎行列のグラフの解析，つまり関連するメッシュの解析に帰着することである．ある局所部分行列に関する頂点の集合により，部分グラフが決定される．この部分グラフの頂点を結ぶ辺は，対角ブロックに位置する行列の成分を表す．行列の積を実行するとき，対角行列による積ではベクトル x の局所成分のみが必要となる．逆に，局所部分グラフの頂点と外の頂点を結ぶ辺によるグラフ上で表される対角外の成分は，対応するベクトル x の成分を必要とする．図 14.3 において，局所行列に関連する辺は実線で示され，外の頂点を結ぶ辺は破線で示されている．

この解析からわかることは，通信の最小化問題により行列のグラフの分割，つまりメッシュ分割の問題が生じることである．辺の多くは内側にあり，対角ブロックの成分に対応するため，すべての局所頂点は互いに隣接し，穴のない部分メッシュを形成していなければならない．逆に，ブロックによる積を行ううえで必要となるベクトルの非局所頂点は，内側の頂点に隣接する外側の頂点に対応する．つまり，局所頂点に

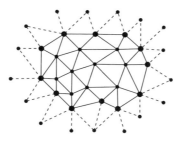

図 14.3　行のブロックに関する部分グラフ

より形成された部分構造の外側の境界に対応する．最終的に，タスク（負担）が均等になるように同じ大きさの部分構造にメッシュを分けることが最適であり，データ通信を制限するためにできるだけ境界を小さくする．したがって，部分構造は位相幾何学的に（トポロジカルに）できるだけ球の形にならなければいけない．なぜなら，与えられた体積に対し，球がもっとも外側の表面積が小さくなるからである．

14.3　要素集合による疎な行列 - ベクトル積の並列化

14.3.1　部分領域分割の基本事項

前節で紹介したメッシュの頂点による分割では，幾何学的な部分構造への真の分割は行えない．異なる部分集合に現れる頂点をもつセルは，対応する行のブロックを処理するプロセスの頂点間で相互作用を及ぼす成分を計算するのに必要となる．空間領域の幾何学的な分割は，セルによるメッシュ分割に対応する．2分割する場合，図 14.4 に示すように，境界により分割される二つの部分領域が生じる．

システム全体の行列は，次のようなブロックにより形成される構造となる．

$$\begin{pmatrix} A_{11} & 0 & A_{13} \\ 0 & A_{22} & A_{23} \\ A_{31} & A_{32} & A_{33} \end{pmatrix} \qquad (14.1)$$

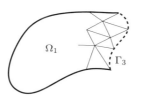 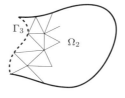

図 14.4　異なる部分流域のメッシュ

疎行列の分解の章で見てきたように，部分領域への分割のアプローチにより，行列を形成する段階で自然な並列処理が行える．異なる部分領域を異なるプロセスへ割り当てることによって，局所行列を並列的に構築することができる．すなわち，

$$A_1 = \begin{pmatrix} A_{11} & A_{13} \\ A_{31} & A_{33}^{(1)} \end{pmatrix}, \quad A_2 = \begin{pmatrix} A_{22} & A_{23} \\ A_{32} & A_{33}^{(2)} \end{pmatrix} \tag{14.2}$$

となる．ブロック $A_{33}^{(1)}$ と $A_{33}^{(2)}$ は，部分領域 Ω_1 と Ω_2 上で生じた境界 Γ_3 に位置する頂点間の相互作用を示す．したがって，次のようになる．

$$A_{33} = A_{33}^{(1)} + A_{33}^{(2)}$$

14.3.2 行列 - ベクトル積

二つの部分領域への分割を用いて，全体の行列 - ベクトル積は次のように書ける．

$$\begin{pmatrix} y_1 \\ y_2 \\ y_3 \end{pmatrix} = \begin{pmatrix} A_{11} & 0 & A_{13} \\ 0 & A_{22} & A_{23} \\ A_{31} & A_{32} & A_{33} \end{pmatrix} \begin{pmatrix} x_1 \\ x_2 \\ x_3 \end{pmatrix} = \begin{pmatrix} A_{11}x_1 + A_{13}x_3 \\ A_{22}x_2 + A_{23}x_3 \\ A_{31}x_1 + A_{32}x_2 + A_{33}x_3 \end{pmatrix}$$

式 (14.2) の局所行列を用いて，二つの局所の行列 - ベクトル積を独立して計算できる．すなわち，次のようになる．

$$\begin{pmatrix} y_1 \\ y_3^{(1)} \end{pmatrix} = \begin{pmatrix} A_{11}x_1 + A_{13}x_3 \\ A_{31}x_1 + A_{33}^{(1)}x_3 \end{pmatrix}, \quad \begin{pmatrix} y_2 \\ y_3^{(2)} \end{pmatrix} = \begin{pmatrix} A_{22}x_2 + A_{23}x_3 \\ A_{32}x_2 + A_{33}^{(2)}x_3 \end{pmatrix} \tag{14.3}$$

なぜなら，$A_{33} = A_{33}^{(1)} + A_{33}^{(2)}$，$y_3 = y_3^{(1)} + y_3^{(2)}$ であるからである．これが意味するところは，行列 - ベクトル積の計算は二つのステップで行われることである．すなわち，次のようになる．

(1) 局所の行列 - ベクトル積
(2) 境界における局所寄与のアセンブリング

最初のステップでは局所データにしか関与しない．2 番目のステップでは，共有する境界をもつ部分領域を処理するプロセス間でデータ通信を行う必要がある．

14.3.3 境界での通信

行列 - ベクトル積での異なる部分領域の寄与のアセンブリングを行うために，ある部分領域を処理する個々のプロセスは属する境界を記述しなけれなならない．ある部分領域 Ω_i に複数の部分領域が隣接する場合，部分領域 Ω_i と Ω_j 間の境界を Γ_{ij} とする．Ω_i を処理するプロセスにおいては，図 14.5 のように示される．境界は，隣接す

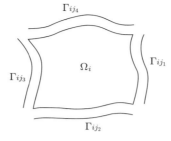

図 14.5 境界の表現

る部分領域の番号と境界の点に属する式のリストによって記述される．境界上における行列-ベクトル積での異なる寄与のアセンブリングの手順は，二つのステップに分けられる．

(1) 隣接するそれぞれの部分領域に対して，配列内のすべての境界の式について局所ベクトル $y = Ax$ の値を配列し，その隣接する各部分領域を担うプロセスに送信する．

```
for s = 1 to number_of_neighbors
  for i = 1 to n_s
    time_s(i) = y(list_s(i))
  end for
  Send time_s to neighbor(s)
end for
```

(2) 隣接する各部分領域に対して，境界上の行列-ベクトル積への寄与の配列を受信し，境界の式に対応するベクトル y の要素に加える．

```
for s = 1 to number_of_neighbors
  Receive time_s from neighbor(s)
  for i = 1 to n_s
    y(list_s(i)) = y(list_s(i)) + time_s(i)
  end for
end for
```

この手続きは非常に簡単で，部分領域の数に関係なく適用できる．もし，境界にある式が現れたとすると，局所ベクトル $y = Ax$ に対応する成分は，ただちに近接するすべての部分領域に送信される．逆に，関係のない寄与がアセンブリングのステップでベクトル y の成分に加えられることもあり得る．したがって，ある数の部分領域に対する手続きは，二つの部分領域の場合と同じように各境界に対して適用される．

式 (14.2) のように，境界が局所的に最後にナンバリングされていると役に立たない．

また，近接する部分領域上の境界の式番号を知る必要もない．なぜなら，対応する添数の成分の値のみが通信されるからである．逆に，領域 Ω_i の境界 Γ_{ij} 上の式のリストが，領域 Ω_j の境界 Γ_{ji} 上の式のリストに合わせてきちんと順番になっていなければいけない．

14.3.4 スカラー積の並列化

頂点による分割方法とは異なり，部分領域に分割する方法では，境界の式に関するベクトルの成分を複製する必要がある．図 14.4 のように二つの部分領域に分割する場合，二つのベクトル x と y の局所スカラー積を計算すると，次のような結果が得られる．

$$\begin{pmatrix} x_1 \\ x_3 \end{pmatrix}, \begin{pmatrix} y_1 \\ y_3 \end{pmatrix} = (x_1, y_1) + (x_3, y_3), \quad \begin{pmatrix} x_2 \\ x_3 \end{pmatrix}, \begin{pmatrix} y_2 \\ y_3 \end{pmatrix} = (x_2, y_2) + (x_3, y_3) \tag{14.4}$$

二つの局所寄与の合計は次のとおりである．

$$(x_1, y_1) + (x_2, y_2) + 2(x_3, y_3)$$

図 14.6 のように複数の部分領域に分割する場合，生じる部分領域の数と同じ値の要素[†1]を用いて，各式に対する加重計算されたスカラー積の計算で得られた局所寄与[†2]を加算する．この問題は，異なるいくつかの方法により解決できる．

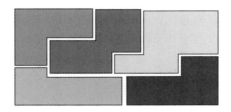

図 14.6 複数領域分割

その中の一つの方法では，生じる部分領域の数の逆数と等しい要素を用いて，各式に対する加重計算されたスカラー積の計算で得られた局所寄与を加算する．この要素は，境界の式のリストによって局所的に決定される．この手法によって，式(14.4)の局所スカラー積は次のようになる．

---

†1 上の式の場合では 2．
†2 (x_1, y_1) など．

$$(x_1, y_1) + \frac{1}{2}(x_3, y_3), \quad (x_2, y_2) + \frac{1}{2}(x_3, y_3)$$

加重計算されたスカラー積の合計はよい結果を与える．

別の方法は，クリロフ法においてスカラー積を計算するたびに，二つのベクトルのうち少なくとも一つが行列 – ベクトル積の結果であるという事実に基づく方法である．したがって，このベクトルは式 (14.3) のベクトル y のように，最初に局所の行列 – ベクトル積により計算され，次に境界においてアセンブリングされる．局所スカラー積の計算においてアセンブリングされないベクトルによって，二つの部分領域の次の寄与が与えられる．

$$(x_1, y_1) + (x_3, y_3^{(1)}), \quad (x_2, y_2) + (x_3, y_3^{(2)})$$

二つの局所寄与の合計により，次の結果が得られる．

$$(x_1, y_1) + (x_2, y_2) + (x_3, y_3^{(1)} + y_3^{(2)}) = (x, y)$$

この方法は，図 14.6 に示される任意のマルチ領域（多数領域）分割の際に適用される．この方法は，加重する際に必要となる余分な算術演算を回避できる利点をもつ．反対にこの方法では，とりわけ小さな成分でベクトルをアセンブリングした場合，すなわち勾配ベクトルが収束する際に，丸め誤差が大きくなるという欠点もある．

14.3.5 応用：並列共役勾配

部分領域へのメッシュ分割による並列化方法を用いた，メッセージ通信のプログラミング環境における並列共役勾配法のコードは，二つのタイプのメッセージ通信を必要とすることを除けば，逐次コードとよく似ている．すなわち，

(1) 行列 – ベクトル積のアセンブリングに対する近接する部分領域間の境界でのデータ通信
(2) スカラー積に対する異なる部分領域の寄与を加算するための大域的なリダクション演算

境界でのデータ通信は，MPI ライブラリの 1 対 1 通信の関数を用いて行われる．これらの通信は局所的に行われ，各部分領域は近傍の領域としか通信を行わない．リダクション演算では，すべてのプロセスは MPI ライブラリ "`MPI_Allreduce`" の最適な手続きにより処理される．

p 回目の反復での近似解 x_p と降下の方向ベクトル w_p，アセンブリングされていない境界での勾配 g_p がわかっている場合，システム $Ax = b$ を解くための共役勾配の

$p+1$ 回目では，より簡単な演算を必要とする．ベクトルを太字で表記した場合，大域的なスカラー積を意味する．並列コードでは局所的なベクトルのみを扱うので，以下のようになる．

(1) 局所行列 – ベクトル積
$$v_{p-1} = Aw_{p-1}$$

(2) アセンブリングされていない勾配 g_p とアセンブリングされていない行列 – ベクトル積 v を用いた二つの局所スカラー積
$$(g_{p-1}, w_{p-1}), \quad (v_{p-1}, w_{p-1})$$

(3) 最適な降下の係数を計算するための，これら二つのスカラー積に対する局所寄与の合計
$$\rho_{p-1} = -\frac{(g_{p-1}, w_{p-1})}{(Aw_{p-1}, u_{p-1})}$$

(4) 解とアセンブリングされていない勾配を更新するための二つの線型結合
$$x_p = x_{p-1} + \rho_{p-1} w_{p-1}$$
$$g_p = g_{p-1} + \rho_{p-1} v_{p-1}$$

(5) アセンブリングされた勾配 $g_p^{(\text{ass})}$ を決定するための境界でのアセンブリング

(6) 上で更新のために再結合した成分の分子を計算するための局所スカラー積
$$(g_p^{(\text{ass})}, v)$$

(7) 局所寄与の合計と再結合した成分の計算
$$\gamma_{p-1} = -\frac{(g_p, Aw_{p-1})}{(Aw_{p-1}, w_{p-1})}$$

(8) 新しい降下方向を決定するための線型結合
$$w_p = g_p^{(\text{ass})} + \gamma_{p-1} w_{p-1}$$

収束を制御するための勾配の大域ノルムの計算も同じ方法で実行される．

(1) アセンブリングされた勾配とアセンブリングされていない勾配の局所スカラー積 $(g_p^{(\text{ass})}, g_p)$

(2) 平方ノルム $\|g_p\|^2$ の計算のための局所寄与の合計

第15章 並列前処理法

本章では，いくつかの前処理法を紹介する．もっとも古典的な方法は，不完全分解法とよばれる近似的分解に基づく方法である．その次に，部分領域による分割を背景とする局所厳密解に基づいたシュールの完全法について紹介する．この方法により，代数的マルチグリッド法に代表される射影法を導入することができる．最後に，加法シュワルツ法を紹介する．この方法も局所解に基づくが，オーバーラップの考え方を用いる．それぞれの方法において，並列化の問題について解説する．

15.1 不完全分解法

15.1.1 原 理

不完全分解法では，行列の分解の粗い近似を用いる．

もっとも古典的なアプローチでは，初期行列で非零項のあるスペースだけを計算する．つまり，疎な下三角行列 L と疎な上三角行列 U での非零成分が，行列 $A \simeq LU$ の下三角部と上三角部のそれぞれの非零成分のスペースにある．つまり，フィルインがなく（フィルインを許さず），この方法は ILU(0) と書かれる．

ILU(p) 法では，行列 L と U のフィルインを許すことができ，p は「フィルインレベル」の制御パラメータである．初期行列において a_{ij} が非零である場合，ある添数の成分 (i,j) は 1 に等しいフィルインレベルをもつ．ガウス分解法でシュール補行列を計算するとき，成分を更新する演算は次のように書ける．

$$a_{ij} = a_{ij} - a_{ik} \star a_{kj}$$

成分 (i,k) と (k,j) がレベル 1 で，初期行列において a_{ij} が零の場合，成分 (i,j) のフィルインレベルは 2 である．ILU(1) 法は，不完全に分解される行列のグラフにおいて，レベル 2 のすべての成分を加えることで行われる．

より一般的にいうと，行列 A の非零成分に $+\infty$ に等しい初期のフィルインレベルを割り当てる．成分 (i,j) を更新することにより，フィルインレベルに初期値から成分 (i,k) と (k,j) のフィルインレベルの合計の中での最小値を与えることができる．ILU(p) 法は，不完全に分解された行列のグラフにおいて，レベルが $p+1$ 以下のすべ

ての成分を加えることにより行われる．

この方法は，ラプラスの偏微分方程式の有限要素法あるいは有限差分法により離散された行列に対して，厳密な分解において数値的にもっとも重要な項が，初期行列の非零項の場所にあるという事実によって裏付けられる．その理由は，局所的な効果，すなわちメッシュ内での近傍の点の間の相互関係が支配的であることである．

B を行列 A の ILU 分解とする．行列 B の非零成分 (i,j) が方程式の x_i と x_j に対応する．これは，二つの未知数が一つの方程式に関連していることを意味する．行列 A のグラフを考えた場合，もし，グラフのノードと行列の方程式に対して同じナンバリングを行うと，行列 B の非零成分 (i,j) を与える添数 i と j が行列 A のグラフにおいて距離 2 で配置されていることがわかる．このグラフの距離は点 i から点 j の辺の数である．

対称行列の場合，正値行列に対して同じ方法で不完全クラウト分解あるいは不完全コレスキー分解が行える．並列処理の観点からいえば，方法が異なっても同じような問題が発生する．

ILU 法の実装は，厳密な疎分解アルゴリズムに基づいて行われるが，初期行列の非零成分の位置を含む所定の場所 $\mathcal{S}$ の集合にある L と U の項のみを計算する．

第 1 ステップとして，次のアルゴリズムによって演算が行われる．

```
l(1,1) = 1
u(1,1) = a(1,1)
for i = 2 to n
    if (i,1) ∈ S then
        l(i,1) = a(i,1)/u(1,1)
    end if
end for
for j = 2 to n
    if (1,j) ∈ S then
        u(1,j) = a(1,j)
    end if
end for
for j = 2 to n
    for i = 2 to n
        if (i,j),(i,1),(1,j) ⊂ S then
            s(i,j) = a(i,j) - l(i,1) ⋆ u(1,j)
        end if
    end for
```

```
end for
```

もちろん，ILU(0) 法の場合，A と LU は構造が同じであるから，L と U の項は A の項に代入される．実際には，クリロフ法において行列 - ベクトル積を計算するために初期行列を保存しなければいけないので，計算はつねに異なるデータ構造で行われる．

次のステップも同じやり方で行われ，疎行列構造で保存されている一連の不完全なシュール補行列に関する演算を繰り返しながら行われる．

定理 15.1 行列システム $R = Ax - LU$ の成分は，すべての添数 $(i, j) \in \mathcal{S}$ に対して零である．

証明 上記で紹介したアルゴリズムの第 1 ステップで定理の特性を示せばよい．このステップにより，行列 A の不完全部分分解を行うことができる．第 1 ステップで生じる行列 $L^{(1)}$ は最後の行列 L の 1 番目の列をもち，ほかの成分は行列 I の成分である．行列 $U^{(1)}$ は，最後の行列 U の 1 番目の行と第 2 番目の行と列から始まる対角ブロックにあるシュール補行列をもつ．したがって，$R^{(1)} = Ax - L^{(1)} U^{(1)}$ は上記の特性を示す．

アルゴリズムは，同じ演算を，行列 $U^{(k)}$ より小さい対角ブロックである一連の不完全なシュール補行列に適用することで行われるので，証明は再帰的に容易に行うことができる． □

MILU 法は ILU 法を修正したもので，積 LU の各行の成分の和が行列 A のそれらと同じ行の成分の和と等しくなるように行列 U の対角項を変えることができる．実装に関しては，U の対角成分の計算だけが修正されている．MILU 分解では，定理 15.1 で述べた特性を示さない．

15.1.2 並列化

不完全分解の並列化は，疎行列の完全分解で用いたのと同じテクニックを用いて行われる．フィルインには限度があるので，分解の異なるステップにより生じる依存は容易に小さくできる．このことにより，並列度を高めることが期待できる．反対に，複数の項の一部しか計算しないため，演算数は少なくなり，完全分解の場合に比べて粒度は小さくなる．

一方で，不完全分解を並列化することができるナンバリングは，前処理という意味で質を下げてしまう傾向がある．この現象を説明するために，ある三重対角行列の簡単な場合を考える．

$$A = \begin{pmatrix} a_{11} & a_{12} & 0 & 0 & \ldots \\ a_{21} & a_{22} & a_{23} & 0 & \ldots \\ 0 & a_{32} & a_{33} & a_{34} & \ldots \\ 0 & 0 & a_{43} & a_{44} & \ldots \\ \vdots & \vdots & \vdots & \vdots & \ddots \end{pmatrix}$$

この行列の完全なガウス分解ではフィルインは生じず，次の1のオーダーの線型な漸化式を導く．

```
for i = 1 to n
    a(i+1,i) = a(i+1,i)/a(i,i)
    a(i+1,i+1) = a(i+1,i+1) - a(i+1,i) * a(i,i+1)
end for
```

この行列の不完全分解 ILU(0) に対して並列度を上げるために，3.1.3項で解説したサイクリックリダクション型のある一つの方法を用いる．これにより，はじめに奇数番の式をナンバリングし，次に偶数番の式をナンバリングするというリナンバリングを行える．

「奇数 – 偶数」のリナンバリングを用いて，初期行列と完全な被分解行列は図15.1に示す構造をもつ．

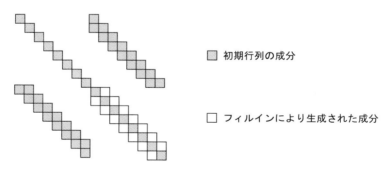

図 15.1　リナンバリングとフィルインを行った三重対角行列の構造

不完全分解では，フィルインにより生じる項は無視され，偶数番の式の間での相互関係のある係数は考慮されなくなる．したがって，不完全分解では，異なる対角ブロックに関係のある係数を無視しながら，初期にナンバリングされた行列において，次元2の一連の対角ブロックを個別に分解する場合と同じ前処理を行うことになる．このような方法では，数値的に逆対角行列による簡単な前処理に比べて，わずかに効率がよくなるだけである．

ブロック分割により，同じ方法で対角ブロックの完全な逆行列を計算でき，ブロック間の相互関係を無視できる．したがって，サイクリック分解が極限の場合であるが，ブロックが小さいほど，不完全分解は完全分解とはかけ離れてくる．

より一般的な行列の場合，古典的な並列化のアプローチは部分領域への分解に基づいている．しかし，不完全分解そのものよりも，前進・後退代入を並列化しなければいけない．なぜなら，前進・後退代入はクリロフ法の反復計算に従って何度も繰り返し計算され，計算コストが高いからである．実際には，それぞれの局所行列内の対角部分ブロックの不完全分解を行うに留めなければいけない．これにより，前処置法の数値的な効率は低下し，しばしば限界が生じる．

15.2 シュール補行列法

15.2.1 最適な局所的前処理

前処理行列を決定するための局所的なアプローチを改善するには，部分領域の行列内の対角ブロックの完全分解までさかのぼる．二つの部分領域への分割の場合において，その改善とは，式(14.1)の全体行列のブロック A_{11} と A_{22} を分解することを意味する．

もし，この分解を行うことができるとした場合，内部の問題の厳密解は保証されている．より正確にいえば，p 回目の反復計算における近似解の境界上のトレースをデータ x_3^p とし[†]，次の局所の式を満たすように x_1^p と x_2^p を決定する．

$$A_{11} x_1^p + A_{13} x_3^p = b_1, \quad A_{22} x_2^p + A_{23} x_3^p = b_2 \tag{15.1}$$

共役勾配法や ORTHODIR 法のように，漸化式による近似解の計算を用いたクリロフ法の場合，$p+1$ 回目の反復計算における解は次のように書ける．

$$x^{p+1} = x^p + \rho^p w^p$$

近似解 x^{p+1} が局所の式(15.1)を満たし続けるためには，降下の方向 w^p が次の線型方程式を満たす必要があり，またそれだけで十分である．

$$A_{11} w_1^p + A_{13} w_3^p = 0, \quad A_{22} w_2^p + A_{23} w_3^p = 0 \tag{15.2}$$

局所の式(15.1)を満たす初期の解から始まる前処理法を構築でき，次に，式(15.2)の解によって値を決定しながら，前処理が施されていないクリロフ法によって，反復ごとに与えられた降下方向を修正する．

[†] 2分割の場合，3番目の式（行列の3行目）が境界線上であることに注意．

前処理は，反復ごとの各部分領域内で勾配が零であるという意味で，局所的に最適化される．すなわち，

$$g_p = \begin{pmatrix} A_{11} & 0 & A_{13} \\ 0 & A_{22} & A_{23} \\ A_{31} & A_{32} & A_{33} \end{pmatrix} \begin{pmatrix} x_1^p \\ x_2^p \\ x_3^p \end{pmatrix} - \begin{pmatrix} b_1 \\ b_2 \\ b_3 \end{pmatrix} = \begin{pmatrix} 0 \\ 0 \\ g_3^p \end{pmatrix} \quad (15.3)$$

となる．勾配が零になるということが反復法の目的とするところである．

15.2.2　シュール補行列法の原理

局所の式 (15.1) を考慮すると，次式により局所近似解 x_1^p と x_2^p が与えられる．

$$x_1^p = -A_{11}^{-1} A_{13} x_3^p + A_{11}^{-1} b_1, \quad x_2^p = -A_{22}^{-1} A_{23} x_3^p + A_{22}^{-1} b_2$$

したがって，式 (15.3) における全体の勾配の境界上の要素は次のとおりとなる．

$$\begin{aligned} g_3^p &= A_{31} x_1^p + A_{32} x_2^p + A_{33} x_3^p - b_3 \\ &= (A_{33} - A_{31} A_{11}^{-1} A_{13} - A_{32} A_{22}^{-1} A_{23}) x_3^p - (b_3 - A_{31} A_{11}^{-1} b_1 - A_{32} A_{22}^{-1} b_2) \\ &= S_{33} x_3^p - c_3 \end{aligned} \quad (15.4)$$

行列 S_{33} は全体行列 (14.1) の境界上のシュール補行列である．

同様に，降下の方向 w^p が局所の式 (15.2) を満たす場合，その行列による積は次を満足する．

$$v_p = A w_p = \begin{pmatrix} A_{11} & 0 & A_{13} \\ 0 & A_{22} & A_{23} \\ A_{31} & A_{32} & A_{33} \end{pmatrix} \begin{pmatrix} w_1^p \\ w_2^p \\ w_3^p \end{pmatrix} = \begin{pmatrix} 0 \\ 0 \\ v_3^p \end{pmatrix}$$

ここで，

$$\begin{aligned} v_3^p &= A_{31} w_1^p + A_{32} w_2^p + A_{33} w_3^p \\ &= (A_{33} - A_{31} A_{11}^{-1} A_{13} - A_{32} A_{22}^{-1} A_{23}) w_3^p \\ &= S_{33} w_3^p \end{aligned} \quad (15.5)$$

である．システム全体を考えて，次のようになる．

$$\begin{pmatrix} A_{11} & 0 & A_{13} \\ 0 & A_{22} & A_{23} \\ A_{31} & A_{32} & A_{33} \end{pmatrix} \begin{pmatrix} x_1 \\ x_2 \\ x_3 \end{pmatrix} = \begin{pmatrix} b_1 \\ b_2 \\ b_3 \end{pmatrix}$$

このシステムの第 3 行において，未知数 x_1 と x_2 にシステムの第 2 行から得られる x_3 の関数である値を入れる，すなわち，以下の式

$$x_1 = -A_{11}^{-1}A_{13}x_3 + A_{11}^{-1}b_1, \quad x_2 = -A_{22}^{-1}A_{23}x_3 + A_{22}^{-1}b_2$$

を入れると，式(15.4)の境界上の勾配の計算と同じ方法で，次のコンパクトにまとめられた境界上のシステムを得ることができる．

$$S_{33}x_3 = c_3 \tag{15.6}$$

このことは，近似解 x^p に対する式(15.3)において定義される全体勾配の境界上の要素が，式(15.4)より境界上のコンパクトなシステム(15.6)の点 x_3^p における勾配に等しいことを意味する．

行列 A が正値対称である場合，最適な局所的前処理法を共役勾配アルゴリズムに適用することができる．各反復計算で，最適な降下の成分は，式(15.4)，(15.5)より，次のようになる．

$$\rho^p = -\frac{(g^p, w^p)}{(Aw^p, w^p)} = -\frac{(g_3^p, w_3^p)}{(S_{33}w_3^p, w_3^p)}$$

最適な局所的前処理は，$v_3^{p+1} = g_3^{p+1}$ と次の局所システムを解くことで得られる前処理勾配 $v^{p+1} = Mg^{p+1}$ を用いた新しい降下方向の計算に基づいている．

$$A_{11}v_1^{p+1} + A_{13}v_3^{p+1} = 0, \quad A_{22}v_2^{p+1} + A_{23}v_3^{p+1} = 0$$

式(15.4)，(15.5)より，再結合した成分は次のようになる．

$$\gamma^p = \frac{(Mg^{p+1}, Aw^p)}{(Aw^p, w^p)} = \frac{(g_3^{p+1}, S_{33}w_3^p)}{(S_{33}w_3^p, w_3^p)}$$

それぞれのベクトルの境界上の要素のみを考える場合，最適な局所的前処理を用いた共役勾配の反復 p では次の演算が必要となる．

(1) 行列 - ベクトル積
$$v_3^p = S_{33}w_3^p$$

(2) 最適な降下の成分の計算
$$\rho^p = -\frac{(g_3^p, w_3^p)}{(S_{33}w_3^p, w_3^p)}$$

(3) 解と勾配の更新
$$x_3^{p+1} = x_3^p + \rho^p w_3^p, \quad g_3^{p+1} = g_3^p + \rho^p v_3^p$$

(4) 再結合成分の計算
$$\gamma^p = \frac{(g_3^{p+1}, S_{33}w_3^p)}{(S_{33}w_3^p, w_3^p)}$$

(5) 新規の降下方向の決定

$$w_3^{p+1} = g_3^{p+1} - \gamma^p w_3^p$$

これは，全体システム $Ax = b$ に適した最適な局所的前処理を用いた前処理付き共役勾配のアルゴリズムが，実際には境界上のコンパクトな問題 $S_{33}x_3 = b_3$ での共役勾配と等価であることを意味している．コンパクトな行列 S_{33} の性質より，この方法は「シュール補行列法」とよばれている．

もちろん，この方法は多くの部分領域への分割にも適用できる．前処理付き勾配の計算は，内部の値を修正するやり方で局所問題を独立して解くことに基礎を置いている．残りは単純な共役勾配の実装と同じやり方である．

15.2.3 シュール補行列法の性質

シュール補行列法において，実際には行列 S_{33} を生成しないで，境界に関するコンパクト化された問題について反復計算を行う．クリロフ法を用いるので，この行列による積を評価できればよい．これは，ベクトル w_p に対して式 (15.2) と式 (15.5) で示したように，全体行列による積に続く各部分領域での局所問題の解法によってなされる．したがって，実装するには，それぞれの部分領域内の式に関する対角ブロックの分解を行えばよい．

最終的に，この方法は，直説法と反復法のハイブリッド法として現れる．この方法は，局所レベルでは直接法のアプローチ，全体（広域）レベルでは反復法のアプローチを用いる．つまり，内部の方程式はつねに満足されるので，境界レベルではハイブリッド法となる．完全直接法に比べて，この方法では分解の段階において計算コストをかなり抑えることができる．さらに，共役勾配法のように並列化が容易で，しかもシュール補行列法を用いた場合では局所計算の量が重要なポイントであるが，これらの直接法と反復法に対して，各反復計算におけるデータ通信が同じため良好な粒度を示す．なぜなら，局所的な前処理で必要な前進・後退代入では，フィルインのため行列-ベクトル積より多くの算術演算が必要であるからである．

しかし，実際にはこの方法では，反復計算による計算コストの増加がその計算数を減らすことによって抑えられることのみに焦点が当てられる．つまり，シュール補行列の条件数は，全体行列の条件数より十分に小さいということである．

このことは，単純な代数の議論では示すことができない．ある正値対称行列に対して，条件数は固有値の最大値と最小値の比に等しい．これらは次の関係で与えられる．

$$\lambda_{\max} = \max_{\|x\| \neq 0} \frac{(Ax, x)}{(x, x)}, \quad \lambda_{\min} = \min_{\|x\| \neq 0} \frac{(Ax, x)}{(x, x)}$$

15.2 シュール補行列法

この行列を四つのブロックに分割する場合，すなわち，

$$A = \begin{pmatrix} A_{11} & A_{12} \\ A_{21} & A_{22} \end{pmatrix}$$

の場合，次の関係を得る．

$$\left(\begin{pmatrix} A_{11} & A_{12} \\ A_{21} & A_{22} \end{pmatrix} \begin{pmatrix} 0 \\ x_2 \end{pmatrix}, \begin{pmatrix} 0 \\ x_2 \end{pmatrix} \right) = (A_{22} x_2, x_2)$$

ブロック A_{22} の最大の固有値が A の最大の固有値よりそれぞれ小さく，また，A_{22} の最小の固有値が A の最小の固有値より大きいこと，すなわち，$\kappa(A_{22}) \leqslant \kappa(A)$ がただちに導き出せる．この関係式は想像以上によい利点をもたらす．その利点を理解するためには，次の行列を考えればよい．

$$A = \begin{pmatrix} I & 0 \\ 0 & A_{22} \end{pmatrix} \tag{15.7}$$

一方，B が A の逆行列である場合，

$$AB = \begin{pmatrix} A_{11}B_{11} + A_{12}B_{21} & A_{11}B_{12} + A_{12}B_{22} \\ A_{21}B_{11} + A_{22}B_{21} & A_{21}B_{12} + A_{22}B_{22} \end{pmatrix} = \begin{pmatrix} I & 0 \\ 0 & I \end{pmatrix}$$

である．これより，

$$\begin{aligned} A_{11}B_{12} + A_{12}B_{22} &= 0 \\ A_{21}B_{12} + A_{22}B_{22} &= I \end{aligned} \Leftrightarrow \begin{aligned} B_{12} &= -A_{11}^{-1} A_{12} B_{22} \\ (A_{22} - A_{21} A_{11}^{-1} A_{12}) B_{22} &= I \end{aligned}$$

となる．したがって，

$$B_{22} = (A_{22} - A_{21} A_{11}^{-1} A_{12})^{-1}$$

で，最終的に次の関係を得る．

$$\kappa(A_{22} - A_{21} A_{11}^{-1} A_{12}) = \kappa(B_{22}) \leqslant \kappa(B) = \kappa(A)$$

この関係式も，式(15.7)の例と同じように想像以上によい利点をもたらす．

本質的に，このよい関係式を与えないにしても，シュール補行列の条件数は完全な行列の条件数と等しいかそれ未満である．しかし，楕円型偏微分方程式の有限要素法による離散化で得られる行列の場合，境界でのシュール補行列の条件数は全体行列の条件数よりよいことが示される．偏微分演算を解析することで，このことは示される．

直感的に，これは，演算のノルムがより小さい関数に対して，局所的な方程式を満足する関数が規則的な関数の部分空間を形成することからもわかる．

15.3 代数的マルチグリッド型の方法

15.3.1 射影による前処置

正値対称行列 A を用いた線型システムを考える．シュール補行列の場合，$x_i = R_i x$ の関係があるとすると，R_i は i 番目の部分領域内部の方程式でのベクトル x をまとめる演算要素である．R を p 個の部分領域内部の方程式の集合をまとめる演算要素，A_{ii} を i 番目の部分領域に関する行列の対角ブロックとする．すなわち，

$$R = \begin{pmatrix} R_1 \\ R_2 \\ \vdots \\ R_p \end{pmatrix}, \quad R^t A R = \begin{pmatrix} A_{11} & 0 & \cdots & 0 \\ 0 & A_{22} & \ddots & \vdots \\ \vdots & \ddots & \ddots & 0 \\ 0 & \cdots & 0 & A_{pp} \end{pmatrix}$$

とする．R の列は，部分領域内部の方程式に関する基底ベクトルである．最適な局所的前処理行列を生成するために，シュール補行列法は行列 $R^t A R$ に限定された問題を容易に解けることを利用している．

もし，方程式の小さい集合を決定できれば，並列処理と部分領域によるアプローチ以外は同じアプローチが用いられ，行列の悪条件において重要な役割を果たす．行列 $R^t A R$ の分解，あるいは R の分解は，方程式の集合内に限定され，残差をなくしながら前処理行列を生成する．

より一般的にいうと，基底ベクトルが矩形行列 V を形成する小さいサイズの部分空間を考えると，部分空間に射影される問題は次のように記述できる．

$$AV\xi - (b, V\zeta) = 0 \quad \forall \zeta \quad \Leftrightarrow \quad V^t A V \xi = V^t b \tag{15.8}$$

V の階数（ランク）が小さい場合，式(15.8)の射影問題の行列 $V^t A V$ を計算し，分解することができる．この射影問題の解法により，小さな部分空間にある誤差しか修正しないという意味での「粗い前処理行列」を生成することができる．

したがって，$x_0 = V\xi_0$ を起点とする．ξ_0 は射影問題の解であり，

$$AV\xi_0 - (b, V\zeta) = 0 \quad \forall \zeta \quad \Leftrightarrow \quad V^t A V \xi_0 = V^t b$$

となる．これは，初期の勾配はベクトル V により生成される部分空間と直交であることを意味する．

反復 p での勾配が同じ性質を示すとする．このとき，前処理行列は勾配を修正しながら降下方向を計算して得られ，$w_p = g_p + V\delta_p$ であり，これは粗い $A^{-1} g_p$ の近似である．すなわち，次のようになる．

$$Aw_p - (g_p, V\zeta) = 0 \quad \forall \zeta \Leftrightarrow V^t AV\delta_p = V^t g_p - V^t Ag_p = -V^t Ag_p \quad (15.9)$$

これは w_p に対し，次の直交性をもたらす．

$$V^t Aw_p = V^t g_p = 0 \quad (15.10)$$

この前処理によって生成された降下方向を用いて，$p+1$ 回目の反復で勾配 $g_{p+1} = g_p + \rho_p Aw_p$ は，自動的に直交関係 $V^t g_{p+1} = 0$ を満たす．実際，式(15.9)，(15.10)によれば，次のようになる．

$$V^t g_{p+1} = V^t g_p + \rho_p V^t Aw_p = 0$$

15.3.2 粗いグリッドの代数的構築

有限要素法や有限体積法，有限差分法による離散偏微分方程式の問題に対して，小さな近似的な問題への自然なアプローチにより，よい前処理行列を構築できる．このアプローチでは，より粗いメッシュ，つまり少ないセルを用いて，その粗いメッシュの残差を求めて粗い問題を解き，その粗い解を初期の有限要メッシュで補間する．

このアプローチを，この種の問題に起因しない疎行列の場合に一般化するために，代数的な方法が開発された．そのアイデアは，粗いメッシュやグリッドを行列のグラフの粗化（ノードを取り除いて粗くすること）によって決定することにある．粗いグリッドでは，細かなグリッドにおいて粗い解を十分な精度で補間するために，十分なノードが必要である．

古典的なアルゴリズムでは，初期のグラフの各ノードに対して，次のように関連性の高いノードの集合を決定することが利用されている．

$$\mathcal{S}_i = \{j \neq i, |a_{ij}| > \tau \max |a_{ik}|, \quad 0 < \tau < 1\}$$

粗化の手続きにより，細かいグリッドと粗いグリッドのノードとの結合は弱くなる．ノード i の荷重とは，結合の強いノード数を意味する．

手続きは，粗いグリッドを構築するために最大荷重のノードを選択することで行われる．この最大荷重のノードとの結合が強いすべてのノードは消去され，これらの消去されたノードと強く結合していたノードの荷重は 1 ずつ増加する．逆に，粗いノードと結合していたいくつかのノードの荷重は 1 ずつ減少する．次に，すべてのノードを決定するまで計算が再び実行される．消去したこれらのノードと強く結合していたノードの荷重を増加させることにより，初期のグラフでフロンタル法を進め，次の粗いノードを，すでに構築されている粗いグリッドの近傍において優先的に選択することができる．このようにして，分割ゾーンに多くの粗いノードをもつ初期のメッシュの

すべてのコーナー（角）において，粗いゾーンが生成されるのを避けることができる．初期のグリッドがデカルト座標（正規直交座標）系のグリッドである場合，粗化の手続きにより，図15.2に示す2次元の場合のように，各方向に対して二つおきにノードを消去することができる．

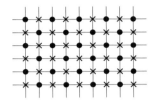

● 粗いグリッドでは存在しない細かいグリッドのノード
× 粗いグリッドでも存在する細かいグリッドのノード

図 15.2　2次元直交グリッドでの疎化

残すところは，補間アルゴリズムと粗い行列を決定することである．補間アルゴリズムにより，粗いグリッド上で定義されるベクトルから完全なベクトルへの基底変換行列を定義することができるであろう．一度この行列 P が定義されると，少なくとも A が正値対称行列の場合，粗い行列は射影の問題の行列，すなわち P^tAP となる．

処理を進めるうえで，考えている線型システムに基づく問題の種類に応じいくつかの方法があるが，もっとも一般的な方法論を用いる場合，純粋に代数的なアプローチを用いる．

粗化によりノードの二つの部分集合が形成される．一つ目は添数が1で粗いグリッドにはない有限なノードの集合，二つ目は添数が2で粗いグリッドのノードの集合である．したがって，行列は次のブロック構造をもつ．

$$A = \begin{pmatrix} A_{11} & A_{12} \\ A_{21} & A_{22} \end{pmatrix}$$

次の関係により，x_2 の値は既知で，行列 A を用いて x_1 値を計算することができる．

$$x_1 = -A_{11}^{-1} A_{12} x_2 \tag{15.11}$$

これにより，厳密解を求める方法が導き出され，実際，射影問題は領域1の未知数を消去することで得られるコンパクトにまとめられた問題と同じである．すなわち，

$$P = \begin{pmatrix} -A_{11}^{-1} A_{12} \\ I \end{pmatrix}$$

$$P^t A P = A_{22} - A_{21} A_{11}^{-1} A_{12}$$

$$P^t b = b_2 - A_{12}^t A_{11}^{-t} b_1 = b_2 - A_{21} A_{11}^{-1} b_1$$

となる．これより，次のようになる．

$$P^t A P x = P^t b \Leftrightarrow (A_{22} - A_{21} A_{11}^{-1} A_{12}) x_2 = b_2 - A_{21} A_{11}^{-1} b_1 \tag{15.12}$$

完全なもとの問題 $Ax = b$ の解は，有限領域について解いた初期の問題の解に加えることで得られる．すなわち，次のようになる．

$$A_{11} x_1^0 = b_1$$
$$x_2^0 = 0$$

修正は，式 (15.12) の粗いグリッド上に射影される問題の解法によって行われる．

もちろん，定義される基底変換行列はコンパクトにまとめられたものである．したがって，計算を領域 1 の小さな部分集合に限定し局所近似を求め，行列 A_{11} をそれらの対角ブロックで置換することができる．典型的には，各ブロックは一つのノードあるいは一つのノードとそれらの近傍により定義される．

15.3.3 代数的マルチグリッド法

単に 1 回だけの粗化では，直接法で計算コストを抑えて解くための十分に小さい問題を構築するのには不十分である．したがって，何回もの粗化を適用する必要がある．

複数レベルのグリッドを用いて前処理行列を構築するための有効な数値的手続きでは，粗いグリッドへ射影する前に残差を小さくするために，各レベルにおいて反復法で何回かの反復計算を実行する．一般的に，直接法によって，粗いグリッドへの射影問題だけは厳密に解くことができる．同様に，より細かいグリッドに向けて修正された残差を補間した後は，反復法で反復計算を実行する．これは「マルチグリッド法」とよばれ，粗いグリッドは，前節で紹介した方法で決定される場合は代数的である．

したがって，マルチグリッド法には，各グリッドのレベルで残差を小さくするために行われる反復計算の種類に応じて多くのバリエーションがあり，演算は残差の「平滑化（スムージング）」とよばれる．この名は偏微分問題に対して，この演算がシステムの大きな固有値をもつ残差の要素を小さくすることに由来する．たとえば，フーリエ分解による解析を行った場合，これらは高周波数で振動が強い．

さらに，グリッド変換に関してほかの方法もある．その方法はすでに述べた方法であるが，より単純で，厳密に解ける問題に対して，細かいグリッドからもっとも粗いグリッドまでレベルを落としていき，その次にその粗いグリッドから細かいグリッドへとレベルを再び上げていく方法である．この方法は「V サイクル」とよばれる．より複雑な方法は，細かいグリッドへとレベルと再び上げる前の粗いグリッドの段階で V サイクルを複数回行う方法で，図 15.3 に示すように三つのグリッドのレベルを経る

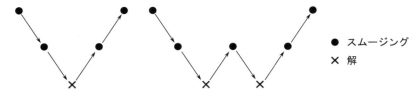

図 15.3　グリッドの 3 レベルでの V サイクルと W サイクル

ため,「W サイクル」とよばれる.

この方法では, 偏微分方程式のシステムに対して, 考えている偏微分方程式の特性に応じて解析を行い, 最適な手順を選択する. 一般的に, この方法では取り扱う問題の特性の考慮が不可欠である.

並列計算の段階で使用する方法は, 部分領域への分割である. これにより, 補間と異なるレベルのグリッド上での行列 - ベクトル積の計算を並列的に行える. 補間はつねに局所的に行われ, 疎な行列 - ベクトル積のみが必要となる. しかし, グリッドのレベルが粗くなるに従って粒度は小さくなる傾向があり, 本質的にもっとも粗いグリッドでの直接解法は並列化できない. もし, このグリッドが十分に細かい場合, 密な行列 - ベクトル積へと変換して解くために, 射影された逆行列が計算できるであろう. この方法は, 算術演算数の点では疎なシステムの前進・後退代入法より計算コストはかなり高くなるが, 容易に並列化でき, アルゴリズムで拡張性を制限してしまう問題のある連続的な処理フェーズを回避できる利点がある.

注記:シュール補行列法と代数的マルチグリッド法は, 両方とも射影により前処理行列を生成することで行われる. まずはじめに, 部分領域において射影され, これにより局所問題を厳密に解くことができる. 次に, 今度は逆に射影により問題を大域的に変換する.

これらの二つのアプローチは相補的である. つまり, 一つは局所性を考慮したアプローチで, 他方は逆の大域的なアプローチである. 部分領域による解法は, これら二つのアプローチを組み合わせて用いている. これらの方法は重要であり, 1980 年代半ばより研究がなされている. この後に, 部分領域を用いたほかのアプローチについて見てみる.

15.4　加法シュワルツ法による前処理法

15.4.1　オーバーラッピングの原理

局所的アプローチを用いる方法に対して, シュール補行列法のように内部のブロックを解くだけでは不十分で, 部分領域間で情報を通信する局所解を互いに結びつける条件が必要である. シュール補行列法の場合, それは近似解の値を更新するために近傍の二つの部分領域の寄与を考慮して, 各境界で勾配を計算することで行う.

15.4 加法シュワルツ法による前処理法

部分領域間の情報転送を行う別の方法として，オーバーラップを用いて分割を行う方法は，ある領域の境界上の点を近傍の領域の内部に置くことである．これがシュワルツ (Schwarz) 法とよばれる反復解法の基本原理である．この方法を解説するために，1次元グラフに対応するある三角行列を用いた問題を考える．

$$\begin{pmatrix} 2 & -1 & 0 & \cdots & 0 \\ -1 & \ddots & \ddots & \ddots & \vdots \\ 0 & \ddots & \ddots & \ddots & 0 \\ \vdots & \ddots & \ddots & \ddots & -1 \\ 0 & \cdots & 0 & -1 & 2 \end{pmatrix} \begin{pmatrix} x_1 \\ x_2 \\ \vdots \\ x_{n-1} \\ x_n \end{pmatrix} = \begin{pmatrix} a \\ 0 \\ \vdots \\ 0 \\ b \end{pmatrix}$$

この問題の解は，式 $x_i = a + i(b-a)/(n+1)$ によって与えられる．この線型システムにより，境界条件 $f(0) = a$ と $f(1) = b$ の下，線分 $[0,1]$ 上の方程式 $f''(x) = 0$ の有限要素あるいは有限差分による離散化が行える．解 f は定数である導関数をもつ．したがって，曲線 $y = f(x)$ は，点 $(0, a)$ と点 $(1, b)$ を通る直線の線分である．図 15.4 の左図は，a と b が 1 に等しい完備な問題の解を示す．したがって，曲線 $y = f(x)$ は水平な直線である．

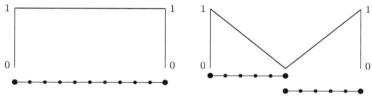

図 15.4 オーバーラップのない大域問題と局所問題の解

シュワルツ法を適用するために，方程式の集合をオーバーラップする二つの部分領域に分割する．一つの反復計算では，分割によって置かれた境界の点に対して，その境界条件，全体領域の境界にある大域的な境界条件あるいは近傍の部分領域にある一つ前の解の値を考慮しながら，連続的に各部分集合に関する部分的な問題を解くことで行われる．第 1 回目の反復計算において，初期値は 0 に設定される．この手順を図 15.5 に示す．図 15.4 の右図に示すオーバーラップがない場合と比較して，収束は速くなり，オーバーラップは重要である．

第 15 章 並列前処理法

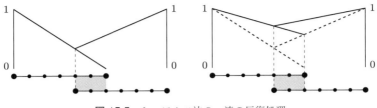

図 15.5 シュワルツ法の一連の反復処理

15.4.2 乗法または加法による方法

前に述べたオリジナルのシュワルツ法は，ただちに近傍の部分領域の解に起因するデータを得ながら，交互に局所部分問題を解くことを基本とする．同じ一つの反復計算で，演算により二つの連続するステップを構築する場合，この二つの演算はおそらく積のようなものであろう．この方法に対して乗法がよく用いられる．部分領域での解法には，ほかの部分領域での解の値が必要であることを考えれば，この方法はもちろん並列化可能ではない．局所計算の依存を上げて並列化可能な方法を得るためには，各部分領域での境界条件のように，前の反復計算において近傍の部分領域で得られた値を用いる必要がある．このことを図 15.6 に示す．オーバーラップ領域において，二つの部分領域で実行された解法によって得た二つの解が同時に存在する．図 15.6 の右図に示すように，これらの値より再構築できる最良の大域解は，オーバーラップ領域でそれぞれの値を足して初期化し，解を直接足すことで得られる．同じ反復計算で連続する二つのステップの演算による組み立てによって，オーバーラップ領域上での修正後に同時に行われる二つの演算は，あたかも演算の足し算のように見える．このシュワルツ法のバリエーションは，加法シュワルツ法とよばれている．

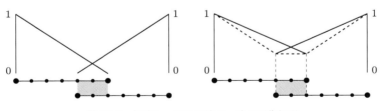

図 15.6 加法シュワルツ法の一連の反復処理

この二つのバリエーションすなわち乗法と加法のシュワルツ法を比較した場合，図 15.6 と図 15.5 で明らかなように，はじめの収束は加法よりも乗法の方が速いことがわかる．逆に，加法は乗法とは反対に，一回の反復計算での局所問題は独立して解けるので，並列化が可能である．

15.4.3 頂点による分割を用いた加法シュワルツの前処理法

6.2 節で解説したように，線型問題の解法に対してシュワルツ法を用いる際に，クリロフ法の前処理行列を与えることが最適な方法である．

シュワルツ法は，部分領域によるアプローチによるところが大きいことが基本的な特徴であり，部分領域によるアプローチで興味深いことの一つが，分散並列計算可能なことである．このことが，加法シュワルツ法がもっとも使いやすいとされるゆえんである．

オーバーラップを用いたアプローチの不便な点は，任意の分割の場合において，オーバーラップ領域上の値の更新が複雑なことである．簡易化し，また同時に前処理行列のように，加法シュワルツ法を用いる場合にこの障害を避けるための方法は，行列のグラフの頂点により分割を始めることである．

R_s を，分割によって生じる頂点の部分集合 Ω_s での制限補間演算子とする．転置の演算子 R_s^t は，制限とは逆の延長補間演算子である．オーバーラップは，Ω_s に距離が δ の近傍の頂点で Ω_s^δ の部分集合を形成するものすべてを加えることで得ることができる．図 15.7 では，部分集合 Ω_s の頂点とそれらを結ぶ辺は黒色で描かれている．Ω_s の外側の Ω_s^2 の頂点は灰色で表現されている．その中でも，Ω_s の頂点と Ω_s^1 の補足的な頂点を結ぶ辺ならびにそれらの点とつながっている辺は，灰色の実線で表現されている．図が示すように，Ω_s から Ω_s^1 へのパスは行列のグラフのフロンタル行程により容易に行え，続いて Ω_s^1 から Ω_s^2 へのパスが行われる．図中の灰色の破線は，Ω_s^1 の頂点と Ω_s^2 の補足的な頂点を結ぶ辺ならびにそれらの点とつながっている辺を表す．

R_s^δ は，頂点の部分集合 Ω_s^δ での制限補間演算子とする．分割部での制限補間演算子を用いた加法シュワルツの前処理行列は，次のように書ける．

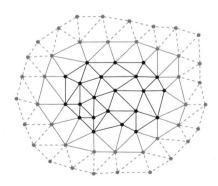

図 15.7 頂点による分割により定義される部分集合から始まるオーバーラップ

$$M = \sum_{s=1}^{p} R_s^t R_s R_s^{\delta t} (R_s^{\delta} A R_s^{\delta t})^{-1} R_s^{\delta}$$

これは，ベクトル Mg を計算するために，オーバーラップの部分集合 Ω_s^{δ} 上で g の制限補間 $R_s^{\delta} g$ をとることを意味し，また，対応する行列の対角ブロックに関する線型システム $R_s^{\delta} A R_s^{\delta t} v_s^{\delta} = R_s^{\delta} g$ を解くことを意味する．前処理ベクトル Mg のオーバーラップしていない部分集合 Ω_s での制限補間は，このシステム $R_s^{\delta} R_s R_s^{\delta t}$ のベクトル解 v_s^{δ} の制限補間であり，このシステムは，Ω_s^{δ} 上で定義されるベクトルの Ω_s のノードでの制限補間演算子である．

この方法により，アセンブリングされたもとの完全な行列を用いて行列のグラフを与えるだけで，部分領域ごとに進めることができる．もちろんこの方法は，要素あるいは頂点によるメッシュ分割のアプローチに依存するところが大きく，行列のオーバーラップする対角ブロックの分解が必要である．シュールの補行列法に比べて，完全な局所解法を用いる場合，この方法は初期化と反復計算での計算コストが高い．また，各プロセスはオーバーラップ境界の前処理行列においてベクトル値が必要となり，容量がかなり大きくなる．そのため，多くのデータ通信が必要となる．逆に，シュール補行列法とは対照的に，近似的な局所転置行列を用いることができる．

演習問題

15.1 ［局正規化の不使用と使用の二重シュール法］

線型システム $Kx = b$ を考える．ここで，K は正値対称な疎行列であり，そのグラフは二つの領域 Ω_1 と Ω_2 に分割され，境界は Γ_3 である．したがって，このシステムは次のようにブロックにより分割できる．

$$\begin{pmatrix} K_{11} & 0 & K_{13} \\ 0 & K_{22} & K_{23} \\ K_{31} & K_{32} & K_{33} \end{pmatrix} \begin{pmatrix} x_1 \\ x_2 \\ x_3 \end{pmatrix} = \begin{pmatrix} b_1 \\ b_2 \\ b_3 \end{pmatrix}$$

境界 Γ_3 において定義される λ を導入し，次の二つの局所問題を考える．

$$\begin{pmatrix} K_{ii} & K_{i3} \\ K_{3i} & K_{33}^{(i)} \end{pmatrix} \begin{pmatrix} x_i \\ x_3^{(i)} \end{pmatrix} = \begin{pmatrix} b_i \\ b_3^{(i)} \end{pmatrix} + \begin{pmatrix} 0 \\ (-1)^i \lambda \end{pmatrix}$$

ここで，整数 i は 1 か 2 の値をとる．式をよりシンプルにするために，次のようにおく．

$$K_i = \begin{pmatrix} K_{ii} & K_{i3} \\ K_{3i} & K_{33}^{(i)} \end{pmatrix} \quad \text{および} \quad B_i = \begin{pmatrix} 0 & I \end{pmatrix}$$

このとき，局所問題は次のように書ける．

$$K_i \begin{pmatrix} x_i \\ x_3^{(i)} \end{pmatrix} = \begin{pmatrix} b_i \\ b_3^{(i)} \end{pmatrix} + (-1)^i B_i^t \lambda$$

ここで,
$$x_3^{(i)} = B_i \begin{pmatrix} x_i \\ x_3^{(i)} \end{pmatrix}$$
である.

第1部：二重シュール法

(1) 上記で定義される二つの局所問題が解に対して大域問題の解 x を制限するためには，すべての右辺の b に対して，局所方程式に次の関係
$$x_3^{(1)} = x_3^{(2)}$$
を加え，次の関係を得なければいけないことを示せ.
$$K_{33}^{(1)} + K_{33}^{(2)} = K_{33}$$
$$b_3^{(1)} + b_3^{(2)} = b_3$$

(2) 局所行列 K_i が正則で，次の関係
$$x_3^{(1)} = x_3^{(2)}$$
にある $x_3^{(1)}$ と $x_3^{(2)}$ を入れ替えることで得られる境界上の λ がコンパクトな問題の解であることを，次の局所方程式により λ の関数として得られる値を用いて示せ.
$$\begin{pmatrix} K_{ii} & K_{i3} \\ K_{3i} & K_{33}^{(i)} \end{pmatrix} \begin{pmatrix} x_i \\ x_3^{(i)} \end{pmatrix} = \begin{pmatrix} b_i \\ b_3^{(i)} \end{pmatrix} + \begin{pmatrix} 0 \\ (-1)^i \lambda \end{pmatrix}$$
なお，次の関係を用いる.
$$K_i \begin{pmatrix} x_i \\ x_3^{(i)} \end{pmatrix} = \begin{pmatrix} b_i \\ b_3^{(i)} \end{pmatrix} + (-1)^i B_i^t \lambda$$

第2部：局所的正則化を用いた二重シュール法

正値行列 K_1 と非正値行列 K_2 を考える.

(3) K_2 の核が次元1であり，行列が正則であるためには，解の値をただ一つの点に置けばよいとする．行列 K_2 のガウスあるいはクラウト分解を実装する場合，最後のピボットのみが零であることを導け．

(4) 各部分領域において，境界 Γ_3 の同じ点を最後にナンバリングする．二つの部分領域の行列のガウスあるいはクラウト分解の最後のピボットの符号は何であるか述べよ．

(5) 二つの行列 K_1 と K_2 が正則となるようにブロック $K_{33}^{(i)}$ を更新する方法を導け．

さらに理解するために

科学技術計算に関する文献

[43] C. Lanczos. *Linear Differential Operators*. SIAM, 1996.

　この参考書籍は，ランチョスにより書かれた書籍である．数学的な概念は，数学そのものではなく，本書で触れた方法や技術の豊富な応用例題を用いて解説されている．この本は入門的な三つの章から構成され，技術的概念が示されている．補間や調和解析（ハーモニック解析），行列計算，境界値問題が続いて解説されている．また，微分方程式の扱いに関する 300 を超える例題や演習が用いられている．これらの問題の解法の説明により，読者は理解を深めることができる．

[26] J.K. Cullum and R.A. Willoughby. *Lanczos Algorithms for Large Symmetric Eigenvalue Computations; Volume I : Theory*. SIAM, 2002.

　この参考書籍は，基礎的な数学と大規模問題に関する固有値の計算に必要な数値アルゴリズムについて解説している．古典的な情報はもちろんであるが，近年のランチョスアルゴリズムに関する多くの情報が載せられている．首尾一貫した解説がなされており，大規模な固有値問題に対して今日でも効率的な方法が紹介され，また十分に解説されている．例題はFORTRANで書かれており，本書でも取り扱ったランチョスの各手続きを解説する教材でもある．

[67] Y. Saad. *Iterative Methods for Sparse Linear Systems*, 2nd edition. SIAM, 2003.

　この参考書籍は，何百万という未知数を扱う大規模線型システムを解くための比較的新しい反復法のアルゴリズムを紹介している．ヤコビ法や共役勾配法，GMRES法といった多くの反復法について詳細に解説している．また，マルチグリッド法やクリロフ部分空間法，前処理技術，並列前処理行列などもわかりやすく解説している．首尾一貫し，また比較的最近の技術を紹介しているこの本は，読者にとって有用なものである．

領域分割法に関する文献

[69] B.F. Smith, P.E. Bjørstad, and W. Gropp. *Domain Decomposition : Parallel Multilevel Methods for Elliptic Partial Differential Equations*. Cambridge University Press, 1996.

　この参考書籍は，領域分割を歴史的な観点から扱った最初の本である．わかりやすく教育的な方法で領域分割アルゴリズムを紹介している．アルゴリズムを詳細に解説し，さらにコンピュータへの実装も紹介している．シュワルツのアルゴリズムがはじめに解説され，次に

二つのレベルの前処理法が解説されている．この前処理法を一般化し，複数レベルの前処理法へと展開している．部分構造法が最後に紹介されている．この書籍は，領域分割アルゴリズムの収束に関する理論的解析と非対称問題といった特別な場合の問題も取り扱っている．

[65] A. Quarteroni and A. Valli. *Domain Decomposition Methods for Partial Differential Equations*. Oxford Science Publications, 1999.

この参考書籍は領域分割法に関するもので，はじめにこれらの方法の数学的概念を紹介している．続いて，離散レベルに応じた領域分割のアルゴリズム，離散方程式解析が解説されている．様々な場合の境界値問題における領域分割法の拡張が詳しく述べられている．とくに，対流-拡散方程式や時間依存の問題などが取り上げられている．

[72] A. Toselli and O. Widlund. *Domain Decomposition Methods : Algorithms and Theory*. Series in Computational Mathematics. Volume 34. Springer, 2004.

この参考書籍は，偏微分方程式のスペクトル要素近似あるいは有限要素近似のための領域分割法の原理を解説している．数学的な面とアルゴリズムの面の両側面での詳細な解析が示されている．オーバーラップをもつシュワルツ法や，二つのレベルの前処理技術，部分構造法，シュール法，FETI（Finite Element Tearing and Interconnecting，有限要素分解-相互結合）法，BNN法（Balanced Neumann–Neumann または Balancing Neumann–Neumann）が紹介されている．また，スペクトル要素近似，線型弾性方程式，非対称問題が詳しく解説されている．

[52] F. Magoulès (editor), *Substructuring Techniques and Domain Decomposition Methods*, Saxe-Coburg Publications, 2010.

部分構造法あるいは領域分割法は，次のような要素をもつ．たとえば，小さな部分メッシュへのメッシュ分割，各部分領域での解を決定するための（直接あるいは反復，厳密あるいは近似的）解法，部分領域間での連続性を保つための境界条件，境界問題の解を求めるための解法などである．初期値問題を効率的に解くために，これらの要素が混在する場合，方法に差が生じる．この参考書籍は9章からなり，いくつかの部分構造法や領域分割法が選定されている．扱っているおもなテーマは，時間分割法，空間分割法，多重レベルの前処理技術，非同時性反復法，多分割法である．流体力学や構造工学，生物学，金融工学など多くの分野での応用を取り扱っている．

結言

　並列処理とは，計算時間を短縮するために，同時に大量の情報を処理することのできるアーキテクチャとアルゴリズムをコンセプトとするものである．近年では，並列計算は，数値計算の研究室をはじめ，公共機関，産業，コンサルタント業において基本的な要素となってきている．もちろん，科学技術計算機の10年あるいは20年後を予測することは容易ではない．しかし，1980年代初頭から並列処理の自由度は増加している．この傾向は年を追うごとに顕著となり，技術の観点から見て，近い将来でもこの傾向に逆らうことはないであろう．ここでいう技術とは，プログラミング言語，プログラミング環境，コンパイラのことである．一方で，いくつかのアーキテクチャは衰退傾向にある．たとえば，ベクトル化やSIMDのように，ほかの新しい方法にとって代わられたものがある．しかし，そうした中でも不変の原理があり，本書ではそれらについて紹介している．

　本書で紹介しようとしたもっとも重要なことの一つに，複数計算を同時に行える中央集中メモリはないことである．メモリシステムは，必然的に異なるレベルで異なるアクセスを行う複数のメモリからなる．論理的に同時に演算を行うためには，データの時間的および空間的局所化を必要とする効率的な並列化を行わなければならない．この局所化は自動的には行われず，計算コードの書き換えによって行われる．これには分散のアプローチが必要となる．問題は，同時に計算することにあるのではなく，データをそれぞれどこに割り当てるかにある．並列処理の真髄は局所化にあるのである．

　数値シミュレーションのための並列計算機を効率的に使用するには，数学的手法の知識に基づくソフト面の概念が必要である．これらはもっとも重要な問題であり，応用数学の分野で活発に研究されている．中でも重要な例として，本書の最後に紹介した領域分割が挙げられる．

　本書を通じて，読者が一方で幅広い応用分野において並列処理が不可欠なことが理解でき，他方で並列化には数学的手法と数値アルゴリズムが必要なことを理解できれば幸いである．

演習問題略解

第 2 章

2.1 依存がある場合，次の関係を満たす二つの整数 $i_1 \neq i_2$ が存在しなければならない．

$$a \star i_1 + b = c \star i_2 + d \Leftrightarrow a \star i_1 - c \star i_2 = d - b$$

2.2 添数 k のループのみ同時に前後の依存を示す．したがって，そのループは並列化もベクトル化もできない．添数が i と j のループは依存を示さないので，並列化可能ですべてのループに関して交換可能である．したがって，添数が i の並列化可能なループを外側に配置し並列化可能とし，添数が j の並列化可能なループを内側に配置し，1 ずつ増えるようにメモリにアクセスする．

2.3 配列 index が単射である場合，最初のループはいかなる依存も示さない．配列 index が単射でない場合はいずれかの依存を示し，並列化は不可能となるが，ベクトル化は可能である．

$\mathrm{index}(i_1) = \mathrm{index}(i_2)$ の関係がある二つの整数が $i_1 \neq i_2$ の場合，2 番目のループは依存を示す．したがって，index が区間 $[1, n]$ 上で単射である場合，そのループは依存を示さず，並列化可能で，もちろんベクトル化も可能である．

3 番目のループでは，$i_1 = \mathrm{index}(i_2)$ の関係がある二つの整数が $i_1 \neq i_2$ の場合，依存を示す．したがって，$[1, n]$ 上の $\mathrm{index}([1, n])$ のいくつかの値は依存を示す．しかし，$\mathrm{index}(i) \geqslant i$，$\forall i, 1 \leqslant i \leqslant n$ の場合，前依存を示し，ベクトル化を妨げる．

2.4 解はおのおのインスタンスが一度に $u(i, j)$ と $u(i, j+1)$ を更新するため，自明ではない．$(i-1, j)$ から (i, j) への依存，$(i+1, j)$ から (i, j) への依存，(i, j) から $(i, j+1)$ への依存，そして結合により，$(i-1, j)$ から $(i+1, j)$ への依存と $(i+1, j)$ から $(i, j+1)$ への依存が生じる．最後の依存は $(i+, j-)$ から (i, j) へという依存で，入れ替えを妨げる．

2.5 一連の入れ子ループは基本計算のアセンブリのような演算である．リダクション演算があり，添数 j に対して前依存と後依存の両方が生じる．添数 i と k に対して，依存は添数 i と k のうちの一つあるいは両方の index が単射であるかどうかによる．添数 i と k に対して index が単射である場合，それらの添数に対して依存はなく，すべてのループで入れ替えが可能である．これは，同じ色の要素で分離する方法で要素が塗り分けられるのと同じであろう．添数 i と k の二つのループは並列化可能で，入れ替えも可能である．問題は，プロセッサの数が 6 より多い場合でも，添数 i のループの長さは 6 のみであり，ベクトル化と並列化に対して十分ではないことである．したがって，演算鎖を改善するために添数 i と k のループを展開しながら，ループごとで並列化とベクトル化を行う方がよい．

第3章

3.1 (1) $(+, \star)$ の演算の組数は行列の成分の数に等しい．したがって，各プロセッサに同じ数の行または列を割り当てることによってタスクのバランスをとる．行のブロックによる分割の場合，各プロセッサはその行のブロックに対応するベクトル y の要素を計算する．演算の最後の段階では，局所的に計算されたベクトル (演算 `MPI_Allgather`) の要素を集約しながら結果のベクトルを得る．列による分解の場合，各プロセッサは行列の次元に等しい次元の局所ベクトル y を計算する．結果のベクトルはすべての局所ベクトル (演算 `MPI_Allreduce`) の合計となる．四則演算の数はこれら行と列による分割の二つの場合において同じである．転送 (通信) 量は基本的に前者の場合の方が少ない．なぜなら，各プロセスではベクトル y の一つの要素のみがほかのすべてに転送され，後者の場合では複数のベクトル y が転送されるからである．

(2) 正方ブロックへの分割によって，行と列による二つのアプローチが統合される．行列 – 行列の積に対して，ブロック内の同じ行あるいは列のブロックを集めるための行と列のコミュニケータが必要となる．局所的な行列とベクトルの積を計算し，そして，ベクトル要素に関する演算 `MPI_Allreduce` を使って，局所寄与の和によってブロックの行ごとに結果を計算できる．全体的な結果のベクトルを得るためには，列ごとに演算 `MPI_Allgather` を使って，要素を集める．

(3) 行列の下三角部のみを格納する場合，行列 – ベクトル積を計算するために，はじめにベクトル x と対角成分を含む下三角部との積を計算し，次に寄与を2回計算することを避けるため，得られたベクトルにベクトル x と対角成分を含まない下三角部の転置との積を加える．

(4) 下三角部の行のブロックで整理することは，上三角部の列のブロックで整理することと同じである．したがって，下三角部による積は行または列のブロックによるアルゴリズムを用い，下三角部の転置による積も列または行のブロックによるアルゴリズムを用いる．

(5) 正方ブロックへの分割では，非対角ブロックを扱うプロセッサは直接積と転置ブロックによる積を実行しなければならない．つまり，二つの行と列についての積を行う．対角ブロックを処理するプロセッサは一つの積のみ計算し，したがって，演算数は半分になる．タスクを均等に分配したい場合，つまり，完全なタスク平衡を実現したい場合は，対角ブロックを二つおきに分配しなければならない．

第8章

8.1 (1) 行により下三角部のみを格納できる場合，それらの行は1から n に増加し，i 行の最後の項，すなわち対角項は l と記述される配列では $i(i+1)/2$ の位置にある．したがって，成分 L_{ij} は $l\{[(i-1)i]/2+j\}$ の位置に格納される．列による格納の場合，それらの列は n から1に減少し，対角成分である j 列の最初の項は $n(n+1)/2-(n-j+1)(n-j+2)/2+1$ の位置にある．したがって，成分 L_{ij} は配列 l の $n(n+1)/2-(n-j+1)(n-j+2)/2+i-j+1$ の位置に格納される．これらの格納方法を用いて，クラウト分解のアルゴリズムを書き直す

ことができる.
(2), (3) 各ステップで, 行列 L の新規の列を計算し, その次にシュールの補行列を計算する. もちろん, シュールの補行列の計算コストは高い. また, 二つのループは完全に並列化できなければならない. 内側のループに, 1 ずつの増加で規則的にメモリにアクセスできるループを配置する. したがって, 列による格納では i に関するループ, 行による格納では j に関するループを配置する. 反対に, 行による格納の場合, L の新規の列についてはメモリへの不規則なアクセスという不利益を被る. したがって, 列に関する格納が大きな問題となる.

8.2 (1)〜(5) ブロックによるコレスキー分解は, ただちにブロックによる LU 分解より導き出される. 違いはブロックの半分だけ計算すること, 上方のブロックのみを計算すること, そしてシュールの補行列の計算は上方のブロックと上方のブロックを転置して得られた下方のブロックの積で行われることである. 非対称ガウス分解の演算数の半分に演算を減らすために, シュールの補行列の上三角部のみしか計算しないこと, すなわち半分項しか計算しないことを考慮すればよい.

それらのブロックが十分に大きい場合, ブロックによる積の計算で並列処理を行うことができる. それらのブロックが十分に大きくない場合, 各ステップで, 大きなブロック内の行の異なるブロックを並列に計算し, そしてシュールの補行列のそれぞれのブロックを計算しなければならない. ブロックによる LU 分解と同じように, ステップを経るごとに並列度は減少する. しかし, ブロックによる LU 分解に比べるとその重要度は半分である. なぜなら, 各ステップの計算でのブロック数は半分だからである.

8.3 (1), (2) ブロックによる下三角システムの降下は次のように書ける.

$$L_{ii}x_i = b_i - \sum_{j=1}^{i-1} L_{ij}x_j = \tilde{b}_i, \quad 1 \leqslant i \leqslant p$$

つまり, i 番目のステップでは, 右辺を計算するために $i-1$ 個の行列 - ベクトル積を必要とし, そして下三角システムの降下を必要とする. したがって, 全体的には $q^2/2$ 組の演算 ($-, \star$) と q^2 組の演算 ($-, \star$) の計算コストである $(p-1)p/2$ 個の行列 - ベクトル積を必要とする下三角対角ブロックの p 個の降下がある. ベクトル b_i に対して積 $L_{ij}x_j$ を加える時間は無視することができる.

(3) 依存の点からいうと, 対角システム $L_{jj}x_j = \tilde{b}_j$ がすでに解かれている場合のみ, 積 $L_{ij}x_j$ の計算は実行される. 逆に, 対角システム $L_{ii}x_i = \tilde{b}_i$ は, $1 \leqslant j \leqslant i-1$ に対してすべての積 $L_{ij}x_j$ が計算済みであるときのみ解くことができる.

(4) ある下三角対角ブロックの降下の時間が 1 の値をとり, また, 非対角ブロックによるある積の時間が 2 の場合, 計算に必要な総時間は $2(p-1)p/2 + p = p^2$ となる.

対角システム $L_{jj}x_j = \tilde{b}_j$ を解くたびに, $j+1 \leqslant i \leqslant p$ に対するすべての積 $L_{ij}x_j$ を計算することができる. したがって, 同時に実行できる行列 - ベクトル積の最大数は $p-1$ である. $p-1$ 個のプロセッサを使うことができる場合, p 回のステップで解くことができる. ステップ j では, 対角システム $L_{jj}x_j = \tilde{b}_j$ から解くことができ, これは時間 1 に値する.

次に，$j+1 \leqslant i \leqslant p$ に対する $p-j$ 個の行列-ベクトル積 $\tilde{b}_i = \tilde{b}_i - L_{ij}x_j$ を並列的に計算でき，これは時間 2 に値する．つまり各ステップでの時間は，対角システム $L_{pp}x_p = \tilde{b}_p$ のみの降下を必要とする最終ステップを除いて，3 である．したがって，総時間は $3(p-1)+1$ である．$p=4$ に対して，最大並列度は 3 であり，また加速は $16/10 = 1.6$ であり，3 個のプロセッサにおいて効率は 53% である．

8.4 (1)〜(4) 対称行列に対して，像と核は二つの直交補空間である．ここで，n_1 と n_2 を A_{11} と A_{22} の次元とする．A_{11} が正則の場合，ブロックによる分解は次のように書ける．

$$\begin{pmatrix} A_{11} & A_{12} \\ A_{21} & A_{22} \end{pmatrix} = \begin{pmatrix} A_{11} & 0 \\ A_{21} & I \end{pmatrix} \begin{pmatrix} I & A_{11}^{-1}A_{12} \\ 0 & A_{22} - A_{21}A_{11}^{-1}A_{12} \end{pmatrix}$$

右辺の二つ目の階数（ランク）は上方対角ブロックの階数に等しく，行列の最後の行ブロックは必然的に零になり，$A_{22} - A_{21}A_{11}^{-1}A_{12} = 0$ となる．

$$\begin{pmatrix} A_{11} & A_{12} \\ A_{21} & A_{22} \end{pmatrix} = \begin{pmatrix} -A_{11}^{-1}A_{12} \\ I \end{pmatrix} = \begin{pmatrix} 0 \\ A_{22} - A_{21}A_{11}^{-1}A_{12} \end{pmatrix}$$

つまり，必然的に階数が n_2 に等しい N の列は A の核の基底を形成し，ベクトル b は $N^t b = 0$ の場合，その像に存在する．

(5), (6) 実際には，システムの方程式をリナンバリングする対称なピボット選択を行いながら分解を進める中で，行列 A のブロック A_{11} を取り出す．

第 9 章

9.1 (1) プロファイルの定義より，格納されている行列の下三角部は行ごとに格納されなければならない．$\mathtt{mua}(i+1)$ が格納されている配列 l において，行 i の非零項つまり対角項の最後の項の位置を示す場合，成分 L_{ij} は $l(\mathtt{mua}(i+1)-i+j)$ の場所にあり，行 i の非零の最初の項は列 $j_1(i) = i - (\mathtt{mua}(i+1) - \mathtt{mua}(i)) + 1$ にある．プロファイルにある i 行の項の数は $\mathtt{mua}(i+1) - \mathtt{mua}(i)$ である．

(2), (3) 効率的なコードを記述するためには，行ごとに行列にアクセスし，現在の行とその前の行の成分を使いながら，行ごとに L の成分を計算するコードを書く．

アルゴリズムを記述するのにもっともシンプルな方法は，代入法を用いる方法である．たとえば，$A = LDL^t$ の場合，i 行においてすべての j に対し，$j_1(i) \leqslant j \leqslant i$ で次の関係を得る．

$$A_{ij} = \sum_{k=1}^{n} L_{ik} D_{kk} L_{kj}^t = \sum_{k=\max(j_1(i), j_1(j))}^{j} L_{ik} D_{kk} L_{jk}$$

また，すべての j に対し，$j_1(i) \leqslant j \leqslant i$ で次の関係を導くことができる．

$$L_{ij} D_{jj} = A_{ij} - \sum_{k=\max(j_1(i), j_1(j))}^{j-1} L_{ik} D_{kk} L_{jk}$$

これにより，$j_1(i) \leqslant j \leqslant i-1$ で成分 L_{ij} を計算でき，次に対角成分を計算できる．すなわち，次のようになる．

$$D_{ii} = A_{ii} - \sum_{k=j_1(i)}^{i-1} L_{ik} D_{kk} L_{ik}$$

アルゴリズムを改善するためには，再度対角成分による積を計算しないように，成分 $L_{ij}D_{jj}$ を一時的な配列に格納する．L_{ij} 項の計算は，行列 L の i と j の行の二つの部分（断片）のスカラー積を行うことに帰着する．アルゴリズムは反復的であるため，行の成分は並列に計算されない．

プロファイルが単調である場合，余分な計算コストなしで下三角部の列ごとにプロファイルを格納することができる．そこで，各ステップで L の新規の列の計算を用いて，列による古典的な計算方法を実装することができる．その次に，行列のプロファイルにあるシュールの補行列の部分を更新する．

9.2 (1) 行列の部分分解では，対角ブロックの分解 $A_{11} = L_{11}U_{11}$，U の最初の行の非零ブロックと L の最初の列の計算 $U_{12} = L_{11}^{-1}A_{12}$，$L_{21} = A_{21}U_{11}^{-1}$ が必要で，次にブロック L_{21} と U_{12} のみが非零なので，シュールの補行列の計算は 2 番目の対角ブロック $S_{22} = A_{22} - L_{21}U_{12}$ のみに影響を及ぼす．

再帰的に，分解の過程でブロックによる三重対角の形が保持されることが示される．さらに，A_{12} が下三角行列の場合，U_{12} も下三角行列である．したがって，分解の過程で帯（バンド）行列の形は保持される．

(2), (3) $U_{12} = L_{11}^{-1}A_{12}$ の計算では，lb から 1 へと次元が下がる下三角システムの lb 個の降下が必要となる．したがって，計算コストは $lb^3/6$ 組のオーダーの演算 $(-, \star)$ となる．このことは $L_{21}^t = U_{11}^{-t}A_{21}^t$ の計算でも同様である．ブロック L_{21} と U_{12} がそれぞれ上三角行列と下三角行列であるという事実から，それらの積の計算コストは $lb^3/3$ 組の演算 $(-, \star)$ となる．

三つの演算，すなわち，対角ブロックの分解，二つの非対角ブロックの計算，次の対角ブロックのためのシュールの補行列の計算は，それぞれ計算コストは $lb^3/3$ 組の演算 $(-, \star)$ である．分解における総計算コストは，次元 dim で $p \times lb^3 = dim \times lb^2$ 組のオーダーの演算 $(-, \star)$ となる．対角ブロックの分解では，ほかの二つの演算に比べて本質的に並列度は小さい．毎回，入力データ数ならびに出力データ数は $2lb^2$ より多くなる．時間的および空間的局所性はよく，粒度は lb に依存する．lb が大きい場合，それぞれの演算はブロックごとに再分割可能である．

9.3 (1)〜(6) ノードを辞書式順序でナンバリングする場合，非零成分は対角成分と平行な行にある．より正確にいうと，行 i 上で，それらの成分は列 $i-n$, $i-1$, i, $i+1$, $i+n$ 上に位置する．行列の三角部の分解に伴うフィルインは，本質的に帯（バンド）幅が列 $i-n$ から対角までの n の帯に生じる．次元 dim で半帯幅（下三角部あるいは上三角部の帯幅）が lb の帯行列のコレスキー分解では，$dim \times lb^2/2$ 組の演算 $(-, \star)$ が必要となる．問題となっている行列に対し，計算コストは $n^4/2$ 組の演算 $(-, \star)$ である．

はじめに辞書式順序でメッシュ内の $(n-2)\times(n-2)$ 個のノードをナンバリングし，その次に内部の近傍の中でもっとも小さい番号で境界の $4(n-1)$ 個のノードをナンバリングする場合，最初の問題のブロックによる分解を用いることができる．ブロック K_{11} は帯行列型で，半帯幅は $n-2$ である．ブロック K_{12} は矩形行列型で，$(n-2)\times(n-2)$ 行で $4(n-1)$ 列である．各列の最初の非零項の番号は増加し，その結果，ブロックでは単調な列によりプロファイルが生じる．したがって，ブロック $L_{12}^t = L_{11}^{-1} K_{12}^1$ も同じ性質をもち，これは各列に対して最初の非零項から降下を始めればよいことを意味する．このことにより，計算コストを大きく減らすことができる．

同様に，行列 $S_{22} = K_{22} - L_{12}^t L_{12}$ の計算コストを低減するためにプロファイルの性質を用いなければならない．依然としてこの密行列の分解が残っている．

なお，マルチフロンタル分解では，シュールの補行列が密ではないがグリッド型のグラフを示すブロック構造であるという違いはあるものの，この方法を繰り返し用いる．

9.4 (1) 行列のグラフは 1 から n の垂直な線ですべての辺 $(i, i+1)$ をもつ．したがって，それは消去木と同じで，分解は反復的に行われる．

実際には，ステップ i での分解では次の計算を行う．すなわち，$l_i = L_{i+1 i} = f_i / \tilde{d}_i$，$u_i = U_{i i+1} = e_i$，$S_{i+1 i+1} = \tilde{d}_{i+1} = d_{i+1} - l_i \star u_i$ である．したがって，各ステップで 3 組の算術演算 $(/, \star, -)$ が必要となる．

(2) 「偶数–奇数」のナンバリングでは，最後から $p-1$ 個の方程式と結合している最初から p 個の方程式の間で，初期の結合のみで，それ以上増えたりはしない．はじめの消去木はそれらと繋がっていない p 個のノードからなり，同じレベルにある．したがって，並列して消去することができる．しかし，奇数ノードの消去により，初期段階で結合していた二つの偶数ノードの結合が生じる．そして，残っている偶数ノードのシュールの補行列は三重対角行列となる．その結果，算術演算に伴って自動的に計算コストを上げてしまうフィルインが生じる．シュールの補行列の 2×2 のブロックの計算に続いて，奇数ノードの消去では，初期段階で結合していた二つの偶数ノードに関する L の二つの成分を計算するために，二つの分割が必要となる．つまり，10 個の算術演算が必要となる．演算により，シュールの補行列で二つの非零項が余分に現れる．

(3) 反復的な手続きにより，並列度は各ステップで残っているノードの数の半分と等しくなる．しかし，格納と計算の点でのコストは高くなる．たとえば，全体的な格納は $3n$ に代わって $5n$，全体的な計算コストは $3n$ に代わって $10n$ となる．

9.5 (1)~(5) 三重対角行列の分解では，コスト的に $3n$ の算術演算が必要である．次元が nb の奇数の階数の p 個の部分ブロックは，次元が 1 の偶数の階数のセパレータのみに関係する．したがって，次元が nb の奇数の階数の p 個の部分ブロックは同時に分解可能である．これらを消去する過程でセパレータどうしの結合が生じる．シュールの補行列は三重対角行列となる．

次元が nb の三重対角ブロックの分解の計算コストは $3nb$ である．ブロックの消去を終えるために，セパレータに対してシュールの補行列を計算しなければならない．ブロック内の

方程式の集合を 1 とし，二つのセパレータを 2 とする場合，関連する部分行列は初期が対角である複数の 2×2 のブロックにより構成される．このとき，A_{11} は次元が nb の対角行列で，A_{22} は二つのセパレータの次元が 2 の行列である．ブロック $U_{12} = L_{11}^{-1} A_{12}$ の計算では二つの降下（前進代入）が必要で，一つは A_{12} の各列のためである．最初の列は最初の行にある非零成分のみをもつ．二つ目は最後の行にある非零成分のみをもつ．最初の列の降下で新規の $nb - 1$ 個の成分を生成し，$2(nb-1)$ 個の算術演算が必要となる．なぜなら，L_{11} の対角成分は 1 だからである．二つ目の列の計算ではフィルインが生じず，演算も必要としない．同様の方法で，ブロック $L_{21} = A_{21} U_{11}^{-1}$ の計算では，$nb-1$ 個の新たな項が現れ，$2(nb-1) + nb$ 個の算術演算が必要となる．なぜなら，U_{11} の対角成分は 1 ではなく，後退代入の各ステップで対角成分による分割が必要となるからである．積 $S_{22} = A_{22} - L_{21} U_{12}$ の計算では，S_{22} に新たに二つの項が現れ，$2nb + 6$ 個の算術演算が必要となる．

したがって，格納という点での総計算コストは $2n$ 個の成分のオーダーとなり，算術演算という点での計算コストは $7n$ のオーダーとなる．

次元が nb の p 個のブロックの消去は並列して行われる．次元が p の小さな三重対角行列であるシュールの補行列の分解が最後となる．

9.6 (1)～(3) 行列の半帯幅は $lb = n$ である．コレスキー分解では次元 dim で $dim \times lb^2/2$ 組の演算 $(-, \star)$ が必要で，もとの全体の行列に対しては $n^4/2$ 組の演算 $(-, \star)$ が必要となる．下三角部の成分の数は $dim \times lb = n^3$ である．したがって，前進・後退代入の計算コストは $2n^3$ 組の演算 $(-, \star)$ となる．

(4)～(15) 次元が $n/p \times n$ の帯行列のグラフを分割する場合，各ブロックの次元は n^2/p となり，半帯幅は n/p となる．したがって，各ブロックの分解の計算コストは n^4/p^3 組の演算 $(-, \star)$ となる．したがって，p 個のブロックの分解の総計算コストは n^4/p^2 組の演算 $(-, \star)$ となる．

ブロックの消去を終えるためには，セパレータに対するシュールの補行列を計算しなければならない．ブロック内の $n/p \times n$ 個の方程式の集合を 1 とし，二つのセパレータの境界の $2n/p$ 個の方程式を 2 とする場合，関連する部分行列は複数の 2×2 のブロックにより構成される．ブロック $L_{21}^t = L_{11}^{-1} A_{12}$ の計算では，A_{12} の各列に対する降下が必要となる．はじめに下位の番号のノードに隣接する境界のノードに対応する列を配列する場合，行列 A_{12} は徐々に小さくなるプロファイルを示す．したがって，ブロック A_{12} は 2 種類の n/p 個の列をもち，それらの最初の非零項は，$1 \leqslant j \leqslant n$ の場合で，行 $j \times n/p$ と $(j-1) \times n/p + 1$ にある．毎回，降下（前進代入）は最初の非零項より始まり，その結果，総計算コストは $2n^4/p^2$ に代わり，n^4/p^2 組の演算 $(-, \star)$ のオーダーとなる．演算数を減らすためには，シュールの補行列 $S_{22} = A_{22} - L_{21} L_{21}^t$ の下三角部しか計算できないので，L_{12} のプロファイルの一部分を考慮に入れなければならない．

p 個の帯（バンド）の消去は並列的に実行される．この消去による生じるシュールの補行列は，次元 n/p の密なブロックによる三重対角行列になる．$p-1$ 個の対角ブロックと $p-2$ 個の非対角ブロックがある．

そして，並列度は最初のステップで $p/2$ のオーダーと小さいが並列処理が可能なブロックを用いて，新たにこの三重対角行列のブロックの帯による分解方法を適用することができる．

最終的な総計算コストは，帯構造のもとの全体行列の分解より抑えることができる．

9.7 (1), (2) A が正則の場合，複合システムにより次のようなブロックによる分解が可能となる．

$$\begin{pmatrix} A & B \\ B^t & 0 \end{pmatrix} = \begin{pmatrix} A & 0 \\ B^t & I \end{pmatrix} \begin{pmatrix} I & A^{-1}B \\ 0 & -B^t A^{-1} B \end{pmatrix}$$

右辺の行列は，$B^t A^{-1} B$ が正則である場合に正則である．

$$(B^t A^{-1} B x, x) = (A^{-1} B x, B x)$$

したがって，$B^t A^{-1} B$ は正値対称で，$Bx = 0$ の場合 $B^t A^{-1} B x = 0$ である．$B^t A^{-1} B$ と B の核は同一である．それらの像も同一のものである．

9.8 (1) $(V^t V \alpha, \alpha) = \|V\alpha\|^2$ である．したがって，N は正値対称で，V の列ベクトルが線型独立の場合，必然的に定義される．

(2)〜(4) $N = V^t V = L D L^t$ の場合，$L^{-1} V^t V L^{-t} = D$ である．したがって，$WL^t = V$ で定義される行列 W の列ベクトルのグループは互いに直交である．

ベクトル V が独立でない場合，V の列ベクトル r より生成される最小部分集合を得ることができる．クラウト分解において N の行と列の対称な置換で得られる次元が r の N の主対角部分ブロック $N_{11} = V_1^t V_1$ は最大の階数である．$N_{11} = L_{11} D_{11} L_{11}^t$ の場合，$W_{11} L_{11}^t = V_1$ で定義される行列 W_1 の列ベクトルは直交で，直交な線型独立族を生成する．

この方法では，最初のフェーズで $N = V^t V$ を計算し，これにより $p(p+1)/2$ 個の独立な次元 n のスカラー積を計算する必要がある．つまり，並列可能な $np(p+1)/2$ 組の演算 $(-, \star)$ が必要となる．第2フェーズは，並列処理はできないが計算コストが比較的小さい N のクラウト分解である．第3フェーズではシステム $L^{-t} W^t = V^t$ の解が必要で，これにより新たに $np(p+1)/2$ 組の演算 $(-, \star)$ が必要となるが，並列化が可能である．

(5) グラム－シュミット法では $p(p-1)/2$ 個のスカラー積とベクトルの線型結合が必要で，$2 \times p(p-1)/2$ 組の演算 $(-, \star)$ が必要となる．計算コストは似たようなものである．また，グラム－シュミット法は精度が高い．このグラム－シュミット法は修正グラム－シュミット法により改良できる．

第 11 章

11.1 像は核の直交補空間である．b が像に現れる場合，システムは一意的に像に一つの解をもつ．$x_0 = 0$ から始まる場合，x_0 はその像にあり，また $g_0 = -b$ である．したがって，g_0 により生成されるクリロフ空間である．共役勾配はあたかもその像にある問題を解くかのように作用する．

11.2 (1) $\rho_{ip} = -(g_0, A v_i)/(A v_i, A v_i)$ で $x_p = x_0 + \sum_{i=1}^{p} \rho_{ip} v_i$ である．

(2), (3) グラム–シュミットの直交化法を A^tA に関するスカラー積に適用する場合，次の関係を得る．

$$w_j = v_j + \sum_{i=1}^{j-1} \gamma_{ij} w_i, \quad Aw_j = Av_j + \sum_{i=1}^{p} \gamma_{ij} Aw_i$$

ここで，$\gamma_{ij} = -(Av_j, Aw_i)/(Aw_i, Aw_i)$ である．したがって，ベクトル v_i と Av_i が既知である以上，行列–ベクトル積を再計算する必要はない．

結果として，$(g_p, Av_i) = 0, 1 \leqslant i \leqslant p$ となる．この性質を維持するためには，新規の降下方向が $(Aw, Av_i) = 0, 1 \leqslant i \leqslant p$ を満足しなければならない．

(4) 前処理の手順は，A^tA に関するスカラー積のベクトル v_i に対して，単に ORTHODIR 法により生成された新規の降下ベクトルを直交化するだけである．ORTHODIR 法では，一連の降下方向ベクトルに対してこの直交化が必要で，ベクトル v_i があたかもはじめの p 個の降下ベクトルのような役割を果たす．

第 12 章

12.1 (1) 次のようになる．

$$C^tAC\tilde{v} = \lambda \tilde{v} \Leftrightarrow CC^tAC\tilde{v} = MAC\tilde{v} = \lambda C\tilde{v}$$

したがって，MA と C^tAC の固有ベクトルは $v = C\tilde{v}$ の関係により関連付けられる．

(2)〜(4) システム C^tAC に対するアーノルディのベクトルの構築は，次のように書ける．

$$h_{j+1j} \tilde{v}_{j+1} = C^tAC\tilde{v}_j + \sum_{i=1}^{j} h_{ij} \tilde{v}_i$$

ここで，$h_{ij} = (C^tAC\tilde{v}_j, \tilde{v}_i)$ である．ベクトル $\tilde{v}_i$ は正規直交基底を生成する．$v_i = C\tilde{v}_i$ とおく場合，上式に C を掛けて，次の関係を得る．

$$h_{j+1j} v_{j+1} = MAv_j + \sum_{i=1}^{j} h_{ij} v_i$$

ここで，$h_{ij} = (Av_j, v_i) = (M^{-1}MAv_j, v_i)$，$(\tilde{v}_j, \tilde{v}_i) = (M^{-1}v_j, v_i)$ である．したがって，ベクトル $\tilde{v}_i$ は MA に関するクリロフ空間の M^{-1}-直交基底を生成する．難しいことは M^{-1} による積を避けることである．成分 h_{ij} は容易に計算できるが，最終的な問題は h_{j+1j} の計算にあり，M^{-1} のベクトルの平方スカラーの計算が必要となることがわかる．

$$MAv_j + \sum_{i=1}^{j} h_{ij} v_i$$

しかし，i と j が等しいかそうでないかで 1 か 0 の値をとる $(M^{-1}v_j, v_i)$ の値は既知なので，評価するうえで必要となるのは，$(M^{-1}MAv_j, v_i) = (Av_j, v_i)$ と $(M^{-1}MAv_j, MAv_j) = (Av_j, MAv_j)$ のスカラー積のみである．

(5) したがって，GMRES 法をシステム $C^t A C \tilde{x} = \tilde{b}$ に適用することは，GMRES 法を前処理システム $Max = Mb$ に適用することに帰着する．これは非前処理残差のユークリッドノルムにほかならない M^{-1} に関するスカラー積に対する前処理残差のノルムの自乗を最小にする．

(6) A が対称の場合，M^{-1} に関するスカラー積に対する MA も対称で，前処理を行っていない場合のように，漸化式を用いてベクトル v_i を生成し，前処理問題に対する MINRES 型の方法を構築するために，ランチョス型のアルゴリズムを構築することができる．

12.2 (1) 対応する固有値に関する固有ベクトルを再グループ化すると，次の関係を得る．

$$g^0 = \sum_{i=1}^{p} \gamma_i v_i, \quad A^k g^0 = \sum_{i=1}^{p} \gamma_i \lambda_i^k v_i$$

したがって，クリロフ空間はベクトル v_i により生成される空間に含まれ，p 以下の次元をもち，p 以下の反復数で収束する．

(2), (3) ある直交基底をほかの直交基底に変換することは，直交行列 Q に関する基底変換を行うことに帰着する．基底変換を伴うシステム（系）に適用した共役勾配は，$Q^t Q = I$ による前処理システムに対して作用する．

複数の固有値が g^0 上にない場合，それらの固有値は A による一連の積が実行されている場合には現れない．したがって，共役勾配は条件数が $\max(\Lambda_p)/\min(\Lambda_p)$ であるシステムに対して収束する．

第 15 章

15.1 (1) 全体の問題の解を制約するために，局所解は次の適合関係を満足しなければならない．

$$x_3^{(1)} = x_3^{(2)} = x_3$$

一方で，局所問題の解は，もとの全体問題のシステムのはじめの二つの行を満たす．全体問題のシステムの最終行は次のように書ける．

$$K_{31} x_1 + K_{32} x_2 + K_{33} x_3 = b_3$$

これらに局所問題の最終行を加えると，次式を得る．

$$K_{31} x_1 + K_{32} x_2 + K_{33}^{(1)} x_3^{(1)} + K_{33}^{(2)} x_3^{(2)} = b_3^{(1)} + b_3^{(2)}$$

適合条件を用いて，次のようになる．

$$K_{31} x_1 + K_{32} x_2 + (K_{33}^{(1)} + K_{33}^{(2)}) x_3 = b_3^{(1)} + b_3^{(2)}$$

システムの分割を $K_{33}^{(1)} = K_{33}^{(2)} = K_{33}$, $b_3^{(1)} = b_3^{(2)} = b_3$ として行う場合，これはつねに全体システムの最終行と同じである．

(2) 行列 K_i が正則である場合，局所システムの解は次の関係を与える．

$$\begin{pmatrix} x_i \\ x_3^{(i)} \end{pmatrix} = K_i^{-1} \begin{pmatrix} b_i \\ x_3^{(i)} \end{pmatrix} + (-1)^i K_i^{-1} B_i^t \lambda$$

次の関係

$$x_3^{(i)} = B_i \begin{pmatrix} x_i \\ x_3^{(i)} \end{pmatrix}$$

を用い，式 $x_3^{(1)} - x_3^{(2)} = 0$ に代入して，λ を含む次式を得る．

$$(B_1 K_1^{-1} B_1^t + B_2 K_2^{-1} B_2^t)\lambda = B_1 K_1^{-1} \begin{pmatrix} b_1 \\ x_3^{(1)} \end{pmatrix} - B_2 K_2^{-1} \begin{pmatrix} b_2 \\ x_3^{(2)} \end{pmatrix}$$

(3)〜(5) 行列 K が正値対称の場合，正則なブロックを求めるために，その行列の 1 行と 1 列を消去すればよい．そこで，K の不完全なコレスキー分解を行う場合，次式を得る．

$$\begin{pmatrix} K_{11} & K_{12} \\ K_{21} & K_{22} \end{pmatrix} = \begin{pmatrix} L_{11} & 0 \\ L_{21} & I \end{pmatrix} \begin{pmatrix} L_{11}^t & L_{21}^t \\ 0 & K_{22} - K_{21} K_{11}^{-1} K_{12} \end{pmatrix}$$

シュールの補行列 $K_{22} - K_{21} K_{11}^{-1} K_{12}$ はスカラーである．行列 K が不定値の場合，シュールの補行列は零で，行列 K が正値の場合はシュールの補行列は正である．

二つの行列 K_1 と K_2 を，最後の方程式が境界ベクトル x_3 の同じ成分に対応するようにナンバリングする場合，最後の方程式に対して K_1 のシュールの補行列は正の数 α であり，K_2 のシュールの補行列は 0 である．K_1 の最後の対角成分から $\alpha/2$ を引き，K_2 の最後の対角成分に $\alpha/2$ を加える場合，二つのシュールの補行列は $\alpha/2$ に等しくなり，その二つの行列は正値行列である．したがって，つねに $K_{33}^{(1)} + K_{33}^{(2)} = K_{33}$ の関係を満たす．

参考文献

[1] A.S. Ackleh, E.J. Allen, R. Baker Kearfott, and P. Seshaiyer. *Classical and Modern Numerical Analysis : Theory, Methods and Practice*. Numerical Analysis and Scientific Computing Series. Chapman and Hall/CRC Press, 2009.

[2] G. Allaire and S.M. Kaber. *Algèbre Linéaire Numérique. Cours et Exercices*. Mathématiques à l'Université (ex 2e cycle). Ellipses, 2002.

[3] G. Allaire and S.M. Kaber. *Introduction à Scilab — Exercices Pratiques Corrigés d'Algèbre Linéaire*. Mathématiques á l'Université (ex 2e cycle). Ellipses, 2002.

[4] O. Axelsson and V.A. Barker. *Finite Element Solution of Boundary Value Problems*. SIAM, 2001.

[5] J. Bastien and J.-N. Martin. *Introduction à l'Analyse Numérique. Applications sous Matlab*. Dunod, 2003.

[6] B.E. Bauer. *Practical Parallel Programming*. Academic Press, 1992.

[7] R. Bellman. *Introduction to Matrix Analysis*, 2nd edition. SIAM, 1997.

[8] C.-E. Bichot and P. Siarry. *Partitionnement de graphe : optimisation et applications*. Série Informatique et systèmes d'information, IC2. Hermes Science, 2010.

[9] BLAS Team. *Basic Linear Algebra Subprograms*. 2011. http://www.netlib.org/blas/ (2012.04.01 現在に確認).

[10] C. Brezinski and M. Redivo-Zaglia. *Méthodes numériques directes de l'Algèbre matricielle : Niveau L3*. Mathématiques à l'Université. Ellipses, 2004.

[11] C. Brezinski and M. Redivo-Zaglia. *Méthodes numériques itératives : Algèbre linéaire et non linéaire*. Mathématiques à l'Université. Ellipses, 2006.

[12] H. Casanova, A. Legrand, and Y. Robert. *Parallel Algorithms*. Numerical Analysis and Scientific Computing Series. Chapman & Hall/CRC Press, 2008.

[13] M. Cazenaver. *Méthode des éléments finis : Approche pratique en mécanique des structures*. Collection Technique et Ingénierie. Dunod, L'Usine Nouvelle, 2010.

[14] R. Chandra, R. Menon, L. Dagum, D. Kohr, D. Maydan, and J. McDonald. *Parallel Programming in OpenMP*. Academic Press, 2001.

[15] J. Chergui, I. Dupays, D. Girou, and P.-F. Lavallée. *Choix du support des cours MPI-2.* http://www.idris.fr/data/cours/parallel/mpi/ (2012.04.01 現在に確認).

[16] J. Chergui, I. Dupays, D. Girou, S. Requena, and P. Wautelet. *Choix du support des cours MPI.* http://www.idris.fr/data/cours/parallel/mpi/ (2012.04.01 現在に確認).

[17] J. Chergui and P.-F. Lavallée. *Choix du support du cours OpenMP.* SIAM. http://www.idris.fr/data/cours/parallel/openmp/ (2012.04.01 現在に確認).

[18] P.G. Ciarlet. *Introduction à l'Analyse Numérique Matricielle et à l'Optimisation.* Masson, 1982.

[19] P.G. Ciarlet. *The Finite Element Method for Elliptic Problems.* SIAM, 2002.

[20] P.G. Ciarlet and J.L. Lions (editors). *Techniques of Scientific Computing. Part 1.* Elsevier Science & Technology, 1994.

[21] P.G. Ciarlet and J.L. Lions (editors). *Techniques of Scientific Computing. Part 2.* Elsevier Science & Technology, 1997.

[22] P.G. Ciarlet, B. Miara, and J.-M. Thomas. *Exercices d'Analyse Numérique Matricielle et d'Optimisation avec Solutions.* Dunod, 1986.

[23] P.G. Ciarlet, B. Miara, and J.-M. Thomas. *Introduction to Numerical Linear Algebra and Optimisation.* Cambridge University Press, 1989.

[24] J.-C. Craveur and D. Marceau. *De la CAO au Calcul.* Collection Technique et Ingénierie. Dunod, 2001.

[25] J.-C. Cuillière. *Introduction à la méthode des éléments finis : Cours et exercices corrigés.* Collection Sciences Sup. Dunod, 2011.

[26] J.K. Cullum and R.A. Willoughby. *Lanczos Algorithms for Large Symmetric Eigenvalue Computations. Volume I : Theory.* SIAM, 2002.

[27] I. Danaila, F. Hecht, and O. Pironneau. *Simulation Numérique en C++.* Dunod, 2003.

[28] R. Dautray and J.L. Lions (editors). *Analyse Mathématique et Calcul Numérique pour les Sciences et Techniques,* Volume 1–9. Masson, 1984–1988.

[29] K. Dowd and C. Severance. *High Performance Computing,* 2nd edition. O'Reilly, 1998.

[30] R. Eigenmann and M.J. Voss (editors). *OpenMP Shared Memory Parallel Programming, Volume 2104 of Lecture Notes in Computer Science.* International Workshop on OpenMP Applications and Tools, WOMPAT 2001, West Lafayette, IN, USA, July 30–31, 2001, Springer, 2001.

[31] A. Ern and J.-C. Guermond. *Éléments Finis : Théorie, Applications, Mise en Oeuvre.* Springer-Verlag, 2002.

[32] D. Euvrard. *Résolution Numérique des Équations aux Dérivées Partielles : Différences Finies, Éléments Finis, Problèmes en Domaine non Borné.* Dunod, 1994.

[33] I. Foster. *Designing and Building Parallel Programs.* Addison-Wesley, 1995.

[34] A. Greenbaum. *Iterative Methods for Solving Linear Systems*. SIAM, 1997.
[35] W. Gropp, S. Huss-Lederman, A. Lumsdaine, E. Lusk, B. Nitzberg, W. Saphir, and M. Snir. *MPI : The Complete Reference — The MPI-2 Extensions*, Volume 2. 1998.
[36] W. Gropp, E. Lusk, and A. Skjellum. *Using MPI : Portable Parallel Programming with the Message-Passing Interface*. The MIT Press, 1994.
[37] W. Gropp, E. Lusk, and A. Skjellum. *Using MPI : Portable Parallel Programming with the Message Passing Interface*, 2nd edition. The MIT Press, 1999. ftp://ftp.mcs.anl.gov/pub/mpi/using/UsingMPI.tar.gz.
[38] S. Guerre-Delabriere and M. Postel. *Méthodes d'Approximation : Équations Différentielles. Applications Scilab. Niveau L3*. Mathématiques à l'Université (ex 2e cycle). Ellipses, 2004.
[39] B. Héron, F. Issard-Roch, and C. Picard. *Analyse Numérique. Exercices et Problèmes Corrigés*. Dunod, 1999.
[40] P. Joly. *Mise en Oeuvre de la Méthode des Éléments Finis*, Volume 2. Ellipses, 1990.
[41] G.E. Karniadakis and R.M. Kirby. *Parallel Scientific Computing in C++ and MPI : A Seamless Approach to Parallel Algorithms and their Implementation*. Cambridge University Press, 2003.
[42] G. Karypis at al.. *METIS : Serial Graph Partitioning and Fill-reducing Matrix Ordering*. University of Minnesota, since 1995.
[43] C. Lanczos. *Linear Differential Operators*. SIAM, 1996.
[44] LAPACK Team. *Linear Algebra PACKage*. 2011. http://www.netlib.org/lapack/ (2012.04.01 現在に確認).
[45] P. Lascaux and R. Théodor. *Analyse Numérique Matricielle Appliquée à l'Art de l'Ingenieur. Tome 1 : Méthodes Directes*. Dunod, 2000.
[46] P. Lascaux and R. Théodor. *Analyse Numérique Matricielle Appliquée à l'Art de l'Ingénieur. Tome 2 : Méthodes Itératives*. Dunod, 2000.
[47] A. Legrand and Y. Robert. *Algorithmique parallèle : Cours et exercices corrigés*. Collection Sciences Sup. Dunod, 2003.
[48] B. Lucquin. *Équations aux Dérivées Partielles et leurs Approximations. Niveau M1*. Mathématiques à l'Université (ex 2e cycle). Ellipses, 2004.
[49] B. Lucquin and O. Pironneau. *Introduction au Calcul Scientifique*. Masson, 1997.
[50] B. Lucquin and O. Pironneau. *Introduction to Scientific Computing for Engineers*. Wiley, 1998.
[51] F. Magoulès (editor). *Mesh Partitioning Techniques and Domain Decomposition Methods*. Saxe-Coburg Publications, 2007.
[52] F. Magoulès (editor). *Substructuring Techniques and Domain Decomposition Methods*. Saxe-Coburg Publications, 2010.

[53] F. Magoulès (editor). *Computational Fluid Dynamics. Numerical Analysis and Scientific Computing Series*. Chapman & Hall/CRC Press, 2011.

[54] A. Martin. *Équations aux Dérivées Partielles. Exercices Résolus*. Dunod, 1992.

[55] G. Meurant (editor). *Computer Solution of Large Linear Systems, Volume 28 of Studies in Mathematics and its Applications*. North-Holland, 1999.

[56] B. Mohammadi and J.-H. Saiac. *Pratique de la Simulation Numérique*. Collection Technique et Ingénierie. Dunod, 2003.

[57] MUMPS Team. *MUMPS : a MUltifrontal Massively Parallel sparse direct Solver*. CEC ESPRIT IV long term research project – No. 20160 (PARASOL), 2005.

[58] J.-C. Nedelec. *Méthode des Éléments Finis*, Volume 7. Ellipses, 1991.

[59] S. Nicaise. *Analyse Numérique et Équations aux Dérivées Partielles. Cours et Problèmes*. Dunod, 2000.

[60] J. Ortega. *Numerical Analysis : A Second Course*. SIAM, 1990.

[61] P.S. Pacheco. *Parallel Programming with MPI*. Morgan Kaufmann Publishers Inc., 1996.

[62] C. Chevalier and F. Pellegrini. *Scotch : Logiciels et bibliothèques séquentiels et parallèles pour le partitionnement de graphes, le placement statique, et la renumérotation par blocs de matrices creuses, et le partitionnement séquentiel de maillages et d'hypergraphes*. LABRI et INRIA Bordeaux Sud-Ouest, 2008.

[63] PETSC Team. *Portable, Extensible Toolkit for Scientific Computation*. 2011. http://www.mcs.anl.gov/petsc/ (2012.04.01 現在に確認).

[64] W.H. Press, B.P. Flannery, S.A. Teukolsky, and W.T. Vetterling. *Numerical Recipes : The Art of Scientific Computing (FORTRAN Version)*. Cambridge University Press, 1989.

[65] A. Quarteroni and A. Valli. *Domain Decomposition Methods for Partial Differential Equations*. Oxford Science Publications, 1999.

[66] P.-A. Raviart and J.-M. Thomas. *Introduction à l'Analyse Numérique des Équations aux Dérivées Partielles*. Mathématiques Appliquées pour la Maîtrise. Dunod, 1983.

[67] Y. Saad. *Iterative Methods for Sparse Linear Systems*, 2nd edition. SIAM, 2003.

[68] L. Sainsaulieu. *Calcul Scientifique. Cours et Exercices Corrigés*. Dunod, 2000.

[69] B.F. Smith, P.E. Bjørstad, and W. Gropp. *Domain Decomposition : Parallel Multilevel Methods for Elliptic Partial Differential Equations*. Cambridge University Press, 1996.

[70] M. Snir, S. Otto, S. Huss-Lederman, D. Walker, and J. Dongarra. *MPI : The Complete Reference*. The MIT Press, 1998.

[71] M. Snir, S. Otto, D. Walker, J. Dongarra, and S. Huss-Lederman. *MPI : The Complete Reference Source Pages*. The MIT Press, 1995.

[72] A. Toselli and O. Widlund. *Domain Decomposition Methods : Algorithms and Theory*. Series in Computational Mathematics. Volume 34. Springer, 2004.

[73] H.A. Van Der Vorst. *Iterative Krylov Methods for Large Linear Systems*. Cambridge University Press, 2003.

[74] M.J. Voss (editor). *OpenMP Shared Memory Parallel Programming, Volume 2716 of Lecture Notes in Computer Science*. International Workshop on OpenMP Applications and Tools, WOMPAT 2003, Toronto, Canada, June 26–27, 2003, Springer, 2003.

[75] C. Walshaw. *JOSTLE : Graph Partitioning Software*. The University of Greenwich, 1995–2006.

索 引

英数先頭

1対1通信　41
BiCGSTAB法　192
BLAS　59
flops　4
Gflops　4
GMRES(m)法　173
GMRES法　169, 172, 175–177, 192, 226
GPU　15
LaPack　59
LU分解　94
Mflops　5
MIMD　16, 20
MKL　135
MPI　19, 40
MUMPS　135
OpenMP　33, 40
ORTHODIR法　177, 192, 211
Pardiso　135
Pflops　4
private　33
QMR法　188, 190
ScaLaPack　59, 114
shared　33
SIMD　15
SMP　13
SPMD　20
Tflops　4

あ 行

アーキテクチャ　4
後依存　26
アムダールの法則　21
依　存　25
入れ子ループ　29
演算鎖　38

オーバーラップ　5

か 行

階層メモリ　10
ガウス-ジョルダン分解　100
ガウス分解　97
科学技術計算機　4
拡張性　23
仮　数　4
加法シュワルツ法による前処理法　220
キャッシュ　10
共有メモリ　14
空間的局所性　12, 19, 30
クリティカルセクション　34
グリーディ（欲ばり）法　23
グループ通信　42
クロック周波数　5
計算機　4
計算コード　4, 19
計算速度　4
コ　ア　5
後退（後退代入）　94
コミュニケータ　40
コンパイラ指示文　33

さ 行

サイクリックリダクション　37
算術演算　4, 122
時間的局所性　12, 19, 30
指　数　4
出力依存　25
シュール　90
シュール補行列　96, 108–111, 113, 119, 120, 122, 127, 130, 131, 207, 209, 212, 215, 220
シュール補行列法　211, 212, 214

シュワルツ　90, 226
シュワルツ法　221
数値シミュレーション　19
スーパーコンピュータ　10
性能　4
線型システム　19
前進（前進代入）　94
速度向上　21

た　行
タスク　6
タスク平衡　22
単位レジスタ　38
超並列計算　15
通信タスク　20, 40
通信ネットワーク　14
データ　4
データ依存　25

な　行
入力依存　25

は　行
パイプライン　7
パイプラインユニット　16
ハイブリッドアーキテクチャ　15
非対称ランチョス法　184, 190
表示精度　7
部分 LU 分解　95
プログラミング　16
プログラムループ　24
分解　66
分散メモリ　14, 19

並列化　19
並列計算機　5
並列度　21
ベクトル　10
ベクトル化　36
ベクトル計算機　35
ベクトル命令　35
ベクトルレジスタ　10

ま　行
前依存　26
マルチスレッド　33
マルチバンク・インタリーブドメモリ　9
丸め誤差　7
メッセージ通信　20
メモリ　5
メモリバンク　9

や　行
有効数字　103

ら　行
ランチョスアルゴリズム　153, 197, 226
ランチョス基底　153, 155, 158, 174, 184, 188, 191
ランチョス双直交基底　180, 181
ランチョス法　153, 154, 157, 180
リダクション演算　28
粒度　23
ループ並列処理　24
レイテンシ　45
レジスタ　8, 35

著 訳 者 略 歴

フレデリック・マグレス (Frédéric Magoulès)
- 1999 年　仏国 ピエール&マリー・キュリー大学 助教
- 2000 年　仏国 アンリ・ポアンカレ大学 助教
- 2005 年　仏国 アンリ・ポアンカレ大学 准教授
- 2006 年　仏国 エコール・サントラル・パリ 教授
- 2011 年　同志社大学 エネルギー変換研究センター 客員フェロー（兼任）
  現在に至る
  Ph.D.（応用数学）（ピエール&マリー・キュリー大学）

フランソワ=グザヴィエ・ルー (François-Xavier Roux)
- 1986 年　仏国 国立航空宇宙研究所（ONERA） 研究員
- 1992 年　仏国 国立工芸院（CNAM） 助教（兼任）
- 1995 年　仏国 国立航空宇宙研究所 主任研究員
- 2000 年　仏国 国立航空宇宙研究所 ハイパフォーマンス計算研究ユニットリーダー
- 2002 年　仏国 ピエール&マリー・キュリー大学 教授（兼任）
  現在に至る
  Ph.D.（応用数学）（ピエール&マリー・キュリー大学）

桑原　拓也（くわはら・たくや）
- 2008 年　仏国 エコール・サントラル・パリ 応用数学研究室 博士研究員
  仏国 カシャン高等師範学校 応用数学研究所 博士研究員
- 2009 年　大阪府立大学 大学院工学研究科 機械工学分野 環境保全学研究室 博士研究員
- 2012 年　日本学術振興会特別研究員（PD）
- 2013 年　日本工業大学 工学部 ものづくり環境学科 助教
  現在に至る
  博士（工学）（同志社大学）
  Ph.D.（応用数学）（エコール・サントラル・パリ）

編集担当　富井　晃(森北出版)
編集責任　石田昇司(森北出版)
組　　版　プレイン
印　　刷　ワコープラネット
製　　本　ブックアート

並列計算の数理とアルゴリズム　© フレデリック・マグレス，フランソワ=グザヴィエ・ルー，桑原拓也　2015

2015 年 2 月 18 日　第 1 版第 1 刷発行　【本書の無断転載を禁ず】

著　　者　フレデリック・マグレス，フランソワ=グザヴィエ・ルー，桑原拓也
発 行 者　森北博巳
発 行 所　森北出版株式会社
　　　　　東京都千代田区富士見 1-4-11（〒102-0071）
　　　　　電話 03-3265-8341 ／ FAX 03-3264-8709
　　　　　http://www.morikita.co.jp/
　　　　　日本書籍出版協会・自然科学書協会　会員
　　　　　JCOPY <（社）出版者著作権管理機構　委託出版物>

落丁・乱丁本はお取替えいたします．

Printed in Japan ／ ISBN978-4-627-80711-2